catherine gray

Vom unerwarteten Vergnügen, Single zu sein

catherine gray

Vom unerwarteten Vergnügen, Single zu sein

mvgverlag

Bibliografische Information der Deutschen Nationalbibliothek
Die Deutsche Nationalbibliothek verzeichnet diese Publikation in der Deutschen Nationalbibliografie. Detaillierte bibliografische Daten sind im Internet über http://d-nb.de abrufbar.

Für Fragen und Anregungen
info@mvg-verlag.de

1. Auflage 2021
© 2021 by mvg Verlag, ein Imprint der Münchner Verlagsgruppe GmbH
Türkenstraße 89
80799 München
Tel.: 089 651285-0
Fax: 089 652096

Die englische Originalausgabe erschien 2018 bei Aster unter dem Titel *The Unexpected Joy of Being Single*. © 2018 Published by arrangement with Rachel Mills Literary Ltd. All rights reserved.

Alle Rechte, insbesondere das Recht der Vervielfältigung und Verbreitung sowie der Übersetzung, vorbehalten. Kein Teil des Werkes darf in irgendeiner Form (durch Fotokopie, Mikrofilm oder ein anderes Verfahren) ohne schriftliche Genehmigung des Verlages reproduziert oder unter Verwendung elektronischer Systeme gespeichert, verarbeitet, vervielfältigt oder verbreitet werden.

Übersetzung: Christiane Bernhardt
Redaktion: Regina Carstensen
Umschlaggestaltung: Manuela Amode
Umschlagabbildung: Octopus Publishing Group 2018
Satz: Carsten Klein, Torgau
Druck: CPI books GmbH, Leck
Printed in Germany

ISBN Print 978-3-7474-0269-6
ISBN E-Book (PDF) 978-3-96121-617-8
ISBN E-Book (EPUB, Mobi) 978-3-96121-618-5

Weitere Informationen zum Verlag finden Sie unter
www.mvg-verlag.de
Beachten Sie auch unsere weiteren Verlage unter www.m-vg.de

*Für meine Single-Freundinnen und Single-Freunde.
Es ist nichts falsch an euch – ihr seid goldrichtig, wie ihr seid.*

Inhalt

Vorwort 11
Liebestrunken 15
Einleitung 19

TEIL I
Wie eine Liebessucht entsteht 27
Definition von Liebessucht 28
Wenn ich groß bin, möchte ich heiraten 32
Märchenbücher und Bildschirme prägen Liebessüchtige 46
Unser Körper und unser Gehirn treiben uns in
    Beziehungen 57
Warum wir desinteressierte Menschen attraktiver finden ... 66

TEIL II
Wie man eine Liebessucht überwindet 69
Die grausamen Zwillinge 70

TEIL III
Wie man seinen Frieden mit dem Singleleben schließt
    87
Mein Jahr ohne Dates 88
Die Singlebewegung ist ein globales Phänomen 93
Warum sind so viele von uns Singles? 98
Warum unsere Eltern nicht mit unserem Singlestatus
    klarkommen 105
»Du machst mich komplett« – das Versprechen des
    westlichen Kapitalismus 108

Mit der Fruchtbarkeitspanikmache umgehen 113
Wie sich meine Auszeit anfühlte. 117
Eine Ode an meine Seelenfreundinnen. 121

TEIL IV
Freude am Singledasein entwickeln 127
Sechsundzwanzig Quellen für Singlefreude. 128

TEIL V
Die sozial konstruierte Angst vor dem Singledasein
überwinden 153
Mangelware 154
Arme Jen und Playboy Leo. 157
»Warum bist du Single?«. 171

TEIL VI
Wie ich manche Lektionen vergesse und andere
aufs Neue lerne 179
Das Auf und Ab der persönlichen Entwicklung 180
Die Sache mit dem Warteort 183
Die Sache mit meinem Freund, der mit einer Frau schläft,
 die nicht ich bin 193
Die Sache mit den gescheiterten Beziehungen 197
Die Sache mit dem Hundepfeifen-Politiker 203
Die Sache, bei der ich einfach nur gewinnen möchte 207
Die Sache mit dem Heiraten (obwohl ich gar niemanden
 heiraten möchte) 212
Die Sache mit der Einsamkeit 222
Die Sache mit dem Valentinstag. 231
Dreizehn Dinge, die ich mir endlich abgewöhnt habe 235

TEIL VII
Eine Therapie öffnet Türen in meinem Kopf......... 241
Ich entdecke neue Räume........................ 242
Was ich aus der Therapie mitnehme.................. 256
Ein Gespräch mit dem Iren in meinem Kopf............ 261
Warum Schauspielen nichts bringt................... 271

TEIL VIII
Wer sind diese Singles überhaupt?.................... 279
Bekannte Mythen mit Fakten widerlegt................ 280
Singlefürsprecherinnen............................. 287

TEIL IX
Das Märchen von der für alle Zeiten
glücklichen Ehe..................................... 293
Ist mit einer Ehe wirklich alles besser?................. 294
Und dann lebten sie glücklich – für eine Weile........... 302
Gründe, warum ich wahrscheinlich nicht heiraten sollte ... 307

TEIL X
Warum man es sich bis ins kleinste Detail
ausmalen sollte..................................... 317
Ein unfertiges Bild................................. 318

TEIL XI
Wie man in Maßen datet........................... 327
Verantwortungsvolles Dating........................ 328
Menschen idealisieren, die wir nicht kennen........... 355

TEIL XII

Das Happy End für Singles. 363
Liebe fortgeschrittene Erwachsene. Ich sehe euch. 364
Schreiben Sie einem Kind, das Sie lieben, einen Brief. 370
Meine Mission der Singlefreuden kommt zum Ende 374
Beflügelt in Barcelona. 384

Quellen 395
Zitatnachweise 404
Dank 405
Über die Autorin 407

Vorwort

Unsere Gesellschaft neigt dazu, Singles mit einer hochgezogenen Augenbraue zu betrachten, mit großem Mitleid und einem »Na, na, du wirst bestimmt bald jemanden kennenlerne«. *Tätschelt die Hand* Artikel über Singles werden oft mit dem Bild einer missmutigen Frau illustriert, die einen Martini in sich hineinschüttet, oder mit einem einsamen Mann mit Glitzerhut und Geburtstagskuchen [an dieser Stelle bitte den Klang einer jämmerlichen Partytröte einfügen].

Wir leben in einer Kultur, die dazu tendiert, Paare zu feiern und zu erhöhen, Singles aber als Sonderfälle, Eigenbrötler und komische Käuze abzustempeln, die niemanden finden, der sie liebt. Arme Singles.

Wenn Single zu sein so schrecklich ist, warum zieht dann über die Hälfte von uns ein Singledasein dem als Teil eines Paares vor? Ganz einfach. Weil es überhaupt nicht schrecklich ist. Für lange Zeit – oder das ganze Leben – Single zu sein, kann unglaublich viel Power geben, lustig und befreiend sein. Es ist auf jeden Fall um Längen besser, als sich aus lauter Angst in eine Beziehung zu begeben.

In meinen Zwanzigern wusste ich noch nicht, dass ein Singledasein kein persönliches Versagen bedeutete, dass ich nicht irgendwie »defekt« war, wenn ich keinen Freund hatte. Ich hatte den Glauben an »die bessere Hälfte« bedenkenlos geschluckt und mich furchtbar unvollständig gefühlt, wenn ich solo war. Auf der Suche nach meiner besseren Hälfte streifte ich verzweifelt umher und fühlte mich wie der einsame Part in einem Pferdekostüm für zwei Personen.

Infolgedessen wurde ich zu einer völlig durchgeknallten Liebessüchtigen (und bin es manchmal noch heute). Anstatt dass die Liebe in meinem Leben erblühte wie Blauregen, hielt sie mich wie giftiger Efeu im Würgegriff und gefährdete damit mein Wohlbefinden. Das zeigte sich in einem so liebreizenden Verhalten wie Internet-Stalking, darin, dass ich darüber fantasierte, jemanden zu heiraten, den ich kaum kannte, darin, dass ich klammerte, in Wut und Streit, Betrug und Schnüffelei.

Warum ich Ihnen all das erzähle? Weil ich inzwischen gelernt habe, dass, wenn man die dunkelsten Momente seines Lebens mit anderen teilt und merkt, dass Tausende Menschen sagen »So geht es mir auch«, sich diese Momente in gesponnenes Gold verwandeln. Teilen ist wie Alchemie.

Dieses Buch ist kein Versuch, glückliche Paare auseinanderzubringen (ich liebe glückliche Paare), ich behaupte darin auch nicht, dass die Ehe Blödsinn sei oder dass es besser wäre, Single zu sein. Das Singleleben ist nicht besser. Aber es ist definitiv auch nicht schlechter. Es ist ein ebenso erfüllendes und freudvolles Dasein.

Die meisten Bücher, in deren Titel das Wort »Single« vorkommt, handeln davon, wie man das Singlesein kuriert, indem man einen Partner findet. Dieses Buch gehört nicht dazu. Hier geht es darum, wie man lernt, sein Singledasein anzunehmen, wie man als Single Freude findet und sich von dem gesellschaftlichen Druck freimacht, in einer Beziehung leben zu müssen.

Häufig werden Singles wie Peter Pans behandelt, übergroße Jugendliche, Erwachsene in Ausbildung. Dabei sind sie eigentlich diejenigen, denen man einen Preis für fortgeschrittenes Erwachsensein verleihen sollte, denn das Leben allein ist oft kein Zuckerschlecken.

Wir alle profitieren davon, wenn Singles und Paare gleichgestellt werden. Die weitverbreitete Abwehr gegen das Singledasein, das Trauerkloß-Stigma, das an ihm haftet, bedeutet, dass Menschen sich mit Beziehungen zufriedengeben und darin verharren, die sie gar nicht wirklich wollen. Wie schon der bekannte britisch-schweizerische Philosoph Alain de Botton sagt: »Erst wenn das Singledasein genauso viel Ansehen genießt wie seine Alternative, können wir sicher sein, dass Menschen eine freie Wahl treffen können.«

Anders ausgedrückt: Der Kampf für die Gleichstellung von Singles ist für Singles ebenso wichtig wie für Menschen in Beziehungen. Zumindest wenn Menschen in Beziehungen dadurch einen Notausgang haben, um Freiheit zu gewinnen; eine Möglichkeit, um nicht bedauert zu werden, wenn sie wieder Single sind.

Vielleicht fühlen Sie sich angesprochen. Vielleicht wünschen Sie sich einen Notausstieg aus ihrer sozial anerkannten Beziehungsform, die sich inzwischen eher wie ein Käfig anfühlt. Haben Sie vielleicht genau deswegen dieses Buch zur Hand genommen? Vielleicht forschen Sie bereits in Ihrem Inneren, ob Sie den Mumm für ein Leben ohne Partner haben?

Wenn Sie weiterlesen, werden Sie feststellen, dass es nichts gibt, wovor man sich fürchten muss. Später werden wir darüber reden, dass »Und so lebten sie glücklich bis ans Ende ihrer Tage« eher »Und so lebten sie glücklich für eine Weile zusammen« heißen sollte, da die Forschung zeigt, dass eine Heirat nur kurzfristig für Hochgefühle sorgt. Wir werden darüber sprechen, dass es einen in Wirklichkeit nur um ein Prozent glücklicher macht, an jemanden gebunden zu sein. In unserer Wahrnehmung sorgen Beziehungen für Euphorie, doch die wissenschaftliche Beweislage, die harten Fakten haben nicht viel mit diesen völlig romantisierten Erwartungen zu tun.

Das Singledasein ist eine Wahl. Menschen sind nicht solo, weil sie keinen abbekommen. Sie sind Singles, weil sie sich gerade von den Menschen, die an ihnen interessiert sind, nicht angezogen fühlen. Oder sie vielleicht gar nicht auf der Suche sind.

Die Frage »Warum bist du Single?« ist sinnlos. Wir sind es eben. Manchmal befindet man sich in einer Beziehung, manchmal nicht, und es gibt dafür keinen Grund. Die Ursachen fürs Singledasein sind eine Gemengelage aus Zufall, Entscheidungen und Umständen. Manchmal fährt eine Beziehung in den Hafen der Ehe ein und manchmal eben nicht, was nicht bedeutet, dass die Beziehung ein Reinfall war.

Ähnlich verhält es sich mit Scheidungen, die ebenfalls kein »Versagen« markieren. Vielmehr beweist man Kriegermut, wenn man eine Ehe hinter sich lässt, die nicht mehr funktioniert, jedenfalls bei dem Sockel, auf den die Ehe in unserer Gesellschaft gestellt wird. Wer sich scheiden lässt, ist ein Rebell, der weiß, was er tut.

Single zu sein sollte in der Gesellschaft ebenso anerkannt und respektiert werden, wie in einer Beziehung zu leben. Jetzt, wo wir eher in der Mehr- als in der Minderheit sind, können die Stereotype vom »traurigen Single« und den »selbstgefällig Vermählten« vielleicht ein und für alle Mal über Bord geworfen werden. Und wir können uns eingestehen, dass beide Lebensstile Vor- und Nachteile mit sich bringen.

Singles sind keine halben Menschen, wir sind vollständige Menschen, so wie wir sind, perfekt und komplett.

Catherine

Liebestrunken

Februar 2002

Ich war für drei Dates mit einem charismatischen, angenehmen, attraktiven älteren Mann verabredet – Daniel. Ich habe entschieden, dass Daniel der Mann für mich ist. Jeden Tag bei der Arbeit schiele ich mit einem halben Auge auf mein Nokia, falls der Bildschirm grün aufleuchtet und der kleine wundersame Briefumschlag auftaucht.

Jeden Abend nach der Arbeit gehe ich nach Hause und stelle die Verbindung zum Internet her. Krick, krack, krrrrrrrr, krick, krack, beebeebeldidum und von vorn.

Nach einigen Minuten bin ich online. Boah! Dann sitze ich in der Hoffnung vor meinem Rechner, dass mir jemand eine Nachricht an meine E-Mail-Adresse (cathmerjungfrau@hotmail.com)[1] geschickt hat, und klicke auf meinen Posteingang. Ich brauche den nächsten Kick. Meine Droge. Die Erlösung von meinem niemals nachlassenden Verlangen. Ich wünsche mir eine E-Mail von Daniel, idealerweise mit einem Vorschlag für unser nächstes Rendezvous. Aber da ist nichts. Pustekuchen.

Die darauffolgenden zwei Stunden sitze ich vor dem Bildschirm und drücke immer wieder »neu laden«. Neu laden, neu laden, neu laden. Leider wirklich wahr.

Wird mir dabei langweilig, lese ich Artikel auf hohlen Webseiten mit Titeln wie »Wie du ihn scharf auf dich machst« oder

---

1 Liebe Millennials, damals, vor langer Zeit, hatten wir alle völlig lächerliche E-Mail-Adressen, etwa heißerschlitten1979@hotmail.com, lucyleckerelippen@yahoo.de oder bierpongbernd@outlook.com. Wir dachten dabei nicht darüber nach, dass sie irgendwann in unserem Lebenslauf stehen würden. Doch wir lernten bald schon dazu.

»21 Anzeichen, dass er verrückt nach dir ist« oder »Männer über ihre 19 K.-o.-Kriterien«.

Um Daniel für mich zu gewinnen, muss ich unbedingt über diesen Mumpitz Bescheid wissen. Es ist, als würde ich mein Wissen für einen Test auffrischen. Okay, ich muss also: mit meinen Haaren spielen; nicht direkt antworten; an den ersten beiden Terminen, die er für Dates vorschlägt, keine Zeit haben; meine Beine oder mein Dekolleté zeigen, aber niemals beides zugleich. Erledigt, erledigt, erledigt, auffrischen, auffrischen, auffrischen.

Mir ist dabei absolut nicht bewusst, dass ich meinen Posteingang anklicke, als wäre ich eine Ratte im Käfig eines Labors. Eine Ratte mit einem Knopf, der eine Droge dosiert. Ich denke, mein Verhalten ist normal.

Mein Verhalten war nicht normal. Ich war ein rasender Beziehungsjunkie.

Haben Sie *Alles steht Kopf* gesehen? Es handelt sich dabei um einen der erstaunlichsten und tiefgreifendsten Filme des letzten Jahrzehnts. (Ich bin mir darüber im Klaren, dass es ein Kinderfilm ist. #sorrynotsorry) Wie dem auch sei: Der Film basiert auf einer Metapher, wonach jeder Mensch in seinem Gehirn Erinnerungsinseln hat, aus denen sich seine Persönlichkeit zusammensetzt. Riley, ein kleines Mädchen, hat die Erinnerungsinseln »Hockey«, »Quatsch machen«, »Freundschaften« und »Familie«. Die Inseln sind das Wichtigste in ihrem Leben.

Als Riley ins Teenageralter kommt, tauchen die Tragische-Vampir-Romanze-Insel, die Mode-Insel und die Boy-Band-Insel aus dem Wasser empor.

Als ich *Alles steht Kopf* ansah, hatte ich eine Erleuchtung. Hätte man meine Persönlichkeitsinseln in meinen Zwanzigern auf einer Karte eingezeichnet, wäre da die Suff-Insel gewesen, ein mordorähnliches Eiland mit jeder Menge verlorener Handtaschen, Nachtclubs wie das *Be At One* in London, mit geifernden Dämonen und bodenlosen Abgründen. Daneben hätte es eine weitere Insel gegeben, die genauso groß und ebenso heimtückisch gewesen wäre: die Männer-Insel. Sie war immer hell erleuchtet, bebte und wurde von Unwettern heimgesucht wie ein besessener Vergnügungspark.

Als ich im Alter von dreiunddreißig Jahren aufhörte, zu trinken, beschloss ich, dass es an der Zeit wäre, mich der Männer-Insel zu stellen. Ich musste die Insel auf eine handlichere Größe schrumpfen. Sie sollte eher dem Ausmaß der Isle of Wight entsprechen, nicht dem eines Reichs, das sich über die Größe von Irland erstreckt. Sie musste weniger dramatisch, Furcht einflößend und wichtig werden. Eher eine Nebeninsel, ein angenehmes Reiseziel, kein ganzes Land.

So also lautete mein Plan. Und als ich damit loslegte, fand ich eine neue Insel, eine Alternative, in die ich mich ganz unerwartet verliebte: die Single-Insel.

Einleitung

Monomanie: Übertriebene oder obsessive Begeisterung für eine Beschäftigung oder eine Sache (Auszug aus dem *Oxford Dictionary*).

Der-Eine-Manie: Übertriebene oder obsessive Begeisterung für die Suche nach »dem Einen« (Auszug aus meinem Kopf).

Ich möchte ehrlich mit Ihnen sein. Ich bin noch immer liebessüchtig. Ich kann nicht von mir behaupten, wiederhergestellt zu sein. Tut mir leid. Das wäre nichts weiter als eine dreiste Lüge.

Leider bin ich noch immer die Frau, die mit großen Augen auf ihre Textnachrichten starrt, die ihr Handy wie einen Fernseher anschaut und mit angehaltener Luft auf eine Antwort wartet, wenn diese quälenden iPhone-Pünktchen über den Bildschirm tanzen. Noch immer muss ich mir leichte Ohrfeigen verpassen, um meine Yosemite-Nationalpark-Hochzeitsfantasie in den Griff zu bekommen (mit Wald-Motto, wenn Sie's genau wissen wollen, ein bisschen wie *Narnia*, mit Harfenspielerinnen und Flötisten und ich trage ein … oh Mist, jetzt fang ich schon wieder damit an *sanfter Klaps*).

Noch immer bin ich niedergeschlagen, wenn ein Mann mir nichts dir nichts den Kontakt zu mir abbricht, den ich zweimal getroffen habe, den ich kaum kenne und mit dem ich alles in allem (Trommelwirbel) sieben Stunden verbracht habe. Was das angeht, bin ich dieselbe geblieben, das möchte ich nicht abstreiten.

Allerdings habe ich meine Der-Eine-Manie von dringlich, hysterisch, Aufs-Telefon-Trommeln, Drei-Nachrichten-hintereinander-Sender (»Geht's dir gut? Hattest du einen Unfall?! Was ist los?«) heruntergekocht. Dabei hat es ungemein geholfen, ein Jahr mit dem Daten zu pausieren und währenddessen gerade einmal mit einem Mann Händchen zu halten.

Es half, darüber zu lesen (so viel ich nur konnte), wie eine Liebessucht zustande kommt, und meine Erkenntnisse werde ich natürlich mit Ihnen teilen. Es half, dass ich damit aufhörte, Menschen die Macht zuzugestehen, mich aufzublasen oder die Luft aus mir herauszulassen. Als ich chronisch liebessüchtig war, war ich wie ein aufblasbarer Mensch; von Anerkennung abhängig, die mich aufplusterte und zu einem traurigen Häufchen zusammenschnurren ließ, wenn ich mich zurückgewiesen fühlte.

Eine alte Jungfer von dreiunddreißig Jahren

Meinen ersten Tiefpunkt in Sachen Liebe hatte ich ein paar Monate vor meinem finalen Tiefpunkt in Sachen Alkohol. Mein inzwischen leider verstorbener Vater begann damit, mich im Alter von dreiunddreißig Jahren eine »alte Junger« zu nennen. Und nein, er machte dabei keinen Scherz. Es war kein »Ich will dich doch nur ärgern«. Es war ihm absolut und vollkommen ernst damit, dass ich eine alte Jungfer sei und was zur Hölle ich bitte dagegen unternehmen würde. Die ganze »Du bist eine alte Jungfer«-Sache kam auf, nachdem wir bei meiner Tante und meinem Onkel zu Besuch waren, bei denen die Frage fiel: »Na, läufst du vielleicht bald Gefahr, unter die Haube zu geraten, Catherine?« Ich erklärte, dass ich mich gerade von einem Mann getrennt hätte. Er hätte mich nicht gut behandelt, ein Jahr lang hätte ich mit ihm zusammengelebt, doch seit meiner Entscheidung würde ich mich gut fühlen. Mein

Onkel verzog das Gesicht und sagte: »Na, aber jünger wirst du auch nicht«, woraufhin mein Vater einen Lachanfall bekam.

Als wir gingen, wandte ich mich an meinen Vater, lachte nervös und sagte: »Sie haben angefangen, mich wie eine alte Jungfer zu behandeln.« Und er erwiderte trocken und ohne mit der Wimper zu zucken, wie es so seine Art war: »Nun, du bist ja auch eine alte Jungfer.« Darüber hatten wir dann während der Autofahrt einen großen Streit, bei dem ich weinte und meinte, ich sei keine alte Jungfer, und er mich anbrüllte, dass ich doch eine alte Jungfer sei. Es war bizarr.

Ich war völlig verstört. Später am Tag joggte ich lange am Lagan, saß am laubbedeckten Ufer und wurde von Schluchzern nur so geschüttelt. Als ich mich leer geweint hatte, versuchte ich herauszufinden, warum mich das so tief getroffen hatte. Rational war mir völlig bewusst, dass es nichts anderes war als lächerliche Fünfzigerjahre-Misogynie im Stil der Fernsehserie *Mad Men*, und doch hatte es mich fürchterlich verletzt. Als ich meine Wunde genauer betrachtete, fand ich einen Stachel, der sich tief ins Fleisch gegraben hatte. Der Stachel des Versagens. Das war es. Aha. Das hatte mir also so brutale Schmerzen zugefügt.

Ich fühlte mich, als hätte ich als Frau versagt, als Mensch, weil ich meinen Lebenspartner noch nicht gefunden hatte. Ich fühlte mich ungeliebt, ungewollt, ein Ladenhüter, der im Regal stehen geblieben war. Zugleich war ich mir rein rational völlig bewusst, dass das nichts als Unsinn war. Mir war klar, dass ich gerade eine toxische Beziehung hinter mich gebracht hatte und ich mit meinen dreiunddreißig Jahren im Großen und Ganzen noch recht jung war.

Eine Freundin gab mir einmal zu verstehen, dass meine Fotoalben einem egomanischen Trophäenzimmer glichen. So einem, wie abscheuliche Menschen es insgeheim haben, voller Hirschgeweihe, Nashornhörnern und ausgestopften Leoparden.

Kürzlich habe ich erwähnte Alben nochmals mit scharfem Blick durchgeblättert. Sie hatte recht. Sie glichen einer Rollkartei meiner Ex-Freunde, zwischen die sich hin und wieder mal ein Kollege geschmuggelt hatte. Sie waren Vitrinen, in denen ich Männer zur Schau stellte, die mich interessant fanden. Wenn ich mir die Alben heute ansehe, finde ich sie gruselig. Kataloge meiner Beutetiere. Damals habe ich mich wirklich über die Männer definiert, mit denen ich geschlafen habe.

Aber wissen Sie was? Heute verstehe ich voll und ganz, warum ich war, wie ich war. Ich verurteile mein zwanzigjähriges Ich nicht dafür. Denn durch unterschwellige (oder unverhohlene) gesellschaftliche Botschaften wurde mir immer wieder eingetrichtert, dass es nichts gibt, was wichtiger ist als eine romantische Beziehung. Und so geht es uns allen.

Werde sesshaft – und zwar schnell

Hier ist der Clou: Ich wurde einer Hirnwäsche unterzogen, die mich glauben ließ, ein Happy End beinhalte immer, einen Partner zu finden. Die eine Person. Meine bessere Hälfte. Wie ist es möglich, dass zu heiraten auch im 21. Jahrhundert noch immer als größte Errungenschaft einer Frau gilt? Bilde ich mir das nur ein oder wird es unterschwellig tatsächlich so wahrgenommen? (Ich denke, es ist wirklich noch so.) Und nicht nur Frauen fühlen diesen immensen Druck – auch Männer.

Und trotz des Heiratsantrag-Presskommandos entscheiden sich doch Millionen Menschen dafür, Singles zu bleiben. Die Singlebevölkerung wächst zehnmal so schnell wie die Bevölkerung allgemein. Der typische britische Millennial lebt durchschnittlich fünfzehn Jahre allein, ohne Partner.

Die aktuellsten Daten, die das Londoner Marktforschungsunternehmen Mintel in seinem Report *Single Lifestyles* 2017 erfasst hat, besagen, dass heute 51 Prozent der britischen Bevölkerung im Alter zwischen vierundzwanzig und vierundvierzig Singles sind (geschiedene Menschen eingeschlossen). Im Jahr 2016 berichtete das Office for National Statistics noch, dass der Anteil an Singles/Geschiedenen bei 35 Prozent liege. Ist es möglich, dass es innerhalb von nur einem mickrigen Jahr einen Sprung von 16 Prozent gab?

Unsere Wege trennen sich immer später. Das Office for National Statistics hat 2018 einen Bericht veröffentlicht, in dem steht, dass »bei verschiedengeschlechtlichen Eheschließungen das Durchschnittsalter der Männer bei 37,5 Jahren liegt und bei Frauen bei 35,1 Jahren«.

Mit anderen Worten: Die Durchschnittsbraut war fünfunddreißig Jahre alt, der Durchschnittsbräutigam achtunddreißig. Diese Offenbarung hatte eine ganze Reihe an Schlagzeilen zur Folge, etwa »Aufstieg der alten Bräute: Frauen treten heute durchschnittlich im Alter von 35 vor den Altar«. 75 Prozent der Männer und 76 Prozent der Frauen, die 2015 heirateten, taten dies zum ersten Mal.[2] Sechs von zehn Bräuten waren über dreißig.

1970 lag das durchschnittliche Heiratsalter von Männern bei siebenundzwanzig, das der Frauen bei fünfundzwanzig.[3] Im Vergleich zu 1970 heiraten Männer also elf Jahre später, während Frauen zehn Jahre später heiraten. Erstaunlich, nicht wahr?

Außerdem enden heute 42 Prozent der Ehen in einer Scheidung. Was bedeutet, das beinahe die Hälfte derer, die strahlend und voller Hoffnung vor den Altar treten, später im Leben plötzlich als Singles enden.

---

2 Für das Durchschnittsalter der Erstheiratenden konnte ich keine verlässliche Quelle finden, die für das ganze Land gültig ist.
3 Die Zahlen wurden in diesem Fall ab- beziehungsweise aufgerundet.

Single ist die neue Norm

Bevor ich die Daten ausgegraben hatte, die zeigen, dass sich die Verhältnisse umkehren und Singles auf dem Weg sind, zur Mehrheit zu werden, habe ich haufenweise cooles Zeug darüber geschrieben, wie man Normen unterlaufen kann. All das ist im Mülleimer gelandet, nachdem ich herausgefunden hatte, dass wir bereits die neue Norm sind. Mir war das nicht bewusst gewesen. Ihnen etwa?

Doch obwohl die Dinge so liegen, fühlt es sich nicht so an. Noch immer fühlt es sich rebellisch an, als würde man gegen den Strom schwimmen, wenn man in mittlerem oder höherem Alter Single ist. Warum? Weil wir noch immer im Schatten der Kernfamilie leben und unter dem Gewicht der Erwartungen unserer Eltern stöhnen.

Mehr dazu später. Zu der Zeit, als die Generation der Babyboomer[4] aufwuchs und erwachsen wurde, gab es jedenfalls einen großen Zuwachs an Ehen. Vielleicht ist das der Grund dafür, dass es unseren Eltern schwerfällt, Verständnis dafür aufzubringen, dass wir noch nicht verheiratet sind, wo sie doch in unserem Alter längst unter der Haube waren. (Wenn Sie sich im Alter zwischen fünfundzwanzig und fünfzig befinden, gehören Sie höchstwahrscheinlich zu den Nachkommen der Babyboomer.)

Unsere Eltern und die Medien haben uns gelehrt, das Singledasein zu fürchten. Ich kenne diese Angst nur zu gut. Wegen ihr war ich in meinen Zwanzigern niemals Single und schwang mich stattdessen von Freund zu Freund. Ich dachte, jede Beziehung, ganz gleich wie toxisch sie auch sein mochte, sei besser als keine.

---

4 Zu den Babyboomern zählen die zwischen 1946 und 1964 Geborenen, die im Erscheinungsjahr dieses Buchs (2021) zwischen siebenundfünfzig und dreiundsiebzig Jahre alt sein werden.

Wenn ich nicht mit jemandem zusammen war, fühlte ich mich flach und düster, wie ein stockfinsterer Raum, der darauf wartet, dass jemand vorbeikommt, das Licht anschaltet und ihm Leben einhaucht. Obwohl ich Beziehungen den größten Stellenwert einräumte, benahm ich mich in ihnen jedoch wie eine Abrissbirne in Menschengestalt. Ich schnüffelte, betrog, brach Streit vom Zaun, all solche Späßchen. Ich machte sogar Schluss, um mehr Aufmerksamkeit zu bekommen.

In den vergangenen Jahren habe ich es geschafft, mit all dem aufzuhören. Ich verharre nicht mehr in ungesunden Beziehungen; ich habe keine Angst mehr vor dem Alleinsein; ich kann mit Männern ausgehen, ohne den Verstand zu verlieren. Und ich habe gelernt, mein Singledasein zu genießen und Paare nicht mehr mit dem Gedanken zu betrachten: »Das ist es, was ich will. Warum hab ich das nicht?«

Wie gesagt: Ich bin nicht völlig von meiner Liebessucht geheilt. Noch immer saust sie in mir umher und schreit nach Befriedigung. Aber ich habe gelernt, mit ihr zu leben, sie zu zähmen, ihr eine Leine anzulegen, sie sogar zu streicheln. Und bin heute tatsächlich glücklicher Single.

An meiner Liebessucht zu arbeiten, hat dazu geführt, dass ich mich vom Zwang befreit fühle, in einer Partnerschaft leben zu müssen. In meinen Zwanzigern war ich gerade einmal für sechs Monate Single (die ich im Großen und Ganzen damit zubrachte, potenzielle neue Partner zu befragen), von den vergangenen fünf Jahren war ich hingegen dreieinhalb Jahre Single. Das entspricht einem Anstieg an Singledasein von fünf Prozent in meinen Zwanzigern auf 70 Prozent in den letzten fünf Jahren.

Lasst die entgegengesetzte Hirnwäsche beginnen

Was also werden wir nun tun? Wie gehen wir vor? Wir werden unser Programm neu schreiben, indem wir mit Psychologen und Neurowissenschaftlern über die liebessüchtig machenden Botschaften unserer Gesellschaft reden und darüber, was in unseren verrückt verliebten Gehirnen vor sich geht.

Wir durchwühlen die Botschaften, die wir aus der Literatur, aus Filmen und dem Fernseher erhalten und die uns darauf konditionieren, derart besessen von romantischer Liebe zu sein (die *Bridget-Jones*-Trilogie endete – natürlich – mit einer Hochzeit). Diese Botschaften gehen uns unter die Haut, sie graben sich in unser Unterbewusstes, sie gaukeln uns vor, unser glückliches Ende müsse ein Paar enthalten, das gemeinsam in einen Sonnenuntergang blickt. Aber wissen Sie was? Das ist Mumpitz.

Wenn Sie andere daten wollen, werde ich Ihnen sagen, wie ich gelernt habe, dies in vernünftigem Maß zu tun, ohne zu einem geistesgestörten Instagram-Stalker zu mutieren und ohne mir einzubilden, ich wäre in jeden Typen verknallt, den ich gerade einmal seit zwei Wochen kenne.

Vor allem aber werden wir einen Frühling der Singlefreude erleben, ihn feiern und dafür sorgen, dass er nie wieder vorübergeht.[5]

---

5 Bitte beachten Sie, dass ich, wo immer möglich, genderneutral schreibe, stets aber im Wissen darum, dass neun von zehn Lesern meiner Bücher Frauen sind. Heteronormative Fettnäpfchen sind genau das – Versehen, und ich entschuldige mich bereits im Voraus dafür. Die Namen meiner Ex-Freunde wurden geändert, um die Unschuldigen zu schützen und die Schuldigen vom Haken zu lassen. Namaste (*verbeugt sich*).

TEIL I

Wie eine Liebessucht entsteht

Definition von Liebessucht

The Priory, eine höchst angesehene Klinikgruppe für psychische Gesundheit und Suchttherapie in Großbritannien, definiert Liebessucht als »durch starke Gefühle oder obsessives Verhalten charakterisiert, zu dem sich die darunter leidende Person unabhängig von den daraus folgenden Konsequenzen gezwungen sieht«.

Meine Interpretation lautet wie folgt: Jede Sucht ist der Irrsinn, trotz negativer Konsequenzen immer und immer wieder das Gleiche zu wiederholen und dabei ein anderes Ergebnis zu erwarten.

Dr. Vik Watts und Mel Davis vom Suchtteam beim Priory-Hospital in London zählen zu den klassischen Verhaltensweisen von Liebessucht:

1. An einer idealisierten Beziehung festhalten, auch wenn die Realität eine andere ist.
2. Immer wieder in eine missbräuchliche, zerstörerische Beziehung zurückkehren.
3. Die Verantwortung für das eigene Wohlergehen auf andere übertragen.
4. Aufmerksamkeit in vielen verschiedenen Beziehungen suchen und das Streben nach ständig neuer Zuwendung.

Ich kann mit Fug und Recht behaupten, dass jeder Einzelne dieser vier Punkte auf mich zutrifft. Jupp, jupp, jupp, Kreuzchen, hab ich alles schon mal gemacht. BINGO. Ich gewinne eine Liebessucht!

Lassen Sie uns jeden Punkt einzeln betrachten, dann erzähle ich Ihnen auch, wie meine Symptome beschaffen waren:

1. An einer idealisierten Beziehung festhalten, auch wenn die Realität eine andere ist
Schon immer habe ich von Beziehungen wie im Film geträumt, habe alles darangesetzt, sie auf ein solches Niveau zu heben, und war enttäuscht, wenn es nicht geklappt hat. Ich war zugleich Idealistin und Kritikerin.

Ich hätte alles getan, um nicht Single zu sein. Ich habe dafür sogar unterirdisches Verhalten mir gegenüber in Kauf genommen und/oder bin mit Menschen ausgegangen, für die ich mich gar nicht interessiert habe. Teil einer Beziehung zu sein, war mir wichtiger als mein Glück.

2. Immer wieder in eine missbräuchliche, zerstörerische Beziehung zurückkehren
Einiges von dem Verhalten, das ich über mich habe ergehen lassen – und das ich selbst an den Tag gelegt habe –, war außerordentlich verkorkst. Ich habe mir selbst nicht eingestanden, wie die Realität aussah.

Spürte ich, dass eine Beziehung brüchig wurde, fing ich an herumzuspionieren, womit ich wiederum Dramen heraufbeschwor. Eine Reaktion, die, ob Sie es glauben mögen oder nicht, so etwas wie eine Überlebensstrategie war: »Wenn ich herausfinde, was falsch läuft, kann ich es vielleicht richten.« Und: »Wenn ich damit drohe, ihn zu verlassen, wird ihm vielleicht klar, dass er nicht ohne mich leben kann. Dann bettelt er darum, dass ich bleibe.«

Allerdings hat diese offensive/launenhafte Taktik den Beziehungen eher geschadet, als dass sie »uns gerettet« hätte.

3. Die Verantwortung für das eigene Wohlergehen auf andere übertragen
Ich hatte keinen Dunst davon, dass ich selbst für mein Glück verantwortlich war. Bitte was? War ich traurig, lag der Fehler bei meinem Freund. Er hätte mich doch glücklich machen müssen. Aber dabei hatte er versagt. Schlechter Freund.

4. Aufmerksamkeit in vielen verschiedenen Beziehungen suchen und das Streben nach immer neuer Zuwendung
Wenn ich mich gerade nicht in einer Beziehung befand, machte ich mit der gleichen Dringlichkeit Jagd auf eine, die ich sonst nur an den Tag legte, wenn ich eine neue Wohnung suchte. Meine Freunde nannten mich einen »Liebesaffen«, weil ich mich wie ein Affe, der sich von Baum zu Baum schwingt, von Mann zu Mann schwang. Selbst wenn ich in einer Partnerschaft war, provozierte ich die Aufmerksamkeit anderer Männer. Ich verwechselte Sex mit Intimität. Ich hatte Sex, wollte aber eigentlich Nähe. Und der Sex war eher wie eine sich bewegende Kunstinstallation, darauf ausgerichtet, Anerkennung und Applaus zu bekommen, als ein Akt der Liebe.

All diese Verhaltensweisen habe ich hinter mir gelassen. PUH. Aber ich bleibe wachsam, damit sie nicht wieder in mein Leben gekrochen kommen. Immer auf der Hut.

Wenn Sie glauben, auch Sie könnten an einer Liebessucht leiden, lassen Sie sich nicht von dem Etikett entmutigen. »Mir gefällt der Begriff ›Liebessüchtige‹ nicht, da er impliziert, es handle sich um ein lebenslanges Problem«, so Jennifer Taitz, US-amerikanische Psychologin und Autorin von *How to Be Single and Happy*. »Wir können uns jederzeit dafür entscheiden, anders zu handeln, und, bezogen auf unsere Hoffnungen, so neue Verhaltensmuster schaffen. Unsere Vergangenheit muss unsere Zukunft nicht zwangsläufig bestimmen.«

Dem schließe ich mich an. Sucht fasse ich für mich eher als etwas auf, womit ich meine Erfahrungen gemacht habe, und nicht als etwas, das mich definiert. Würde ich es wirklich ganz genau nehmen, müsste ich sagen, »dass ich Erfahrungen der Liebessucht gemacht habe und hin und wieder noch immer Anzeichen davon aufweise«, aber das ist ein ganz schöner Brocken, und ich habe keine Lust, das ständig zu tippen. Also müssen Sie mit »Liebessüchtige« als Kurzversion vorliebnehmen. Ich werde das Etikett tragen, doch Sie müssen das gewiss nicht.

Am Wichtigsten aber ist, dass es Hoffnung gibt, sollten Sie das Gefühl haben, Sie seien liebessüchtig. Es ist definitiv möglich, sich zu verändern. Menschen verändern sich ständig.

Wenn ich groß bin, möchte ich heiraten

Mit vier Jahren kann ich die riesige Eiche am Ende unserer Straße bis ganz nach oben klettern. Keiner der Jungs schafft das. Ich bin die Einzige. Ich bin der König der Burg und die anderen sind die niederträchtigen Gauner. Aber dann, mit fünf, wird mir bewusst, dass ich ein Mädchen bin und Mädchen besser nicht auf Bäume klettern. Mädchen sollen Königinnen sein, nicht Könige.

Stattdessen mache ich jetzt »Parfum« aus zerstoßenen Rosenblättern, in dem winzige Insekten ertrinken. Mit vor Konzentration aus dem Mund hängender Zunge, dass ich ja nichts verschütte, stelle ich meine Kreation vorsichtig in unsere Wäschekammer neben den Heizkessel, damit sie »gebacken« wird. Dann schmiere ich mich – und meine Grimassen ziehende Mutter – mit dem Zeug ein. Schon da bin ich mir dem Ziel eines Mädchens – nämlich andere anzulocken – sehr bewusst. Dass es meine letzte Bestimmung ist, später einmal zu heiraten.

Im Alter von sieben sitzen meine Freundinnen und ich auf dem Bordstein unserer Straße im nordirischen Carrickfergus und überlegen uns, wie gut unsere Namen zu denen der Jungs passen, die gerade Fußball spielen und sich nicht im Geringsten um uns scheren. Wie ein aus dem Gleichgewicht geratener Kompass schwinge ich zwischen dem, was ich tun möchte (mit dem BMX meines Bruders durch die Gegend pesen und auf dem Hinterrad fahren), und dem, was ich tun soll (mit meiner Puppe spielen, die pinkelt, wenn ich ihr etwas zu trinken gebe; das ist aber auch schon alles, was sie kann *rollt mit den Augen*).

Sollte es mein Ziel sein, männliche Anerkennung auf mich zu ziehen, versage ich bereits jetzt. Von keiner der beiden Vaterfiguren in meinem Leben fühle ich mich angenommen. Während ich zu einem linkischen Teenager heranwachse, scheint mein leiblicher Vater ständig enttäuscht von mir zu sein. Meine Eltern lassen sich scheiden, und meine Mutter heiratet erneut, als ich zehn bin; so komme ich zu einem Stiefvater, der mich unverhohlen verachtet.

Mein Stiefvater gewöhnt meinem Bruder und mir an anzuklopfen, bevor wir ins Wohnzimmer kommen (nach sieben Uhr abends sind wir von dort verbannt). Er tippt Briefe für uns mit Listen, auf denen steht, was wir alles falsch machen (zu viel Butter auf den Messern in der Spülmaschine!). Er gibt uns den Spitznamen »die Untermieter« und macht uns mehr als deutlich klar, dass wir an unserem achtzehnten Geburtstag ausziehen müssen, komme, was wolle.

Wenn meine Freunde spontan bei uns klingeln, schickt er sie brüllend und Tür schlagend fort, weil sie im Vorfeld keinen Termin für ein Treffen verabredet haben. Ich weiß nicht, was er erwartet. Eine Schriftrolle, die von einem Botenjungen auf einem Pferd gesandt wird?

Dem Leben zu Hause entfliehe ich beim Lesen. Mit zwölf habe ich Judy Blumes *Forever ... Die Geschichte einer ersten Liebe* siebenmal gelesen. Die Romanze, um die es darin geht, macht mich ganz trunken. Eines Tages werde auch ich einen Mann so sehr lieben, dass er seinen »Ralph« in mich hineinstecken darf.

Mein Stiefvater liest meine Tagebücher. Meine beste Freundin Sam und ich schleichen in der darauffolgenden Nacht aus dem Haus und versenken die restlichen Tagebücher, die unentdeckten, dramatisch und tränenreich in einem Teich im Priory Park in Dudley, als würden wir ein geliebtes Haustier begraben. Auf dem Nachhauseweg malen wir uns verzweifelt flüsternd aus, wegzulaufen und in Birmingham zu leben, wo wir auf dem Stoffmarkt einkaufen und uns an verschiedenen Körperstellen piercen lassen wollen. Wo wir Gitarristen daten und jeden Freitag in den Nachtclub Snobs gehen.

Zutiefst unglücklich, frage ich meinen Vater, ob ich bei ihm auf der Halbinsel Islandmagee leben kann. Meine glücklichsten Tage sind die, die ich dort im Sommer am Strand mit Steinesammeln verbringe, wo ich Zimtpastillen kaue, Swingball spiele, die Musikvideos der 4 Non Blondes in Endlosschleife auf MTV ansehe und mit seinen drei Jack Russell Terriern spiele. Er sagt Nein. Ich bin am Boden zerstört.

Durch all die turbulenten Zeiten stehe ich meiner Mutter und Stiefmutter (Ruth, die Partnerin meines Vaters) ungemein nah. Es mag einem Zufall geschuldet sein, ist aber Tatsache, dass es für mich später im Erwachsenenleben ein Kinderspiel ist, Freundschaften mit Frauen einzugehen, wohingegen es zwischen den Männern und mir nie hält, nicht einmal eine platonische Beziehung.

Die Jagd nach Anerkennung

Mit vierzehn ersetze ich meine Leidenschaft fürs Reiten durch Clubnächte. Eine meiner besten Schulfreundinnen kündigt mir die Freundschaft und schreibt in einem Brief, ich wäre »nur noch von Jungs besessen« und würde mich nicht mehr wie früher für Bands, gute Bücher und gemeinsame Zeit interessieren. Ich denke, sie liegt falsch, nicht ich. Also lasse ich sie links liegen und wende mich anderen Freundinnen zu.

Eines Tages sagt unser Französischlehrer, wir sollen jedes Mal aufstehen, wenn wir ein Adjektiv hören, das zu uns passt. Die Klasse geht hoch und runter wie ein Jo-Jo, während er »langhaarig«,

»blond«, »groß« und dann »hübsch« aufruft, wobei nur die beliebten, eingebildeten Mädchen aufstehen.

Dann sagt er »hässlich«. Mist. Jetzt muss doch ich aufstehen oder nicht? Jeder kann sehen, dass ich hässlich bin. Ich stehe auf. Sonst niemand. Der Lehrer sagt, ich solle mich setzen, das sei nur ein Witz gewesen, und dann fängt er unbeholfen an, zu erklären, ich sei doch in Wirklichkeit … Bis ihm klar wird, dass er so etwas nicht sagen kann und er schnell das Thema wechselt.

Dann passiert etwas, das an Magie grenzt. Mein pummeliger Teenagerkörper beginnt, sich zu strecken, und ich wachse. Aus meinem teigigen Gesicht treten Wangenknochen hervor; in der Drogerie gibt es Glätteeisen, und John Frieda bringt uns Haarserum, sodass ich die Atompilzwolke auf meinem Kopf bändigen kann.

Ich fahre zu meinem Vater, und ein Freund, der zu Besuch ist, geht wie ein Pferdeexperte um mich herum, mustert mich von oben bis unten und verkündet, ich sei ein »Vollblut«. Mein Vater dreht sich überrascht zu mir, und ich kann sehen, dass sich etwas in seinem Blick verändert. Später einmal sagt er: »Es hat etwas in mir angerührt, das ich nie zuvor gefühlt habe. Und dann ist mir bewusst geworden, was es war: Stolz.«

Als ich fünfzehn bin, setzt meine Mutter endlich meinen Stiefvater vor die Tür. Auslöser war, dass er mich unter der Androhung, er werde mich windelweich prügeln, durchs Haus jagte, nachdem ich etwas gegessen hatte, das ich nicht hätte essen dürfen. Er schreibt mir einen Brief, in dem steht, dass er hofft, wir könnten eine Lösung finden. Aus unerfindlichen Gründen beginnt er den Brief mit der Aussage, ich würde zu einer »äußerst attraktiven Frau« heranwachsen. Es ist das erste Mal, dass er etwas Nettes zu mir sagt, und ich klammere mich daran fest.

Kurz darauf begegnet meine Mutter meinem heutigen Stiefvater Stewart, er ist ein herausragender Mensch. Eigenhändig zieht er eine neue Wand in seinem Haus ein, damit ich ein eigenes Schlafzimmer bekomme. Von dem Tag an, an dem ich ihn zum ersten Mal treffe, fühle ich mich von ihm nie etwas anderes als akzeptiert, wertgeschätzt und geliebt.

Stewart äußert sich zu meinem Aussehen weder bewundernd noch abschätzig, stattdessen macht er, wenn ich ihn frage, ob ihm mein neues Oberteil gefällt, lustige Bemerkungen: »Du siehst darin aus wie ... eine Physiotherapeutin.« Wer ich als Mensch bin, das ist ihm wichtig. Er honoriert Ehrlichkeit und Freundlichkeit und Humor und kümmert sich nicht die Bohne darum, wie ich in meinem neuen Jane-Norman-Kleid ausschaue.

Doch zu diesem Zeitpunkt stecken mein Verlangen nach männlicher Bestätigung und meine Erwartung, abgelehnt zu werden, bereits tief in mir. Und da mein neu entdecktes hübsches Aussehen schon einmal die Macht hatte, Abneigung in Akzeptanz zu verwandeln, räume ich meinem Aussehen in meinem pubertären Gehirn die allergrößte Wichtigkeit ein.

Ich bin ein Puppenhaus

Und so hängt fortan mein gesamtes Selbstwertgefühl davon ab, wie ich aussehe. Ich kaufe/klaue es an den Make-up-Verkaufstischen. Mit siebzehn verbringe ich eineinhalb Stunden damit, mich morgens für die Schule fertig zu machen. Ohne Make-up aus dem Haus zu gehen, ist genauso undenkbar, wie das Haus splitterfasernackt zu verlassen.

Habe ich einen Bad-Hair-Day, gehe ich einfach nicht zum Unterricht. Erst das Aussehen, dann das Lernen. Wenn mich jemand nicht attraktiv findet, ist das für mich die schlimmste Verletzung. Ich muss allen gefallen, weil ich glaube, dass ich dann interessant bin.

Ich befinde mich immer in Beziehungen. Es ist mir sehr wichtig, dass mein aktueller Freund denkt, ich sei das schönste Mädchen. »Du bist das schönste Mädchen, mit dem ich je aus war«, bietet mein Freund Tony an. »Aber bin ich auch das schönste Mädchen, das du je gesehen hast? Ich meine, außer die vom Fernsehen?« Er versucht, das Thema zu wechseln.

Ich bin wie ein Puppenhaus, das man nur ansehen darf. Eine kunstvoll gestrichene Fassade, aber dahinter befinden sich nur langweilige Möbel aus Pappkarton, die von Heftklammern zusammengehalten werden und an denen schlampige Nahtstellen sichtbar sind. Zu wollen, dass mich meine Freunde schöner finden als alle anderen, ist ein völlig unerreichbares Hirngespinst. Aber ohne solche Bestätigung, ohne, dass sie bei dieser Illusion mitspielen, fühle ich mich hilflos, verloren, ohne Halt.

Ich scheitere daran, zu erkennen, dass Menschen sich für andere nicht aufgrund deren Äußeren entscheiden; sie entscheiden sich für das Gesamtpaket. Da ich glaube, dass mein einziger Wert in meiner Außenhülle liegt, komme ich gar nicht auf die Idee, Bestätigung für meine Persönlichkeit einzufordern.

Da ich in dem Jahr, als mich Männer zum ersten Mal akzeptierten, damit anfing, meine Haare zu stylen, Make-up zu tragen und mich in enge Klamotten zu zwängen, muss ich mit diesen bahnbrechenden Veränderungen unbedingt weitermachen.

In den ersten Monaten einer Beziehung stehe ich eine halbe Stunde vor ihm auf, um Foundation und Mascara aufzutragen und mein Haar zu glätten, weil ich davon überzeugt bin, dass er mich, wenn er neben meinem ungeschminkten Ich aufwacht, abstoßend findet. Ich muss ihn dazu bringen, an Maybelline Me zu glauben. Denn in meinem Fall ist sonnenklar, dass ich so nicht geboren wurde.

Potenzielle Freunde skizzieren

Ausgehen ist witzlos, wenn ich niemanden abschleppe. Und zum Glück ist das Birmingham der Neunzigerjahre voll mit #everydaysexism, um mein Selbstwertgefühl zu pushen. Liedzeilen und Anmachsprüche wie »Wenn ich sage, dass du einen schönen Körper hast, nimmst du mir das Übel?« oder »Ich liebe dieses Kleid. Auf dem Boden meines Schlafzimmers würde es sogar noch besser aussehen.« oder »Schöne Beine, um wie viel Uhr öffnen sie (sich)?« gelten damals noch als akzeptabel. Ich kann nicht rausgehen, ohne dass Männer mir hinterherrufen.

Freunde sind leere Seiten in meinem Skizzenbuch. Ich male sie mit Glanz und Gloria aus, wenn alles, was ich habe, erste Umrisse sind. Aber auch sie verlieben sich nicht in mein wahres Ich. Genauso gut könnten sie sich in den Cartoon-Charakter Jessica Rabbit verlieben, da ich nur eine Collage aus »Was Männer sexy finden«-Artikeln bin.

An der Universität lese ich *Endstation Sehnsucht* von Tennessee Williams; als ich zwischen mir und der Figur der Blanche DuBois eine gewisse Ähnlichkeit erkenne, spüre ich einen unangenehmen Schmerz, als würde jemand ein Gummiband gegen meine Haut schnalzen lassen. Ich inszeniere mich als Poker spielende, vorlaute, feucht-fröhliche Tussi. Ich suche mir Männer, die eine Herausforderung sind. Ich treffe gerne Typen, denen ich egal bin. Ich schlage sie beim Billard und scharwenzle so lange um sie herum, bis im kalten Schwarz ihrer Augen ein Fünkchen Wärme strahlt. So lange, bis wir uns mit lodernd heißen Blicken verschlingen.

Ich bin eine sexuelle Vigilantin, die damit angibt, nackt zu schlafen, und die die gemütlichen Pyjamas und Kuscheltiere ihrer besten Freundin verhöhnt. Das Bett ist eine Bühne, kein Kokon, verdammt noch mal. Ich bin mehr Pop-up-Performance-Kunst als

Mensch. Ich liege meinen Unifreunden damit in den Ohren, nach dem Ausgehen noch eine Runde Strip-Poker zu spielen, damit sich die Stimmung endlich von tugendhaft in zügellos verwandelt.

Ich bin wie eine der halb nackten Personen mit Schmollmund, die auf Instagram ihre Show abziehen, nur dass ich für meine Auftritte noch keine sozialen Medien habe, weswegen ich dafür Birminghams Feiermeile benutze. Dort stolziere ich wie ein Pac-Man mit aufgerissenem Mund umher und ernähre mich von all den Komplimenten, die ich im Laufen einsammle. Wenn ich trinke, fühle ich mich riesig, nüchtern sein hingegen macht mich klein.

Auf den ersten Blick meint man, eine ungemein selbstbewusste Frau zu sehen, mit lässigem Hüftschwung, übertriebenem Lachen, einem Pokergesicht. Wer aufmerksam hinschaut, erkennt jedoch eine Person, die einen Krieg gegen sich selbst führt. Gereiztes Zurechtzupfen eigenwilliger Haare, Füße in zu engen Schuhen, blutig abgekaute Fingernägel, auf die künstliche draufgepappt sind. Hinter dem aufgerüschten Äußeren dieser Aufschneiderin herrscht Aufruhr.

Ich lese Erica Jongs *Angst vorm Fliegen*, das ein erotisches Wunderland konstruiert und dem ich den Ausdruck »Spontanfick« verdanke: eine Abkürzung für Sex ohne Verpflichtungen, Bindung oder Hintergedanken. Ich rede mir ein, dass ich genau das tue; dabei sind meine Motive in Wirklichkeit alles andere als frei von Hintergedanken. Ich wünsche mir Vertrauen, Zuneigung, Bestätigung, und ich suche an den völlig falschen Orten danach, indem ich meine Hüllen zu Boden fallen lasse. Ich trinke, um mich anderen nahe zu fühlen, und komme ihnen zu nahe. Ich schütte Wein in mich hinein, um mich sexy zu fühlen, und benehme mich zu sexy. Ich habe kein Empfinden dafür, wie man Intimität in einem gesunden Maß herstellt.

Am nächsten Morgen wache ich auf und weiß für eine selige Sekunde nicht, wo ich bin oder bei wem. Dann kriecht die Scham hervor und legt sich wie eine Decke über mich. Ich möchte das nicht. Doch warum mache ich dann nur immer weiter damit?

Weil ich süchtig danach bin, dass sie mich wollen – die Eroberung, die Entmachtung. Das kribbelige Gefühl im Bauch, wenn wir scharf aufeinander sind, das dafür sorgt, dass Lust von meinem Nabel bis zum Hüftknochen strahlt, wo sie innehält und dann nach unten an die Innenseite meiner Oberschenkel fließt.

Eine Nacht des Weins und der Wollust hat ihre Konsequenzen; am Morgen scheinen sich die beiden gegen mich verschworen zu haben. Der Sonnenaufgang zerstört die Magie wie bei einem kollektiven Runterkommen am Morgen nach einem Rave. Das nächtliche Verlangen hat mich in seinen Schoß gezerrt; bei Anbruch des Tages verpasst es meinem verwirrten Ich einen Tritt zurück in die Realität.

Schon der Schweizer Analytiker Carl Gustav Jung sagte, die Scham zehre an der Seele, und ganz genau so fühlt es sich auch an. Wie kleine Motten, die sich an meinem Lebensgeist laben, Motten, die in den traurigen Daunendecken dieser Morgen verborgen leben. Ich versuche, die Scham durch Schlaf loszuwerden, sie wegzutrinken, wegzulachen, indem ich aus meinen Schäferstündchen Anekdoten spinne. Aber die Motten der Scham haben sich unter meine Haut gegraben und nagen an meinem Inneren.

Schlaflieder für Liebessüchtige

Um einschlafen zu können, um solche Vorfälle zu vergessen, komponiere ich Schlaflieder für Liebessüchtige. Sie gleichen einer Montage von Szenen, die ich in Filmen gesehen habe, wie [an dieser Stelle bitte den Mann des Monats einfügen] einem Auto hinterherjagt, um mich vom Gehen abzuhalten, oder in schäumende

Wildwasserschnellen springt, um meine Lieblingshalskette zu retten. Dann liege ich da, ganz kribbelig vor Vorfreude, und stelle mir meine Hochzeit vor, wie eine angehende Astronautin sich ausmalt, das erste Mal einen Fuß auf den Mars zu setzen, oder ein Springreiter, dass er ein schwieriges Wasserhindernis bewältigt.

Ich höre »What Can I Do« von The Corrs, »More Than Words« von Extreme, »Baby I Love Your Way« von Big Mountain und »Brighter Than Sunshine« von den Aqualungs und träume davon, wie ich Männer dazu bringe, mich zu lieben. Und das tun sie. Ich bin ein Hit. Aber mit echter Nähe kann ich nicht umgehen; sobald sie mir zu nahe kommen, zu genau hinsehen, ziehe ich mich zurück und nehme meine nächste Eroberung ins Visier.

Die erste Person, von der ich so richtig abhängig bin, ist der bereits erwähnte Daniel, der, bei dem ich ständig meinen Posteingang aktualisiert habe. Zu der Zeit, als ich mit ihm ausgehe, bin ich zweiundzwanzig und schreibe jedes Detail unserer etwa ein Dutzend Dates auf.

Ich lese meine Tagebucheinträge immer und immer wieder und verzeichne jedes Kompliment, das er mir macht, mit größter Sorgfalt, wie eine Buchhalterin, die die Einnahmen überprüft. Aber als er mir beim Sex (vielleicht versehentlich) sagt, dass er mich liebt, sehe ich ihn erschrocken an. In Wahrheit liebe ich ihn nicht, ich liebe das Bild, das ich von ihm habe.

Als ich vierundzwanzig werde, sagt mein Vater zu mir, ich würde »Winkfett ansetzen«. Voller Panik melde ich mich danach im Fitnessstudio an. (In den fünf darauffolgenden Jahren bin ich davon überzeugt, fette Arme zu haben, was definitiv nicht der Realität entspricht.) Habe ich einen Pickel, sagt er »Was ist *das* denn?« und zeigt so verärgert auf das abscheuliche Teil, als hätte ich mir eine Spinne ins Gesicht tätowiert. Ich denke, er will mir nur helfen. Ich enttäusche ihn, weil ich an Attraktivität verliere.

Ich glaube, dass die Schönheit einer Frau wie eine Blume ist, die nur kurz blüht und dann braun wird, den Kopf hängen lässt und ihre Farbe verliert. Selbst in meinen Zwanzigern habe ich furchtbare Angst davor, zu welken. Wenn jemand mein Äußeres kritisiert, nehme ich das als schreckliches Zeichen dafür, dass meine Blütezeit vorüber ist. Und was soll dann aus mir werden?

Meine Alkoholabhängigkeit und meine Liebessucht stützen sich gegenseitig wie Betrunkene, die gemeinsam versuchen, von einer Party nach Hause zu gelangen. Das Trinken hilft mir dabei, Männer aufzureißen, und wenn die Beziehung zerbricht, ist der Alkohol da, um mich zu trösten oder mich scharf zu machen für den nächsten Beutezug.

Wenn einer meiner Freunde mit mir Schluss macht, reagiere ich darauf mit Heulkrämpfen und betrinke mich bis zur Besinnungslosigkeit, währenddessen höre ich »Best Of You« von den Foo Fighters oder »Creep« von Radiohead auf Repeat. Wenn ich mit ihnen Schluss mache, verdränge ich das Ganze, lasse mich vollaufen und suche mir einen neuen Kerl.

Das Mädchen, das »der Eine« brüllte

Es gibt viele Männer, die als Energiequelle für mein Selbstwertgefühl herhalten müssen. Inzwischen arbeite ich als Journalistin für die *Cosmopolitan* und gehe vier- bis fünfmal pro Woche aus, um mich um den Verstand zu trinken und ganz unverschämt zu flirten.

Mein Job beschert mir Aufträge wie »Suche fünfunddreißig Männer und überzeuge sie, für wohltätige Zwecke nackt zu posieren«. Im Grunde eine Ausrede, um während der Arbeitszeit wildfremde Männer auf der Straße anzusprechen. Innerhalb einer Woche habe ich alle fünfunddreißig beisammen, und meine Kolleginnen belohnen mich mit einer Runde donnerndem Beifall. Nach dem Fotoshooting treffe ich mich abends mit einigen der Männer.

Ich bringe einen Freund nach dem anderen nach Hause, wie eine stolze Katze, die Mäuse anschleppt, so viele, dass meine Familie aufhört, sich ihre Namen zu merken, und sich mit »Wie hieß er noch gleich?« oder »dein Typ« oder »Caths Neuer« begnügt. Ich lache, wenn andere mich »männermordend« nennen, und zucke die Achseln, wenn sie ausrufen: »Was, schon wieder einer?« Schwöre ich, dass es diesmal anders ist, schütteln sie nur ungläubig den Kopf. Ich bin zu dem Mädchen geworden, dass »der Eine« brüllt.

Wieder und wieder bemerken meine Freundinnen, dass meine Beziehungen »wirklich schnell sehr intensiv« werden. Und das stimmt. Schon nach ein paar Monaten – oder Wochen – reden wir über Kindernamen. Ich halte es für Romantik, aber in Wirklichkeit ist es nur eine Fantasie, als könnte man einfach mehr Menschen dazugeben, sich eine Art Instantsuppe in Beziehungsform kochen.

Männer sind primär potenzielle Verehrer und erst an zweiter Stelle Menschen. Sind sie verheiratet, höre ich einfach auf, mit ihnen zu reden. »Bäh, irrelevant.« Geburtstagspartys sind nicht dazu da, meine Freundinnen zu feiern, sondern eine Möglichkeit, haufenweise neue Verehrer kennenzulernen. Lieber beobachte ich in der Bahn, wer mich abcheckt, als die goldenen, am Fenster vorbeiziehenden Felder zu betrachten.

Äußerst raffiniert bin ich darin, Katastrophen heraufzubeschwören, so sehr, dass ein Freund anfängt, von »Cath-astrophen« zu sprechen. Wenn mein Freund nicht ans Telefon geht, hat er bestimmt gerade einen flotten Dreier. Wenn er mit mir reden möchte, will er ganz sicher mit mir Schluss machen. Ich habe ein Talent dafür, aus den winzigsten Schneeflocken die größten Eispaläste zu machen.

Ich bin überzeugt davon, dass jede andere Frau im Leben meines Freundes eine Bedrohung darstellt. Ich quetsche die Männer über ihre Ex-Freundinnen aus, weil ich glaube, dass ich, wenn ich herausfinden kann, was richtig oder falsch lief, das Spiel gewinnen kann. Stets auf Alarmstufe Rot, was Liebesrivalinnen betrifft, prüfe ich jede neue Umgebung auf attraktivere Frauen. Jedes Mal, wenn ich mitbekomme, dass einer meiner Freunde einer anderen Frau hinterhersieht, fühle ich mich hundeelend.

Eine Abrissbirne

Mit siebenundzwanzig lerne ich Seb kennen und verliebe mich heftig, und, welch Glück, er erwidert meine Gefühle. Endlich habe ich eine Beziehung gefunden, die wir beide gleichermaßen wollen.

Sie zu erhalten, ist mein oberstes Ziel. Dennoch fliege ich wie ein Kamikazepilot gegen eine Mauer. Wie ein Teenager, der ein Modellflugzeug kaputt schlägt, weil es nicht »perfekt« ist, gehe ich regelmäßig in die Luft.

Unsere Verbindung brenne ich kurz und klein, baue sie wieder auf, reiße sie ab, stelle sie sorgfältig wieder her, zertrümmere sie in Einzelteile, klebe sie erneut zusammen, und dann wundere ich mich darüber, dass sie ein so schiefes, verdammt zerbrechliches Gebilde ist, dass es einem allein beim Hinsehen wehtut.

Ich tue Dinge wie aus Wut Schluss machen, und dann, wenn wir wieder zusammengekommen sind und er um ein paar Tage Bedenkzeit bittet, um das Ganze zu verdauen, gestehe ich sie ihm nicht zu. Während seiner »Bedenkzeit« nimmt er meine Anrufe nicht entgegen. Also gehe ich zum Münztelefon am Ende der Straße und rufe ihn von dort aus wiederholt unter anderen Nummern an. Ich ertrage es nicht, keinen ständigen Zugriff auf ihn zu haben.

Weil er mein Ein und Alles ist. Und so soll es doch auch sein oder etwa nicht?

Unter meinen sich an Filmen orientierenden Erwartungen knickt unsere Beziehung ein. Ich inszeniere besonders romantische Szenen, organisiere Wochenenden, an denen wir im New-Forest-Nationalpark nach wilden Ponys Ausschau halten oder mit Ausblick auf Santorinis Kraterlandschaft Cocktails trinken, und bin enttäuscht, wenn sie nicht meiner Vorstellung entsprechen.

Ich terrorisiere ihn mit meinen Ansprüchen, Wutausbrüchen und üblen Verhalten, wenn ich betrunken bin, bis die große Cathastrophe wirklich eintritt und er mich nach drei Jahren, kurz nach meinem Dreißigsten, verlässt. Er ist fertig mit uns.

Mein Herz ist nicht nur entzweigebrochen, es ist dahingerafft. Dennoch reagiere ich unmittelbar darauf, indem ich ausgehe, um mir einen neuen Freund zu angeln. Als hätte ich gerade einen Job verloren und müsste eine neue Einkommensquelle finden, und zwar pronto.

Einen Monat später beginne ich mit dem Onlinedating. Wenn ich niemanden für ein Treffen finde, sitze ich zu Hause und lass mich volllaufen, während ich die Männer aus meiner Rollkartei abtelefoniere. Ich bin die weibliche Variante des Typs, der nach Mitternacht Textnachrichten schreibt wie: »Bist du noch wach? Möchtest du rüberkommen?«

Es ist mir ziemlich schnurz, wer rüberkommt, solange jemand kommt. Mir ist alles lieber, als allein zu sein. Wenn ich um eins in der Früh Männer abtelefoniere, ist mein Hintergedanke dabei, jemanden zu finden, der mir das Gefühl beschert, einen festen Freund zu haben. Die Männer sind meistens auf etwas völlig anderes aus.

Märchenbücher und Bildschirme prägen Liebessüchtige

Lassen wir meine Geschichte für einen Moment ruhen. Lassen Sie uns stattdessen die kulturelle Landschaft als Ganzes betrachten, um die Botschaften, die Sie und ich erhalten haben, aus der Vogelperspektive anzuschauen. Kinder und Jugendliche sind wie Knetgummi. Sie sind leicht formbar. Hier folgt eine nette Unterhaltung, die ich kürzlich mit einer Fünfjährigen führte:

Fünfjährige: »Wo ist dein Haus?«

Ich: »Na ja, ich hab keines. Ich tue etwas, das man mieten nennt.«

Fünfjährige: »Was, du hast kein Haus? MAMAAAA, sie hat kein Haus!«

Fünfjährige ein paar Sekunden später, nachdem sie den Schreck verdaut hat: »Bist du verheiratet?«

Ich: »Nö.«

Fünfjährige stützt die Hände in die Hüften: »Warum nicht?«

Ich: »Weil ich bisher niemanden getroffen habe, den ich heiraten wollte.«

Fünfjährige: »Okay. Hast du Kinder?« *Wirft einen prüfenden Blick auf meinen Bauch*

Ich: »Ähm, also, sollen wir vielleicht hochgehen und spielen?«

Mich fasziniert es, dass bereits eine Fünfjährige weiß, dass diese drei Attribute – Eigentum, Ehe und Kinder – Kennzeichen einer »erfolgreichen« Erwachsenen sind. Woher wissen sie das nur? Entschlüsseln Sie diese Botschaften bereits in so jungem Alter?

Etwas, das uns im frühesten Alter konditioniert, sind Märchen. Lassen Sie uns ein paar der Botschaften betrachten, die eine Fünfjährige aus den beliebtesten ziehen könnte.

Schneewittchens Stiefmutter ist auf deren größere Schönheit derart eifersüchtig, dass sie versucht, sie umzubringen – ganze drei Mal. Aber, hey, zumindest ist Schneewittchen eine hervorragende Köchin und Putzfrau für sieben Männer.

Aschenputtels einzige Hoffnung darauf, ihren hässlichen Schwestern zu entkommen (hässliche Figuren sind in Märchen generell immer dumme Nüsse), ist es, ihren Traum zu erfüllen und auf den Ball zu gehen und den Prinzen für sich zu gewinnen.

Dornröschen liegt aufgrund eines Fluchs im Koma, bis sie von einem Prinzen wachgeküsst wird. Selbst Arielle aka die kleine Meerjungfrau, die draufgängerische, sich dem Vater widersetzende Heldin, die das Leben des Prinzen rettet, tauscht ihre schöne Stimme gegen Beine ein (die sich anfühlen, als würde sie auf Messern laufen), um mit ihm abhängen zu können. Dann tanzt sie, trotz höllischer Schmerzen, für den Prinzen.

In diesen Märchen wird der Prinz immer – wirklich immer – durch die Schönheit der weiblichen Figuren verzaubert. Viele der Prinzen machen einen Heiratsantrag, bevor sie mehr als ein paar Sätze mit dem Mädchen gewechselt haben. Und auch moderne

Märchen wie »Die Braut des Prinzen« oder »Der Sternwanderer« schlagen in die Kerbe »Jungfrau in Nöten wird von mutigem Mann gerettet«.

Einer der Gründe, warum die US-amerikanische Unternehmerin Whitney Wolfe Bumble gegründet hat (eine Dating-App, bei der die erste Botschaft von den Frauen ausgeht), war, die Dynamik – Mann spricht Frau an – zu brechen. Wolfe ermutigt Frauen dazu, einfach loszulegen und sich zu trauen.

»Es wurde uns beigebracht, uns zu fiesen Kerlen hingezogen zu fühlen«, sagt sie in Bezug auf die Disney-Dynamik. »Der Junge ist gemein zum Mädchen, weil er total verknallt in sie ist. Aber dann geht er nach Hause und schreibt ihr nachts Liebesbriefe.«

Genauso ist es, oder? Aus diesem Grund hat man uns weisgemacht, dass uns der Junge, der uns auf dem Spielplatz an den Zöpfen gezogen hat, gerne mag. »Wir alle haben schon mal gehört ›Oh, er ist zu nett‹, als wäre das etwas Schlechtes. Warum ist so etwas Teil unserer Kultur?«, fragt Wolfe.

Vaiana, die Protagonistin aus dem gleichnamigen Film, wird als bisher progressivste Disney-Heldin gefeiert. Die Sechzehnjährige, die auf einer pazifischen Insel lebt, begibt sich auf eine gefährliche Reise, um einen uralten Fluch zu brechen, der auf ihrem Volk lastet. »Es ist keine Liebesgeschichte!«, verkündete das Marketingteam des Films lautstark. (Leute, sie ist sechzehn; das ist jetzt nicht gerade außergewöhnlich.) Auch Merida aus *Legende der Highlands* versucht, sich aus der vorgefertigten Prinzessinnenform zu lösen. Und dank Emma Watson, die auf einem feministischen Update für *Die Schöne und das Biest* bestand, ist jetzt Belle die geniale Erfinderin und nicht ihr Vater. Trotzdem liegt noch immer ein sehr langer Weg vor uns.

Für jede seefahrende Vaiana oder ins Abenteuer hinausreitende Merida gibt es noch immer tausend »Such dir ein Abendkleid und angle dir den Prinzen«-Metaphern in allen erdenklichen Rosaschattierungen, mit denen Mädchen gefüttert werden. Man bläut ihnen ein, einen Mann zu finden, wäre ihr höchstes Ziel im Leben. Elsa aus *Die Eiskönigin* wird als feministische Ikone gefeiert, weil sie keinen Schwarm hat und für den Rat, den sie ihrer Schwester Anna erteilt. (»Du kannst keinen Mann heiraten, den du gerade erst getroffen hast!«Wurde aber auch Zeit, Disney! Allerdings trägt sie, worauf mich eine aufmerksame Person hingewiesen hat, noch immer ein Kleid mit Schlitzen bis zum Oberschenkel und hat eine Taille, bei der kein Platz für menschliche Organe bleibt.

Natürlich sind Märchen auch für einen Jungen emotional ungesunde Gutenachtgeschichten. Ihm wird beigebracht, dass er seine Gefühle in sich einsperren soll (Gefühle zeigen = schlecht), dass er immer tapfer sein muss (hier gibt es keinen Raum für Angst) und ein athletischer, tatkräftiger Mann zu sein hat (kein Bücherwurm, der lieber zu Hause bleibt). Er muss sie retten (und nicht sie ihn), und am wichtigsten von allem: Er muss ein kostbares Schmuckstück beschützen, eine wahre Schönheit, um seinen Heldenmut zu beweisen (und nicht etwa jemanden finden, der oder die einfach liebevoll und nett ist).

Vor ein paar Jahren las ich meiner dreijährigen Nichte aus Disneys *Zauberhafte Freunde* vor, und mir wurde bewusst, dass ihr so bereits die Botschaft vermittelt wurde, sie müsse später einmal unbedingt einen Mann finden. Also begann ich, etwas hinzuzudichten. »Aber sie wollte auch einen Universitätsabschluss und ein Kleid.« Oder: »Eine Frau kann allein genauso glücklich sein, wie wenn sie verheiratet ist.«

Auch Penélope Cruz hält das so. »Märchen sind deswegen so wichtig, weil es die ersten Geschichten sind, die man von seinen Eltern erzählt bekommt«, sagte sie einmal. »Wenn ich meinen Kindern abends vorlese, ändere ich immer – immer, immer, immer,

immer – das Ende. Diese bescheuerten Aschenputtel und Dornröschen und all die anderen – es gibt so viel Machotum in diesen Geschichten. Das kann Einfluss darauf haben, wie Kinder die Welt wahrnehmen. Wenn man nicht aufpasst, fangen sie an, zu denken: ›Oh, die Männer dürfen also alles bestimmen.‹« Cruz ist radikal und schreibt die Enden komplett um. »In meiner Version von Aschenputtel erwiderte sie auf die Frage des Prinzen, ob sie ihn heiraten möchte: ›Nein, danke, ich möchte keine Prinzessin sein. Ich werde lieber Astronautin oder Köchin.‹«

Bei einem Kind habe ich mich jedoch daran mitschuldig gemacht, es auf Liebe zu trimmen. Für die Taufe meiner Nichte kaufte und packte ich vier meiner Lieblingsbücher ein und schrieb das Alter darauf, in dem sie sie lesen sollte. Das waren *Die kleine Raupe Nimmersatt* (dazu stehe ich auch heute noch, ohne Reue zu essen, ist gut), *Däumelinchen* (im Nachhinein würde ich es so zusammenfassen: Kleines Mädchen sucht Ehemann), *Rebecca* (junge Frau, die im Schatten der toten Ehefrau ihres Mannes lebt) und *So lebe ich jetzt* (wunderschön geschrieben, aber eigentlich nichts anderes als eine klassische »Junge trifft Mädchen«-Liebesgeschichte, wenngleich das Mädchen ein Hitzkopf ist).

Im Mittelpunkt der drei Letztgenannten steht eine Liebesgeschichte. Uuups. Im Versuch, meinen Status als versehentlich Liebesgeschichten fütternde Mittäterin rückgängig zu machen, habe ich ihr zwischenzeitlich *Good Night Stories for Rebel Girls* geschenkt.

Der *Stylist*, eine meiner Lieblingszeitschriften, hat das Märchen »Dornröschen« unterminiert, indem dort im Dezember 2016 das Bild einer Prinzessin abgebildet wurde mit der Schlagzeile: »… und dann erwachte sie und hielt ihren TED-Talk«. Im Innenteil war ein Aschenputtel ohne Pantoffeln zu sehen mit der Bildunterschrift: »Und dann zog sie ihre Schuhe an, ging die Treppe hinauf und nahm ihren Ritterorden entgegen.« Es fasst so schön zusammen, was für Geschichten wir kleinen Mädchen erzählen sollten. Oder wie es die britische Journalistin Lizzie Pook in dem dazugehörigen Artikel so treffend formulierte: Wir sollten unseren Fokus darauf legen, nach der gläsernen Decke zu greifen, nicht nach dem gläsernen Pantoffel.

Träume in Bildschirmform

Ich glaube, die meisten Frauen, mich eingeschlossen, haben in ihrem Leben gegen die große Enttäuschung angekämpft, dass niemand jemals:

1. Sich in einem italienischen Restaurant wegen uns à la Hugh Grant und Colin Firth in *Bridget Jones* geprügelt hat.
2. Mit einem Ghettoblaster unter unserem Fenster stand wie John Cusack in *Teen Lover*.
3. Mit seiner Kappe in der Hand zu unserem Vater gegangen ist, um ihn davon zu überzeugen, dass er gut genug für uns ist wie Patrick Swayze in *Dirty Dancing*.
4. Mit riesigen Karteikarten vor unserer Tür aufgekreuzt ist, auf denen stand »Für mich bist du perfekt« (*Tatsächlich ... Liebe*).
5. Ein Haus für uns gebaut hat mit einem Gartenzaun und einem Zimmer, in dem wir malen können, wie Ryan Gosling in *Wie ein einziger Tag*.
6. Seinen Look trotz massenhaft Spott und Hohn von seinen Freunden von »Greaser« zu »Preppy« geändert hat, um »besser zu uns zu passen«, wie es in *Grease* geschieht.
7. Stundenlang versteckt hinter einem Weihnachtsbaum vor der Tür stand, bis wir mit der Arbeit fertig waren (*How to Be Single*).

8. Von einem durch die Betten hüpfenden Barkeeper, der zu einem Kerl wurde, der bereit ist, sich fest zu binden (*Er steht einfach nicht auf Dich*).

SO ETWAS PASSIERT NIE. Einfach niemals. Mir ist so etwas bislang nicht passiert und niemandem, den ich kenne oder den meine Freunde kennen. Die Realität des Liebeswerbens sieht eher so aus wie bei Jordan Catalano in *Willkommen im Leben*. Wir haben keine Ahnung, ob er uns auch mag; manchmal scheint es als ob, dann wieder nicht. Bestenfalls ist es mysteriös. (Und auf einen Brian Krakow stehen wir auf keinen Fall, obwohl er emotional zugänglich und so was von in uns verknallt ist.)

Selbst zwei meiner liebsten Chick Flicks, die dafür gefeiert wurden, Frauenfreundschaften über Paarbeziehungen zu stellen, kommen nicht ganz ohne Romantik aus. Der Film *Brautalarm* ist ein Beispiel. (Bei der »Helft mir, ich hab keine Kohle«-Szene im Flugzeug kommen mir jedes Mal vor Lachen die Tränen.) Aber wieso musste Annie (Kristen Wiig) am Ende doch mit einem Mann vor den Traualtar treten? Warum?

Indes gibt es in *How to Be Single* viele Momente, die den Nagel auf den Kopf treffen, beispielsweise als Meg (Leslie Mann) ihrer kleinen Schwester Alice (Dakota Johnson) eine Standpauke hält und fragt, warum sie sich *Bridge Jones* ansieht, wenn sie Liebeskummer hat, und diese jammert: »Weil es sich in dem Moment gut anfühlt.« Aber am Ende (Spoiler alert, Leute) leistet sich der Film einen fiesen Schnitzer. Alice läuft durch die Straße, als Zuschauerin hört man ihre Gedanken aus dem Off, dann schwenkt die Kamera auf ihre von der Mittvierzigerin Leslie Mann gespielte Schwester, und Alices Stimme sagt: »Aber wie gut wollen wir überhaupt allein zurechtkommen? Besteht nicht die Gefahr, dass man gerne Single ist, an seinen Gewohnheiten festhält und die Chance verpasst, mit einem tollen Menschen zusammen zu sein?«

Aargh. Dabei hätten sie beinahe alles richtig gemacht.

Früher dachte ich immer, Männer müssten sich mit solchem Blödsinn nicht rumschlagen. Bis ich anfing, mir auch über Buddy-Movies Gedanken zu machen. In *Hangover* tanzen am Schluss alle mit ihren Verehrerinnen. *Top Gun* dreht sich eigentlich um eine Liebesgeschichte. Und so ist es auch bei *Stirb langsam*. Ich könnte immer weitermachen. Die Filme der *Mission-Impossible*-Reihe, die *James-Bond*-Filme, die *Bourne*-Trilogie. Ja, stimmt, der Schwerpunkt liegt nicht auf den Beziehungen, und die Liebesgeschichten haben eher so einen »Sexy Chick bricht mit Fallschirm durchs Dach und trägt dabei einen Leder-Catsuit«-Vibe, aber dennoch sind sie DA. Immer sind sie da.

Natürlich gibt es auch mal den einen oder anderen Film, der sich dem Trend widersetzt, in dem am Ende kein Paar zusammenkommt. Beispielsweise *Liebe zu Besuch*, *La La Land*, *So wie wir waren* oder *Vergiss mein nicht!*. Allerdings sind das absolute Ausnahmen und wirklich nicht die Regel.

Der Bechdel-Test

Zum Glück haben wir heute den Bechdel-Test, der uns dabei hilft, Filme zu finden, die innovativer sind.

Der Bechdel-Test stammt aus einem Comicstrip mit dem Titel *The Rule*, der 1985 von der US-amerikanischen Comic-Zeichnerin Alison Bechdel veröffentlicht wurde. In diesem Comic sagt eine Frau zu einer anderen, dass sie nur Filme ansieht, die drei Anforderungen entsprechen. Erstens müssen mehr als zwei Frauen vorkommen. Zweitens müssen sie miteinander reden. Drittens müssen sie über etwas anderes sprechen als über Männer. »Der letzte Film, den ich gesehen habe, war *Alien*«, verkündet die Cartoon-Figur.

Wenn man die »Regeln« des Bechdel-Tests hört, könnte man meinen, dass die meisten Filme den drei Anforderungen entsprächen, klar. Aber eine von Nutzern editierte Datenbank mit 7721 Filmen (www.bechdeltest.com) hat festgestellt, dass nur 58 Prozent der Filme den Test bestehen.

Eine weitere Studie, die am Annenberg Public Policy Center an der University of Pennsylvania durchgeführt wurde, zeigt, dass das Verhältnis von männlichen zu weiblichen Figuren in Filmen seit mindestens sechzig Jahren gleich geblieben ist, nämlich zwei zu eins. Die Studie, in deren Rahmen 855 Kassenschlager untersucht wurden, die zwischen 1950 und 2006 zu sehen waren, weist nach, dass weibliche Charaktere doppelt so häufig in expliziten Sexszenen auftraten wie männliche, wohingegen männliche Charaktere öfter als gewalttätig dargestellt wurden.

Inzwischen wendet das stets zukunftsweisende Schweden den Bechdel-Test bei der Bewertung von Filmen an. Die Dinge bewegen sich also in die richtige Richtung.

Single-Sitcoms

Auf dem kleineren Bildschirm wuchsen wir mit Sitcoms mit meist weiblichen Protagonisten auf, wie bei *Ally McBeal* und *Friends*, aber die Handlung drehte sich meistens weiterhin darum, wie diese auf »Männerjagd« gingen. Im Gegensatz dazu verzichtete *How I Met Your Mother* auf die ganze Heuchelei und buchstabierte gleich im Titel aus, worum es ging.

Auf der ganzen Welt warteten Singlefrauen gespannt auf das Finale von *Sex and the City* und flehten die Produzenten der Serie an, am Ende keinen Rückzieher zu machen. »Es wird keine Vierfachhochzeit im Central Park geben«, versprach der Produzent Michael Patrick King. »Das wäre ein Schuss ins Knie. Und Singlefrauen von überall her würden uns suchen und umbringen.« Und dennoch waren drei der vier Protagonistinnen am Ende verheiratet. Und fünf der sechs *Friends* waren am Schluss der Serie entweder unter der Haube oder auf ihrem Weg zum Altar.

Heutzutage kleben wir vor der Reality-Show *Love Island*, die nichts anderes ist als eine Ladung Liebessüchtiger mit Sonnenbräunung aus der Flasche, die zum Vögeln auf eine Insel verfrachtet wurden. So ähnlich wie Pandabären, die in einem Raum eingesperrt werden, bis sie es endlich tun. *Der Bachelor* und *Die Bachelorette* wiederum behandeln das Thema Partnersuche wie einen Gladiatorenkampf, allerdings in Stilettos und mit Aftershave statt mit Schwert und Schild.

Darstellungen von Frauen, die durchdrehen, weil sie noch immer Singles sind, zeigen Menschen, die altersmäßig weit unter dem Durchdrehniveau liegen, was viele von uns Normalsterblichen im realen Leben noch deprimierter macht. Die Figur Bridget Jones war im ersten Film gerade einmal zweiunddreißig. Also sozusagen gerade den Windeln entwachsen.

»2011 habe ich für den *Atlantic* eine Titelstory mit der Überschrift ›All the Single Ladies‹ geschrieben, die überraschenderweise viral ging«, sagt die US-amerikanische Journalistin Kate Bolick. »Sowohl die Rechte an meinem Artikel als auch mein daraus resultierendes Buch *Spinster* wurden von Fernsehproduktionsfirmen gekauft. Beide Male wollten sie das erzählende Ich dreißig Jahre alt machen, dabei war ich neununddreißig, als ich den Artikel geschrieben habe. Es war zum Verrücktwerden.« Scheinbar hatten sie es nicht begriffen.

Zum Glück verbessert sich die Lage. »Momentan wird eine Komödie mit dem Titel *Spinster* produziert (sie hat nichts mit meinem

Buch zu tun) und Chelsea Peretti wurde für die Hauptrolle besetzt. Chelsea ist im echten Leben vierzig Jahre alt, und die Figur, die sie spielt, steht kurz vor ihrem Vierzigsten.« Ganz bestimmt wäre diese Figur, die durchdreht, weil sie noch nicht verheiratet ist, vor ein paar Jahren noch Anfang dreißig gewesen. Vielleicht spiegelt der Bildschirm zu guter Letzt ja doch noch Lebensrealitäten, die mehr unserer eigenen entsprechen.

Nichtsdestotrotz enden in Hollywood im Großen und Ganzen 99,9 Prozent der Filme im Happy-Beziehungs-End. Ist es da also verwunderlich, wenn wir unserem Liebesleben so viel Raum geben? Eigentlich gleicht es einem Wunder, dass wir nicht noch viel besessener sind ...

Unser Körper und unser Gehirn treiben uns in Beziehungen

Einen Gefährten zu finden und so richtig gut durchgevögelt zu werden, entspricht unserer Veranlagung ganz genauso wie Wasser zu suchen, wenn wir durstig sind, oder Nahrung, wenn wir Hunger haben. Es handelt sich um einen Instinkt, darauf ausgerichtet, Minimenschen zu produzieren oder das kleine oder große Löffelchen zu sein. Es ist ein Trieb, den wir nicht unterdrücken können.

»Aus evolutionärer Sicht ist es besser, in einer Beziehung zu leben als allein, es ist Teil unserer DNA«, sagt die britische Psychotherapeutin Hilda Burke. »Allein wäre es uns in Höhlen, vor denen die Wölfe warteten, wohl nicht sonderlich gut ergangen. War man hungrig, musste man ein Tier erlegen, es häuten, ein Feuer entfachen und es braten. Ganz schön viel für einen allein. Sich fortzupflanzen, war wichtig, weil die Kinder auf Jagd gingen, wenn man zu alt dafür war.«

Burke sagt, es entspräche unserer Veranlagung, in einer Gemeinschaft, in einer Paarbeziehung zu leben und uns fortzupflanzen. »Die Industrialisierung und das urbane Leben haben sich erst in den vergangenen zweihundert Jahren entwickelt«, erklärt sie, was mit Blick auf die Evolution nicht mehr ist als ein Wimpernschlag. »Moderne Alternativen wie Fertigessen oder Pflegeeinrichtungen gab es davor nicht. Heutzutage müssen wir nicht Teil einer Beziehung sein, um zu überleben und uns zu entfalten, aber diese Entwicklung steht Tausenden von Jahren gegenüber, die tief in unsere DNA eingeschrieben sind und uns in Richtung Ehe treiben.«

Offensichtlich will unser Körper also »ankoppeln« und Babys machen. Was Sie vielleicht nicht wissen, ist, dass unser Gehirn mit unserem Körper zusammenwirkt. Und die Art und Weise, wie es einen dazu bringt, auf Partnerjagd zu gehen, ist äußerst raffiniert.

Eine Droge namens Liebe

Das frühe Stadium romantischer Liebe ähnelt einem Drogen-High. Ein wissenschaftlicher Aufsatz mit dem Titel »Reward, Motivation, and Emotion Systems Associated With Early-Stage Intense Romantic Love« listet Symptome auf wie »Euphorie, ein intensiver Fokus auf das eine, bevorzugte Individuum, gedankliches Kreisen um besagte Person, emotionale Abhängigkeit und ein tiefes Verlangen danach, mit dem geliebten Menschen vereint zu sein, sowie mehr Energie«.

»Verliebtheit ist definitiv vergleichbar mit einer Sucht«, sagt der US-amerikanische Neurowissenschaftler Dr. Alex Korb, der das Gehirn seit über fünfzehn Jahren erforscht. »Zu Beginn einer Beziehung setzt das Gehirn große Mengen an Dopamin frei, was einen dazu antreibt, sich ihm oder ihr voll und ganz zu widmen, häufig auf Kosten anderer Ziele. Aufmerksamkeit und Handlungen sind allesamt darauf ausgerichtet, an die nächste Dosis Romantik, den nächsten Dopamin-Kick zu gelangen, und wenn man ihn nicht bekommt, spürt man ganz ähnlich wie bei einer Droge Entzugserscheinungen wie Unwohlsein oder Verstimmungen.«

Mit dem Titel des Lieds »Love Is The Drug« hat es die Band Roxy Music also auf den Punkt gebracht. Experten von der Rutgers University in New Jersey sagen, dass eine Trennung recht ähnliche

Folgen nach sich zieht wie ein Drogenentzug. Bildgebende Verfahren zeigten Ähnlichkeiten zwischen den Reaktionen im Gehirn auf eine Zurückweisung und denen, wenn man vom Verlangen nach Kokain gequält wird, das dann zu »obsessivem Verhalten« führt, wie es in dem Aufsatz weiter heißt. »Es zeigt sich, dass intensive romantische Liebe ganz ähnlich funktioniert wie eine Sucht«, sagt der US-amerikanische Psychologe Arthur Aron.

In einem Aufsatz mit dem Titel »Intense, Passionate, Romantic Love: A Natural Addiction? How the Fields That Investigate Romance and Substance Abuse Can Inform Each Other« (griffige Überschrift, Jungs) heißt es: «Wir gehen davon aus, dass es sich bei der romantischen Liebe um eine natürliche (oftmals) positive Sucht handelt, die von unseren Säugetiervorfahren stammt und sich als Überlebensmechanismus über vier Millionen Jahre weiterentwickelt hat, um die Paarbildung und Fortpflanzung unter Hominiden-Arten anzuregen. Heute kann man dies beim Homo sapiens weltweit in allen Kulturen beobachten.« In den Worten einer Laiin handelt es sich um eine Sucht, die sich entwickelt hat, damit Menschen vögeln, Babys machen und erwähnte Babys hoffentlich gemeinsam großziehen. Sie kann sich aber auch in etwas Negatives verwandeln.

Wollen vs. mögen

Wie bei jeder anderen Sucht gilt auch bei dieser, dass es etwas anderes ist, etwas zu wollen, als es zu mögen. Es kann passieren, dass man etwas will, obwohl man es nicht mehr mag. »Wie bei einer Drogensucht ist es etwas anderes, den romantischen Partner zu ›wollen‹, als ein hübsches Gesicht ›zu mögen‹ und sich an einem schönen Antlitz zu erfreuen«, heißt es im zuletzt genannten Aufsatz.

Wenn aus jemanden/etwas mögen eine Sucht wird, unabhängig davon, ob es sich um eine Person oder eine Droge handelt, kann man laut Dr. Korb eine interessante Veränderung der Hirnaktivität beobachten, vor allem in einem Bereich unseres Großhirns namens Striatum.

»Von bildgebenden Verfahren wissen wir, dass bei Gelegenheitstrinkern, denen man Bilder von Alkohol zeigt, der Nucleus accumbens aktiviert wird, auch bekannt als das Belohnungssystem«, so Korb, Autor von *Die Aufwärtsspirale gegen Depressionen. Mit Neurowissenschaften Schritt für Schritt genesen*. »Zeigt man hingegen einem schweren Alkoholiker ein Bild von Alkohol, leuchtet nicht das Belohnungssystem auf, sondern das Suchtzentrum, der obere Teil des Striatums. So haben wir herausgefunden, dass eine Sucht von etwas Angenehmem zu etwas wird, zu dem sich Menschen gezwungen fühlen, egal ob es ihnen Freude bereitet oder nicht. Zunächst hat es ihnen Glücksgefühle beschert, aber jetzt ist es mit dem Glück vorbei.«

Ganz ähnlich verhalte es sich auch bei einer Beziehung, die zur Sucht wird, so Korb. »Sie fühlt sich dann nicht mehr wie etwas an, das man mit Freude und aus freien Stücken gewählt hat, sondern wie ein Zwang, etwas, das man tun muss. Besonders häufig komme das bei Menschen mit emotionalen Mangelerfahrungen vor, die zum Beispiel einsam sind oder Verlustängste haben. Das führt dazu, dass sie anfälliger dafür sind, sich an eine Person zu binden, die wie eine Ersatzdroge wirkt und das Gefühl der Leere füllt.«

Herzschmerz verursacht körperliche Schmerzen

Wie Neurowissenschaftler berichten, tut Herzschmerz ganz buchstäblich weh, so wie es schmerzt, wenn man sich das Schulterblatt bricht. Der Grund dafür? Unser Gehirn hat ein »Bindungssystem« entwickelt, das leidet, wenn wir vom Objekt unserer Begierde getrennt werden.

Vor langer Zeit, als die Menschheit noch jung war, entwickelten wir einen biologischen Mechanismus im Gehirn, den Neurowissenschaftler heute als Bindungssystem bezeichnen. Wir haben uns dahingehend entfaltet, unsere »Bezugspersonen« (vor allem Eltern, Partner und Kinder) so eng wie möglich an uns zu binden. Obwohl wir heute in modernen Gesellschaften leben, wird unser Gehirn noch immer von vielen dieser steinzeitlichen Gefühlen regiert.

In der Urzeit waren enge Bindungen etwas, das über Leben und Tod entschied. Insofern man sich darauf verließ, dass der Partner rettend zur Stelle war, waren sie in etwa das, was heute gemeinsam ermittelnde »Partner« bei der New Yorker Polizei sind. Sie gaben einem Rückendeckung, schossen den Komododrachen vom Himmel (ja, Menschen wurden einst von Drachen gejagt, das sagt sogar das Smithsonian Museum), hielten das Feuer am Brennen, damit man nicht erfror, oder sorgten dafür, dass die Kinder überlebten. (Damit sie später Wölfe zum Abendessen jagen konnten, wenn man zu alt war, um mit Speeren durch die Wälder zu rasen.) Alles lebenswichtige Dinge.

Aufgrund dieses ererbten Beziehungssystems dreht unser Gehirn auch heute noch durch, wenn wir unseren Partner nicht halten können oder unser Kind kopfüber in einem gigantischen Bällebad verschwunden ist und wir es nicht mehr sehen können. Das führt dann zu »Protestverhalten«. Man weint, wird panisch, ruft immer wieder an oder springt selbst – trotz fortgeschrittenen Alters – kopfüber in das Bällebad. Unser Gehirn ist derart beschaffen, dass es den Kontakt unbedingt aufrechterhalten möchte, koste es, was es wolle.

Wann immer wir in einer romantischen Situation völlig durchgeknallt reagieren, rührt das daher, dass unser Beziehungssystem aktiviert wurde, was zu großem Stress oder Protestverhalten führt. Unser Gehirn ist so verdrahtet, dass es sowohl psychische als auch körperliche Nähe sicherstellt, an wen auch immer wir uns gebunden haben.

Und jetzt kommt's: Unser Gehirn verhält sich selbst dann noch so, wenn der Mensch, an den wir uns gebunden haben, gar nicht mehr mit uns ausgehen möchte.

IQ-Abfall

Der Gedanke »Ich werde für immer allein bleiben« kann sogar unsere kognitiven Fähigkeiten vermindern und dazu führen, dass unser IQ abfällt.

Drei unterschiedliche Studien zur »Antizipation von Einsamkeit« haben eine erstaunliche Entdeckung gemacht. Man teilte einer Handvoll Menschen einen IQ-Test aus. Dann sagte man ihnen, sie würden »allein enden«, und führte gleich darauf weitere kognitive Tests mit ihnen durch.

Die Macher der Studie konnten eine »deutliche und umfassende Verringerung beim rationalen Denken« feststellen, nachdem den Studienteilnehmern die betrübliche Prophezeiung überbracht worden war. Die Moral der Geschichte lautet also: Versuchen Sie niemals, eine mathematische Gleichung zu lösen, wenn Sie sich im kognitiven Tunnel des »Für immer allein« befinden.

Die verschleierten Tänzerinnen in unserem Gehirn

Zwischen Männern und Frauen gibt es einen großen Unterschied beim Orgasmus, und genau der sorgt dafür, dass Frauen nach dem Sex intensivere emotionale Nähe fühlen als Männer.

Frauen setzen größere Mengen eines Hormons frei, das sie beim Orgasmus stärker an ihren Partner oder ihre Partnerin bindet: Oxytocin. Das führt dazu, dass wir die Person, mit der wir gerade geschlafen haben, als vertrauenswürdiger, begehrenswerter, einfach viel besser wahrnehmen, als sie es tatsächlich ist. Das Oxytocin vollbringt während des postkoitalen Nachglühens einen – verschleierten – Bauchtanz der Verführung in unserem Gehirn. So bleiben wir mit Herzchenaugen zurück und wollen mehr, selbst wenn unser Gegenüber eigentlich ein völliger Idiot ist.

»Das ist richtig und kann sich auf Frauen nachteilig auswirken«, sagt Dr. Korb. »Die stärkere Freisetzung von – und Sensibilität für – Oxytocin nach dem Sex führt dazu, dass sie sich emotional näher fühlen als der Mann. Wenn eine Beziehung körperlich wird, kommt es so häufig zu einer Asymmetrie. Die Frau bindet sich schneller als der Mann. Das trifft nicht immer zu, aber es gibt eine Tendenz.«

Wie man sein Gehirn trainieren kann

Unser Gehirn halten wir für ein schlaues Kerlchen. Meistens vertrauen wir auf das, was es uns sagt. Weil es eben unser Gehirn ist, stimmt's? Der Supercomputer in unserem Schädel. Doch auch wenn er eine extrem hoch entwickelte Maschine ist, muss man ihn hin und wieder nachjustieren, so wie es menschlichen Eingreifens bedarf, damit eine NASA-Rakete den Mars erreicht. Ihr Gehirn braucht Ihre Hilfe, wenn es den Autopiloten verlassen und etwas anderes tun soll, etwas, das es aus seiner voreingestellten Programmierung herauslöst.

»Ich würde sagen, Ihr Gehirn weiß am besten, was es braucht«, meint Dr. Korb. »Allerdings gibt es verschiedene Hirnareale, und es hängt davon ab, auf welchen Teil man hört. Das Striatum ist so etwas wie die ›Hunde‹-Abteilung des Gehirns; insofern es genussorientiert und ein Gewohnheitstier ist, tut es das, worauf es am besten trainiert ist. Das limbische System ist wie ein Kleinkind oder Teenager und kann wirklich wütend werden, wenn es nicht das bekommt, was es möchte. Wohingegen der präfrontale Cortex, kurz PFC, der Erwachsene im Raum ist. Für ein glückliches, ausgeglichenes Leben muss man manchmal dem Kleinkind/Teenager das Sagen überlassen. Im Allgemeinen aber ist es klüger, auf den Erwachsenen zu hören, den PFC, der sich zu Wort meldet und sagt ›Ähem, ich glaube, das ist keine sonderlich gute Idee‹, wann immer man einen Drink möchte, sich in sich selbst zurückzieht oder jemanden aus einer Laune heraus verlässt.« Umso häufiger wir etwas tun, desto stärker wird es im Gewohnheitszentrum unseres Gehirns verankert, fügt der Neurowissenschaftler hinzu. Und so fällt es uns leichter.

»Wenn man etwas Neues tut, löst das Angst aus und ist für unser Gehirn unangenehm und führt zu stärkeren Emotionen«, fährt er fort. Unabhängig davon, ob es sich bei diesem »Etwas« darum handelt, seinen Ex nicht mehr zu kontaktieren, sich auf die Vorteile des Singlelebens zu konzentrieren oder damit aufzuhören, Partnern hinterherzujagen, die emotional nicht verfügbar sind. »Aber man kann seinen PFC dafür nutzen, das Striatum zu trainieren, um bessere Entscheidungen zu treffen.«

Allerdings wird das Gehirn in seine alten Bahnen zurückfallen.

Bereits eingeschliffene Nervenbahnen sind der einfachere Weg. Aus diesem Grund neigen wir dazu, auf unserer persönlichen Entwicklungsreise den gleichen Fehler immer wieder zu machen. (Dazu kommen wir später, wenn ich davon erzähle, wie ich immer wieder die gleichen Fehler wiederhole. Uff.)

Möchte man seinem Gehirn neue, gesündere Gewohnheiten beibringen, ist das nicht anders, als wenn man einen Hund trainiert. Es ist ermüdend und verlangt nach endlos vielen Wiederholungen. Vielleicht müssen Sie »Ball« oder »Klo« dreitausendmal sagen, bis es hängen bleibt. Vielleicht sind Sie sogar dazu verführt, in den Garten zu pinkeln, um zu zeigen, was der Befehl »Klo« bedeutet und wo »Klo« vonstattengehen sollte. (Erwischt, ich stand so kurz davor.)

Doch eines Tages wird Ihr Hund/Ihr Gehirn mitmachen. Versprochen. Hoffentlich, bevor Sie zu so drastischen Methoden greifen, wie in den Garten zu pinkeln.

Warum wir desinteressierte Menschen attraktiver finden

Geht es Ihnen so wie mir? Fühlen auch Sie sich stärker zu Menschen hingezogen, die sich nicht für Sie interessieren? Das ist ja toll. Nicht.[6]

Schuld daran ist ein schreckliches psychologisches Phänomen, das »Belohnungsunsicherheit« genannt wird. Zahlreiche Studien konnten nachweisen, dass Tiere, die wissen, dass sie jedes Mal Futter bekommen, wenn sie einen Hebel betätigen, mit der Zeit das Interesse daran verlieren. Wohingegen Tiere, die nicht vorhersagen können, ob sie eine Belohnung erhalten, sehr viel interessierter daran sind.

Genau deswegen ziehen uns unerreichbare, unzuverlässige Menschen an wie eine Flamme die Motten. »So hübsch, autsch … so hübsch, autsch …« und so weiter bis in alle Ewigkeit.

Diese Belohnungsunsicherheit ist ein ziemliches Arschloch. Wir wollen ihn mehr, weil wir nicht sicher sein können, dass wir ihn haben können. Sobald wir den Eindruck haben, wir bekommen unsere Belohnung, in Form einer Textnachricht beispielsweise, legen wir uns auf den Boden unseres Käfigs, falten die Hände hinter dem Kopf wie eine gleichgültige Ratte mit Sonnenbrille, die den Hebel halbherzig mit ihren kleinen Rattenfüßchen betätigt.

Und mehr noch. Im Rahmen einer erschreckenden Sozialstudie haben Psychologen herausgefunden, dass Frauen sich am stärksten

---

6 Ich versuche, den Achtzigerjahrescherz mit dem ironischen »Nicht« wieder aufleben zu lassen. Machen Sie auch mit! Und runzeln Sie nicht so die Stirn.

zu den Männern hingezogen fühlen, die sich ihrer »unsicher« sind. Sie ziehen solche Männer denen vor, die definitiv auf sie stehen, und auch den Männern, die sie als »durchschnittlich« eingestuft haben.

»Wir wissen, dass eine unsichere Zukunft und ein Mangel an Kontrolle das limbische System aktivieren«, sagt Dr. Korb. »Macht jemand auf unerreichbar, führt die ganze Unsicherheit (›Wird er mir zurückschreiben?‹) dazu, dass der Körper mehr Dopamin freisetzt, wenn er sich dann meldet. Mehr als wenn jemand zuverlässig ist.«

Im Grunde genommen leuchtet das Belohnungssystem unseres Gehirns also auf wie ein Weihnachtsbaum, wenn uns eine unzuverlässige Person kontaktiert. Und ist leicht angeödet, wenn sich jemand Verlässliches, ein Mensch, der immer für uns da ist, meldet.

Hallo, Gehirn! Hör auf mit dem Unfug! Du bringst uns dazu, die Falschen anzuhimmeln.

TEIL II

Wie man eine Liebessucht überwindet

Die grausamen Zwillinge

Genug von alldem. Lassen Sie uns lieber wieder über mich sprechen. Ich nehme Sie jetzt mit zurück ins Jahr 2010. Hüpfen Sie rein.

Ich bin gerade dreißig geworden, und meine Alkoholabhängigkeit und Liebessucht sind wie grausame Zwillinge, die sich gegenseitig hochschaukeln. Wenn der eine damit beginnt, sich unverschämt zu benehmen, folgt ihm der andere. Und sie treiben es immer weiter, bis zum Äußersten.

Wenn ich trinke, behandle ich meinen Körper wie die Kugel, die man auf das Rouletterad im Casino pfeffert. Ich werfe mich in das Rad des Nachtlebens in Soho, gebe mich dem wilden Drehen hin, ohne zu wissen, wo ich landen werde. Ich stürze mich dort in die Stadt, wo mir die Hochhäuser wie gigantische Haifischrachen entgegenglitzern, und liefere mich ihrer Gnade aus.

Weil sich mein Happy End bisher nicht blicken lässt, werde ich nach und nach immer unzufriedener und zugleich fordernder. Vernünftige Männer suchen schnell das Weite und machen mit mir mit Nachrichten Schluss wie: »Du bist zweifellos süß, aber verrückt. Mach's gut. P.S. Bitte hör auf, mich anzurufen.« (Hierbei handelt es sich um eine echte Textnachricht.)

Wenn ich während einer kurzen Phase der Zurechnungsfähigkeit doch jemanden davon überzeugen kann, mit mir auszugehen, stellt dieser Jemand bald darauf fest, dass ich die Hohepriesterin des Dramas bin. Ich verschicke so viele »Das war's! Es ist aus!«, dass meine Freunde anfangen, sie zu ignorieren, weil sie wissen, dass ich meine Meinung innerhalb der nächsten fünf Minuten – allerhöchstens fünf Stunden – geändert habe. Wie das Fallbeil einer

Guillotine lasse ich die Trennung über ihren Köpfen schweben, wenn das, was ich wirklich brauche, Bestätigung ist. Und vielleicht eine Umarmung.

Ich hintergehe beinahe jeden. Nie vorsätzlich, fast immer sternhagelvoll und immer von heftigen Schuldgefühlen begleitet, die mich wochen-, monate-, ja jahrelang danach noch in ihren Klauen halten. Aber wenn ich steilgehe und trinke, erwacht die Liebessüchtige in mir und reißt sich das T-Shirt vom Leib, schreit nach Aufmerksamkeit. Ist mein Freund nicht zugegen, suche ich in unmittelbarer Umgebung nach Ersatz und falle den nächstbesten attraktiven Mann an (oder auf ihn drauf).

Dann, weil Betrüger die misstrauischsten Partner überhaupt sind, komme ich zur Überzeugung, dass mein Freund mich ebenfalls hintergeht. Damit rechtfertige ich es, wenn ich seine Nachrichten lese, in seine Privatsphäre eindringe, um sicherzugehen, dass es doch nicht stimmt. Meine Doppelmoral ist unglaublich.

Ich lebe in ständiger Angst, mein Freund könnte von meinen Filmriss-Seitensprüngen erfahren. Jeden Tag sitzt die Furcht auf meiner Schulter wie ein Kobold, es ist egal, wie viel ich trinke oder wie sehr ich heimlich versuche, es wiedergutzumachen, indem ich mich meinem Freund gegenüber extranett benehme. Oder wie sehr ich meine Spuren durch Lügen verwische oder wie oft ich mir sage: »Alle betrügen, es redet nur niemand darüber.«

Indes tobt meine Eifersucht in mir, was mich zu digitaler Selbstverletzung treibt. Ich schaue mir auf Facebook Fotos von meinem Freund an und suche nach Beweisen von neuen Frauen. Bedeutet der Kommentar von dieser Penny – »gestern Nacht war lustig« –, dass die beiden miteinander ins Bett gestiegen sind? Muss er. Was soll er sonst bedeuten? Ich kann nicht glauben, dass er diese Penny gebumst hat!

Ich gehe auf die Profile aller verdächtigen Frauen, mit denen er sich befreundet, um ihr Bedrohungspotenzial auf einer Skala von Grün bis Rot zu verorten. So sitze ich da und quäle mich selbst mit der chinesischen Wassermethode. Tropf, tropf. Klick, klick. Die Überdosis an Informationen, die die sozialen Medien mit sich bringen, raubt mir fast den Verstand. Es ist Harakiri durch Wi-Fi.

Ich frage meine Freunde, ob sie mich wirklich lieben und warum und ob sie sich sicher sind, dass sie mich mehr mögen als ihre Ex-Freundinnen. Ich bin überzeugt davon, dass das ziemlich entspannend für die Jungs war.

Da mein verrücktes Benehmen ausgeglichene Männer vertreibt, ende ich in toxischen Beziehungen mit … unausgeglichenen Männern. Und dann verharre ich in diesen Beziehungen, obwohl ich längst schon hätte gehen sollen (einmal ein ganzes Jahr), weil der Alkohol mein Selbstwertgefühl zerfressen hat wie Batteriesäure und ich denke, ich hätte es nicht besser verdient.

Währenddessen benutze ich den Alkohol, um meine Hemmungen hinter mir zu lassen und den Männern näherzukommen und schließlich, wenn alles den Bach runtergeht, um mich zu trösten. Alkohol, Männer, Alkohol, Männer – es ist ein Teufelskreis.

Wie ich einen Mann benutze, um mein Selbstwertgefühl aufzupolieren

August 2011
Beim Aufwachen habe ich den wohlbekannten Geschmack nach totem Tier im Mund. Verdammt noch mal, ich habe es wieder getan. Angefangen mit einem romantischen Gläschen Wein bei

Sonnenuntergang im Garten, folgte danach die ganze Flasche und mehr. Der Müll, den ich im Garten hinterlassen habe, verspottet mich, liegt da wie ein Tatort und sonnt sich selbstgefällig in meinen Schuldgefühlen.

So vorsichtig, als wäre es eine Bombe, nehme ich mein Handy in die Hand. Ich schaue mir an, welche peinlichen Nachrichten ich wohl letzte Nacht versendet habe. Eine an meinen Ex Daniel. »Ich habe nie aufgehört, an dich zu denken, und frage mich, was aus uns hätte werden können.« Ich seufze das Telefon an und werfe es durchs Zimmer. Zum Glück landet es weich.

Dann stehe ich eine halbe Stunde lang fix und fertig unter der Dusche und hoffe, dass das auf mich niederprasselnde Wasser meinen dröhnenden Kopf besänftigt. Warum habe ich diese Nachricht nur verschickt? Ich bin nicht einmal sicher, ob es stimmt. In vino veritas ist Blödsinn. In vino dramitas trifft eher zu. Außer wenn ich trinke, denke ich kaum noch an ihn.

Ich hole mein Handy. Er hat geantwortet. »Hey, schön von dir zu hören. Es wäre toll, dich als Freundin zu treffen, du warst mir immer so wichtig, aber ich habe mich kürzlich verlobt.«

Auch wenn ich in Wirklichkeit nicht wieder mit ihm zusammenkommen möchte, fühlt es sich dennoch wie ein Schlag ins Gesicht an. Wo ist mein Verlobungsring? Warum bin ich nicht verlobt? Ich verdiene es, verlobt zu sein!

Eine Stunde lang kaue ich darauf herum und wende mich dann der einzigen mir bekannten Lösung zu. Einem anderen Mann. Ich schreibe einem Mann, mit dem ich zweimal aus war, eine Nachricht. Ich war eher nicht so scharf darauf, ihn wiederzusehen, weiß aber, dass er an mir interessiert ist.

Wir trinken viel. Er ist mir nicht sonderlich sympathisch. Er redet ohne Punkt und Komma, darüber, wie ich bei ihm einziehe, darüber, wie er mir beibringt, Auto zu fahren, darüber, wie er mich in seine Autoversicherung aufnimmt. Ich bin noch nicht einmal sicher, ob ich ihn ein viertes Mal treffen möchte.

Trotzdem schlafe ich mit ihm, um mich von meiner Einsamkeit abzulenken. Es ist ein Versuch, mein Selbstwertgefühl zu pushen. Es bereitet mir keine sonderlich große Lust. Ich mache es einfach, wie ein Roboter. Wie ein Vielfraß, der mechanisch sein fünftes Eclair in sich hineinstopft. Ohne jegliche Freude.

Fühle ich mich danach besser? Nein. Aber ich fühle mich »wanted« – gewollt. Es ist, als würde ich permanent versuchen, gewollt zu werden. Genau das Gegenteil eines Western-Schurken.

Surreys Antwort auf Sid und Nancy

März 2012

Ich lebe in einer Beziehung, die man am besten mit »Surreys Antwort auf Sid und Nancy« umschreiben kann. Oder auch: Amy und Blake. Bonnie und Clyde. Wir sind Partner in Crime und bringen das absolut Schlimmste bei dem jeweils anderen zum Vorschein.

Auftritt: Ralph. Ich bin hin und weg, finde ihn unglaublich cool, und wir sind voneinander besessen.

Die ersten Monate sind ein zwielichtiges Vergnügen. Wir befeuern uns in unserem Draufgängertum, trinken ganze Nächte hindurch, rauchen und schieben eine Nummer nach der anderen. Dann, noch immer völlig verspuhlt, gehen wir in den Park, füttern die Enten und lachen wie irre, während Jogger argwöhnisch mit großem Abstand an uns vorbeiziehen.

Wir sagen Dinge wie »Wo hast du bisher nur gesteckt?« und »Du bist mein Seelenverwandter« und »Ich kann mir nicht vorstellen, jemals wieder ohne dich zu leben«.

Wir sind so berauscht, dass wir nach nur sechs Monaten zusammenziehen.[7]

Ich teile mein Bett und bin doch einsam wie nie zuvor

September 2012
Keine Ahnung wie wir von dort nach hier gelangt sind. Von konstantem Knutschen zu täglichem Zerfleischen.

Ich sitze im Erkerzimmer des Lofts, das Ralph und ich gemeinsam mieten. Hier rauchen wir zum Fenster hinaus.

Ich ziehe an meiner Zigarette und starre die Menschen an, die draußen an dem heruntergekommenen Altbau vorbeilaufen. Ich frage mich, warum sie so normal sind und ich nicht. Ich fühle mich, als würde ich darauf warten, gerettet zu werden, aber in den Augen der Gesellschaft bin ich das bereits.

»Was willst du denn noch von mir?«, hat Ralph letzte Nacht mit emporgehobenen Armen geschrien. Um fair zu sein, hat er damit nicht unrecht. »Ich habe gesagt, dass es mir ernst ist, dass wir heiraten können, wenn du möchtest, auch wenn mir daran nichts liegt. Und dennoch willst du immer noch etwas.«

Es stimmt. Ich will mehr. Ich weiß zwar noch nicht, was es ist, aber selbst nachdem wir zusammengezogen sind, wollte ich mehr. Und obwohl ich sogar eine feste Zusage für unsere Zukunft habe, möchte ich mehr. Ich bin nie zufrieden. Genau wie beim Trinken. Jedes Mal, wenn ich eine Flasche geleert habe, greife ich nach der nächsten.

---

7 Eine wirklich grandiose Idee, wir kennen uns kaum und haben insgesamt gerade einmal acht Stunden nüchtern miteinander verbracht.

Noch weiß ich es nicht, aber das ist das Kennzeichen einer Sucht, dieses leuchtende Neonschild im Gehirn, das blinkt und zischt und nach MEHR verlangt. Das sich immer weiter wegbewegt, desto näher man sich an es heranbewegt. Das man erreichen will, was man aber niemals schafft. Es ist ein sich ständig bewegendes Ziel. Das versprochene Land. Die Befriedigung, nachdem man endlich genug hatte. Genug hat.

Ich glaube daran, dass eine Paarbeziehung das Heilmittel gegen Einsamkeit ist, aber ich bin einsamer denn je zuvor. Ich habe mich von meinen Freunden und meiner Familie entfernt, weil ich ihnen nicht erzählen kann, wie Ralph drauf ist. Beginge ich diesen Fehler, würden sie sagen, ich solle mich trennen.

Einmal habe ich einer Freundin erzählt, Ralphs neues Motto laute »Cath hat keinen Schimmer«. Bei Dinnerpartys mit anderen Paaren packte er es aus, wenn die großen Lücken in meinem Allgemeinwissen zum Vorschein kamen.

»Oh, Schätzchen«, sagte sie, »du solltest so viel Abstand wie möglich zwischen dich und ihn bringen.«

Aber das möchte ich nicht. Ein Leben ohne ihn kann ich mir nicht vorstellen.

Gaslighting lässt meine Sucht explodieren

Oktober 2012

Ralph und ich feiern unser Einjähriges, und zwar bei der Feier zum dreißigsten Geburtstag seiner Ex-Freundin. Die Ex, für die er noch immer etwas übrighat, was ich weiß, weil er es mir bei unserer zweiten Verabredung erzählt hat, lange noch, bevor aus uns etwas Ernsteres wurde.

Warum ich dort bin? Weil er gesagt hat, er ginge ohne mich hin, wenn ich nicht mitkommen würde. Also hatte ich die Wahl: entweder unser Einjähriges allein zu verbringen oder mit auf den Geburtstag seiner Ex-Freundin zu kommen.

Zur moralischen Unterstützung habe ich zwei Freundinnen mitgebracht, und beide sind schockiert. Die eine sagt: »Cath, das ist echt verkorkst, wir sollten gehen.« Die andere schaltet sich ein: »Es ist so, als würden wir ihm bei einem Date mit ihr zusehen!« Und es stimmt. Er flirtet schamlos mit ihr.

Angewidert von Ralphs Verhalten, brechen meine Freundinnen schließlich auf und drängen mich, sie zu begleiten. Aber ich bleibe. Um darauf zu warten, dass Ralph zu mir zurückkommt und wir nach Hause gehen können.

Der Begriff »Gaslighting« beruht auf einem gleichnamigen Theaterstück aus den Dreißigerjahren. Darin tritt ein Ehemann auf, der dafür sorgt, dass die Gaslichter im Haus schwächer leuchten, seiner Frau aber sagt, sie würde sich dies nur einbilden. Durch das »Gaslighting« manipuliert er sie, lässt sie glauben, sie sei verrückt, damit sie von seinen geheimen Machenschaften nichts mitbekommt.

»Gaslighting« ist so etwas wie die psychologische Kurzform für Menschen, die schreien »Es liegt nicht an mir, du bist schuld!«, wenn doch sie mit größter Wahrscheinlichkeit Verantwortung dafür tragen.

Ich sage protestierend zu Ralph, es sei wirklich etwas faul daran, unseren Jahrestag auf der Geburtstagsfeier seiner Ex zu verbringen, und Ralph sagt, ich solle Vernunft annehmen. Es sei zivilisierter Umgang und völlig normal, mit Ex-Freundinnen befreundet zu bleiben. Ich sei »psycho«, wenn ich nicht mitwolle, es aber auch nicht akzeptiere, dass er allein geht. Dass es kein Wunder sei, dass er noch immer an ihr hängt, so wie ich unterwegs sei.

Zuerst haben meine Freundinnen und meine Familie Ralph geliebt. Sie fanden ihn charismatisch, klug und witzig. Und das ist er auch. Außerdem ist er aber auf ganz beiläufige Weise grausam und unglaublich egoistisch. Mein sanftmütiger Stiefvater, der sonst mit jedem zurechtkommt, entschied nach ein paar Monaten, dass er Ralph nicht ertragen könne.

Warum? Vorhang auf für folgende Szene: Ich warte im Krankenhaus auf eine Operation und Ralph ist bei mir. Plötzlich wird beschlossen, es sei besser, mich zum OP-Saal zu fahren. Ich habe Angst und weine, weil ich gleich die zweite schwere Operation an meiner Hand haben werde (wie es dazu kam, ist eine lange Geschichte), aber Ralph will nicht darauf warten, bis ich aus der OP erwacht bin. »Länger als eine Stunde wird es nicht dauern«, sagt der Arzt und sieht ihn mit hochgezogenen Augenbrauen an. »Ich bin mit meinem Bruder verabredet«, sagt Ralph und verschwindet.

Später entschuldigt er sich und ich lasse es auf sich beruhen. Aber mein Stiefvater hat ihm sein Verhalten nie verziehen.

Indes besteht seine Familie aus unausstehlichen Snobs, die mich unverhohlen ablehnen. Ich lache mit, wenn sie Menschen, die keine Privatschule besucht haben, »Muggles« nennen. Sehr komisch! Bis mir klar wird, dass es ihnen ernst damit ist. Sie glauben doch tatsächlich, dass Privatschüler denen überlegen sind, die eine staatliche Schule besucht haben. Mein Gesicht passt ihnen nicht, und sie sorgen dafür, dass ich es zu spüren bekomme.

Dabei bin ich selbst weit davon entfernt, an all dem unschuldig zu sein. Mit mir auszugehen, ist zweifelsohne ein absoluter Albtraum. Ich bin schrecklich unsicher, melodramatisch, und wenn ich betrunken bin, werfe ich mit Beleidigungen nach Ralph, als wären es Dolche.

Ralph ist die Flamme, unsere Beziehung ist das Gas, und zusammen lassen sie meine Sucht explodieren. Ich trinke an fünf, sechs Abenden die Woche. Ich versuche überhaupt nicht mehr, meinen Alkoholkonsum einzudämmen.

Morgens wache ich zitternd auf und trinke, um das Zittern zu dämpfen. Eines Nachts findet mich Ralph auf den Stufen vor unserem Haus. Dort liege ich bewusstlos wie ein Kartoffelsack, weil ich meine Schlüssel verloren habe.

Noch weiß ich es nicht, aber das Licht in unserer gemeinsamen Wohnung wird in den kommenden sechs Monaten weiterhin schummriger werden.

Die drei Exen

Februar 2013
Ich sitze allein in der Wohnung, während mein Freund und seine Familie sich für ein gemütliches Abendessen in einem Restaurant um die Ecke treffen. Mit seiner Ex-Freundin. Nicht Ex Nummer eins (auf deren Geburtstagsparty wir waren und die wir jetzt regelmäßig treffen), sondern Ex Nummer zwei. Auch bekannt als die Ex, die eine Privatschulausbildung genoss, und die, wenn es nach der Familie geht, unbedingt wieder mit ihm zusammenkommen soll.

Die Ex, die die Familie zu sonntäglichen Abendessen einlädt, zu ihren Geburtstagen, alles Zeichen so subtil wie ein Schlag mit einem Presslufthammer. Die Eltern wollen, dass ich verschwinde und sie zurückkehrt. Zunächst hat Ralph die Familientreffen mit seiner Ex boykottiert, aber jetzt macht er doch mit. Er meint, ich solle nicht erwarten, dass mich seine Familie sofort gernhat und dass ich mir ihre Akzeptanz »verdienen« müsse.

Aber da sind nicht nur Ex Nummer eins und Ex Nummer zwei. Seit ein paar Wochen trifft er sich auch wieder mit Ex Nummer drei. Er hat noch nicht einmal gefragt, ob das für mich in Ordnung ist, und ich habe noch nicht einmal mit ihm über sein Versäumnis gestritten.

Ich bin besessen davon, so viel wie möglich über die Rivalinnen herauszufinden, die drei Exen. Als würde ich vor einem Boxkampf Videos meiner Gegnerinnen analysieren, ihre Kinn- und ihre linken Haken. Ich stalke sie in den sozialen Medien, versuche herauszufinden, wie ich besser sein kann, wie ich ihn halten kann, wie ich uns retten kann, wie ich dem K.-o.-Schlag ausweichen kann.

Es fühlt sich an, als wäre Ralph auf einem *High-Fidelity*-Roadtrip, auf dem er die, »die entkommen konnten«, auscheckt. Anders als John Cusack im Film, ist Ralph allerdings nicht Single. Und ich sitze bei ihm im Auto und werde, während wir bei jeder Ex anhalten, immer paranoider.

Wenn er schläft und das Doppelbett vor Schnarchen bebt, schleiche ich auf Samtpfoten zu seiner Bettseite und kralle mir sein Handy, damit ich seine Nachrichten lesen kann.

Fast jede Nacht finde ich etwas, das ich lieber nicht gewusst hätte. In Nächten, in denen ich nichts entdecke, was mir wehtun könnte, fühle ich mich beinahe enttäuscht. Auf emotionaler Ebene entspricht es dem, wenn sich jemand winzige Schlitze in den Oberschenkel ritzt. Tot durch tausend Textnachrichten.

Ich verlasse die dunkle Wohnung

Mai 2013

Langsam werde ich nüchtern. Zuerst bin ich drei, dann fünf, dann sieben Tage am Stück nüchtern und kann Ralph und unsere bescheuerte Beziehung endlich klar sehen. Mir wird bewusst, dass ich so schnell wie möglich von hier weg sollte, bevor das Gaslighting noch schlimmer wird und unsere gemeinsame Wohnung in stockfinstere Dunkelheit getaucht ist.

Am Ende besteht der Auslöser aus zwei winzig kleinen Wörtern. Es geschieht an dem Abend, als ich unsere Wohnung für die vierteljährliche Inspektion des Vermieters blitzsauber putze. Als ich das Abendessen zubereite, bitte ich Ralph, den Müll rauszubringen.

»Leck mich«, antwortet er, ohne mit der Wimper zu zucken.

»Bitte was?«, sage ich.

»Leck mich, mach es selbst, ich war den ganzen Tag arbeiten.«

Das war ich auch, aber scheinbar fällt ihm das nicht auf. Insofern ich mir erst nüchtern eingestehen konnte, dass dies ein Ende haben muss, mutet es ironisch an, dass ich jetzt einen tiefen Schluck aus meinem Glas nehme, um mir Mut anzutrinken, es wirklich durchzuziehen. Dieses Wochenende ist er auf einem Kurztrip, nach ein paar Gläsern Wein schreibe ich ihm eine SMS und beende es. (Ja, eine SMS. Derart reif ist mein Verhalten.)

Auch einigen meiner Freundinnen schicke ich Textnachrichten und lasse sie von unserer Trennung wissen. Dann entfreunde ich seine Familie auf Facebook, eine wahnsinnig kleinliche, aber effektive Maßnahme, um die Brücke niederzubrennen, über die er hätte zurückkehren können. Ich weiß, dass ich nicht mehr aus freien Stücken zurückgehen werde.

Und das tue ich auch nicht. Ich ziehe aus unserer Wohnung aus und bei meinen Eltern ein, um endgültig vom Alkohol loszukommen. Um herauszufinden, wann und warum ich zu der Art Mensch geworden bin, die sich so einen Scheiß wie Gaslighting gefallen lässt.

Die Nachwirkungen der Trennung

August 2013

Am überraschendsten von allem ist, dass es keine Nachwirkungen gibt. Keine Nachwehen. Nichts. Ich dachte, ich könnte ohne Ralph nicht leben, und jetzt, wo wir beide getrennte Wege gehen, vermisse ich ihn kein bisschen. Außer Erleichterung spüre ich nichts darüber, dass unsere Verstrickung (und die mit seiner Familie) vorüber ist.

Ein paar Monate nach der Trennung bin ich wegen meiner Alkoholsucht bei einer Beratung. Der Berater stellt mir viele Fragen über Ralph, die ich zwar seltsam finde, aber dennoch ausführlich beantworte.

Ich erzähle ihm davon, wie Ralph einmal wegging und brüllte: »Ich hoffe, du kannst den Whiskey nicht finden!« Er wusste ganz genau, dass ich abhängig war und versuchte, mit dem Trinken aufzuhören. Danach verbrachte ich zwei Stunden damit, die gesamte Wohnung auf den Kopf zu stellen, und suchte sogar in seinen Gummistiefeln nach dem geheimnisvollen Whiskey in unserer ansonsten alkoholfreien Bleibe. »Wo ist er?«, textete ich ihm. »Ach, das war nur ein Witz!«, war seine Antwort. Wirklich zum Totlachen.

Und dann war da noch … und dann noch das eine Mal …, sprudelt es aus mir heraus. Es fühlt sich wirklich gut an, zumal ich noch keinem die gesamte Schreckensgeschichte anvertraut habe.

Das Gesicht des Beraters wird immer ernster. Am Ende der Stunde sagt er: »Okay, dann kann ich wohl das Kästchen auf dem Formular ankreuzen, neben dem ›Häusliche Gewalt‹ steht. Er zeigt mir besagtes Kästchen und wie er sein Kreuz setzt. Ich bin sprachlos.

»Aber er hat mich nie geschlagen!«

Er erklärt mir, dass häusliche Gewalt oft rein psychologischer Natur sei. Und das ich definitiv Opfer davon war. Oha. Ich hatte keine Ahnung.

Ich entscheide mich für mich und gegen die Beziehung

April 2014
Nur wenige Monate nach der Trennung von Ralph befinde ich mich in der nächsten ernsten Beziehung, mit Jacob. Warum? Weil ich liebessüchtig bin.

Die Beziehung ist wie ein Pulverfass, wir entflammen ungeheuerlich schnell füreinander. Innerhalb von zwei Wochen verbringe ich fast jede Nacht bei ihm und nach einem Monat mache ich Urlaub mit seiner Familie. Meistens ist es schön.

Aber jetzt sind wir sechs Monate zusammen und seit ein paar Wochen benimmt er sich seltsam. Er verschwindet tagelang, er verliert die Beherrschung, er macht mich klein. Ich sage zu ihm, wir sollten besser eine vierzehntägige Pause einlegen, damit er sich sortieren kann. Und heute Abend, nach besagter Pause, reden wir am Telefon.

Als ich dasitze und ihm dabei zuhöre, wie er sagt, er sei sich nicht sicher und wisse nicht, was er fühle und dass er am Wochenende zu mir kommen könne, steigt etwas in mir auf. Ich bin nicht mehr die Person, die sich mit solchen Anwandlungen abgibt.

»Weißt du was, lassen wir's lieber bleiben, ich bin damit durch«, sage ich.

Und ganz einfach so ist Schluss. Ich habe richtig gehandelt, und zum ersten Mal in meinem Leben habe ich endlich mich über den Erhalt einer Beziehung gestellt. Nichtsdestotrotz breche ich zusammen.

Mein Zusammenbruch hat nicht wirklich etwas mit Jacob zu tun oder damit, dass ich ihn vermisse. Ich selbst bin der Grund dafür. Weil ich noch immer denke, Single zu sein bedeute, etwas würde nicht mit mir stimmen, ich wäre nicht liebenswert, ungewollt. Noch immer habe ich das Gefühl, eine Beziehung zu beenden mache mich zu einer Versagerin, als Mensch, als Frau. Ich kann das wichtigste Ziel nicht erfüllen, ich schaffe es nicht, einen Mann an mich zu binden.

Meiner Familie gegenüber benehme ich mich kratzbürstig und gereizt. Bis es meiner Mutter gelingt, mich trotz meiner Stacheln lange auf dem Sofa in den Arm zu nehmen. Die Umarmung löst meine Gefühle. Schluchzend sage ich Dinge wie »Mit mir stimmt etwas nicht«, »Niemand wird mich je lieben« und »Ich werde für immer allein bleiben«.

Mich überwältigt etwas, das ich nur als »kollektiven Herzschmerz« bezeichnen kann. Mein Herz fühlt sich an wie ein Baum, in den so viele Namen geritzt wurden, dass seine Rinde geschunden und wund ist. Ich habe das Gefühl, dass es keinen Platz mehr gibt, dass ich keine weiteren Namen mehr ertragen kann.

An dem Wochenende sage ich meine Geburtstagsparty ab. Gemeinsam mit meinen acht besten Freundinnen wollte ich die Trennung in einem Restaurant mit Tischtennisplatten feiern. Meine Mutter und mein Stiefvater bestehen darauf, mich zum Abendessen auszuführen, und als mir das Restaurant einen Cupcake mit Kerzen spendiert, breche ich beinahe in Tränen aus.

Ich weiß, dass etwas nicht stimmt. Dass sich etwas ändern muss. Und ich habe den Verdacht, dass dieses etwas ich selbst bin. Ich kann nicht damit weitermachen, mein Glück in die Luft zu werfen und zu hoffen, dass ein Mann vorbeikommt, um es aufzufangen. Ich kann es nicht zulassen, dass eine Trennung mein psychisches Wohlbefinden derart auf den Kopf stellt. Ich kann mich nicht weiterhin auf Männer als Quelle meines Selbstwertgefühls verlassen.

Es fühlt sich an, als würde mein Inneres in sich zusammenfallen, als wäre ich in einen chaotischen Erdrutsch kosmischen Ausmaßes gestürzt worden. Doch in Wirklichkeit wird in meinem Inneren ein Stern geboren. Auf atomarer Ebene setze ich mich neu zusammen.

Ich entschließe mich dazu, nicht nur mit Jacob Schluss zu machen, sondern mit allen Männern. Mit allen Beziehungen. Und auf unbestimmte Zeit Single zu bleiben.

… wenn du in einem Albtraum gefangen bist, ist deine Motivation zu erwachen sicherlich größer als die eines Menschen, der nur in den Höhen und Tiefen eines gewöhnlichen Traumes festhängt.

Eckhart Tolle

TEIL III

Wie man seinen Frieden mit dem Singleleben schließt

Mein Jahr ohne Dates

Was geschah, war das Folgende: Als ich mit dem Trinken aufhörte, wurde ich zu der Sorte Frau, die erst nach dem sechsten Date und einem Aids-Test Sex hatte. Zuerst war ich schnell gewesen, jetzt langsam. Vormals schmutzig, war ich jetzt rein, und das alles, ohne mich nur im Geringsten anstrengen zu müssen. Da ich Handys nur alkoholisiert ausspioniert hatte und ausschließlich sturzbetrunken fremdgegangen war, war es ein Leichtes, mit dem ganzen Herumspionieren und Fremdgehen aufzuhören.

Es war einfach wundervoll herauszufinden, dass ich keine herumschnüffelnde, untreue, männermordende Venusfalle war. Meine Liebessucht jedoch, die Wurzel allen Übels, wucherte weiterhin zügellos in meinem Inneren. Meine Gewohnheit, nach einem Mann zu greifen, um mich erfüllt zu fühlen, war auch lange, nachdem ich aufgehört hatte, nach einem Drink zu greifen, um mich besser zu fühlen, noch immer da.

Mir wird langsam klar, dass der dahinterliegende Automatismus der gleiche ist, egal ob ich mir einen Wein eingieße oder auf eine Dating-App klicke. Dahinter existiert eine Ruhelosigkeit, eine emotionale Leere, die wir ausfüllen möchten, indem wir auf eine Droge/eine Person zurückgreifen.

Außerdem finde ich heraus, dass dieses Verhalten ungemein normal ist. Aus diesem Grund bezeichnen Holly Whitacker und Laura McKowen vom Podcast *HOME* die Genesung einer Liebessucht als »zweites Ausnüchtern«. Genau deswegen wird das Ringen mit einer Sucht häufig als Whack-A-Mole[8] beschrieben. Man bezwingt die eine, nur um von der nächsten, die auftaucht, verhöhnt zu werden. Deshalb geschieht es oft, dass Menschen mit dem Kokain aufhören und bemerken, dass darunter eine Zuckersucht verborgen liegt. Oder sie bekommen ihre Onlineshopping-Sucht in den Griff, um dann Hunderte von Pfund an eine Spiele-App zu verlieren.

Ich suche meine Werkzeuge zusammen

Ich habe also eine Liebessucht. Aha. Ist ja komisch. Aber irgendwie sind das auch gute Neuigkeiten. Da es bedeutet, dass ich die Werkzeuge bereits habe, um dieses Scheißerchen zu bezwingen.

Ich weiß bereits, wie man das Verlangen, Alkohol trinken zu wollen, aussitzt. Also werde ich es auch schaffen, meine Finger stillzuhalten, wenn ich einem Mann aus meiner Vergangenheit unbedingt eine Textnachricht schreiben möchte. Die Strategie »Handy fallen lassen und schnell das Weite suchen« wende ich nicht nur einmal an. Mir ist bereits bekannt, dass ein Gedanke nicht notwendigerweise zu einer Handlung führt. Also weiß ich auch, dass ein »Ich möchte meinen Ex im Internet stalken« nicht darauf hinauslaufen muss, dass ich es auch tatsächlich tue.

Mir ist bewusst, dass Emotionen keine Fakten sind. Daher kann ich die Gefühle, eine fehlerhafte, ungewollte Versagerin zu sein, durch mich hindurchrauschen lassen, ohne sie ernst zu nehmen. Ich weiß, wie ich die Geschichten, die ich mir selbst einrede, entlarven kann (»Ich muss trinken, um Spaß zu haben.« oder »Mich

---

8 Whack-A-Mole ist ein Geschicklichkeitsspiel, bei dem man Maulwürfen, die aus Löchern hervorkommen, auf den Kopf haut, damit sie wieder verschwinden. (Anm. d. Ü.)

will ohnehin keiner heiraten.«), indem ich mich ruhig frage »Ist das wirklich wahr?« und dann eine Geschichte konstruiere, die mehr mit der Realität zu tun hat. Ich kann es schaffen.

Der Essay, der mich zu meinem männerfreien Jahr inspiriert

Ich erzähle meiner Freundin Kate von meinem Vorhaben, Männer aus meinem Leben zu verbannen, und sie schickt mir daraufhin einen Essay der US-amerikanischen Autorin Elizabeth Gilbert. Der Titel: »Learn to be Lonely«. Der Text handelt davon, wie eine Friseurin Elizabeth davon erzählt, dass sie gerade erst einen üblen Kerl vor die Tür gesetzt hat und dass sie nun wieder losziehen wird, um »sich einen BESSEREN Mann zu angeln«. Elizabeth greift nach ihrer Hand und lässt sie schwören, sich sechs Monate Pause zu gönnen, bis sie einen anderen Mann auch nur küsst.

Sie schreibt, dass wir lernen müssten, wie man allein auf eine Party oder ins Restaurant gehe. Denn sonst würden wir in Kauf nehmen, mit jedem x-Beliebigen dort hinzugehen oder – noch schlimmer – von dort wegzugehen. Die Autorin erklärt, dass wir lernen müssten, mit uns allein klarzukommen. Und mit etwas Geduld würde es vielleicht auch manchmal gelingen, Spaß daran zu haben.

Ich fühle mich geradezu lächerlich inspiriert davon. So inspiriert, dass in meinem Kopf ein Plan Form annimmt. Ich werde ein Jahr lang keine Männer daten. Ein ganzes Jahr, während dessen ich, wenn's hochkommt, die Hand eines Mannes halten werde.

Ich erzähle meiner Mutter davon. »Aber warum solltest du so etwas tun? Warum sollte irgendjemand so etwas tun?«, fragt sie sichtbar bestürzt. Jede meiner Antworten, die ich darauf erwidere, klatscht sie platt wie eine Wespe und kehrt zu ihrem »Aber warum?« zurück. Bei so etwas macht sie nicht mit.

Tatsächlich wird mir dadurch klar, dass meine Mutter ebenfalls liebessüchtig ist. Während meines gesamten achtunddreißigjährigen Lebens war sie nie länger als ein Jahr Single. Daher musste ich ihr einmal verbieten, zu fragen: »Hat sich Soundso schon gemeldet?« Sie wiederholte es täglich, ohne Ausnahme. Einmal ging ich mit einem Mann aus, dessen Nachname das Wort »Right« enthielt. Gegen meinen Protest begann sie, ihn »Mr. Right« zu nennen.

Dadurch lässt sich auch die folgende Unterhaltung erklären, die wir einmal über einen meiner Freunde führten:

Mutter: »Du wirst besser arbeiten können, weil du glücklicher bist, seitdem du Joel getroffen hast.«

Ich: »Was hat Joel mit meiner Fähigkeit zu arbeiten zu tun?«

Mutter: »Nun, glücklichere Menschen sind motivierter.«

Ich: »Ich bin nicht glücklicher, seit ich Joel getroffen habe. Ich war genauso glücklich, bevor ich ihn gekannt habe.«

Mutter: »Natürlich bist du glücklicher! Ich bin deine Mutter, also hör auf mich. Du bist vergnügter.«

Ich gebe auf.

Mein Bruder und ich rissen früher Witze darüber, dass ich den unpassendsten Mann nach Hause bringen (etwa einen Satanisten, der einen Ledertanga trägt) und ihn meiner Mutter als meinen neuen Freund vorstellen könnte und sie immer etwas finden würde, das ihre Zuneigung für ihn rechtfertigen würde. »Er ist einfach so ... anders! Sein Kleidungsstil ist ganz schön mutig.« Sie hätte es immer geschafft, sich ihn schönzureden.

Aber wie Amy Schumer in *Inside Amy Schumer. Aus meinem Leben* schreibt: »Mütter sind Menschen – nicht Engel oder unfehlbare Dienstleistungsroboter wie die Frauen in *Ex Machina*.« Gott weiß, ich bin allein für meine gegenläufige Hirnwäsche verantwortlich.

Meine Freundinnen sind jedoch allesamt völlig hin und weg von meiner Männerpause. Keine denkt, es sei eine blöde Idee. Viele klatschen in die Hände und sagen Dinge wie: »Wird ja auch mal Zeit, dass du Single bist!«

Und so beginne ich mein einjähriges Dating-Sabbatical. Dabei verspüre ich den Wunsch, alle Bücher und Artikel zu verschlingen, die ich über das Phänomen »Liebessucht« in die Hände bekommen kann. Warum wir uns in Beziehungen wie verrückt aufführen, warum wir uns digital selbst Schaden zufügen und wie man es anstellt, sein Singleleben zu lieben.

Das habe ich herausgefunden: Wenn man einen Kampf ausficht, unabhängig davon, ob es ums Singledasein geht oder um eine Essstörung oder darum, dass man mehr Geld ausgibt, als man besitzt, ob man trinkt, bis man blau ist, oder Depressionen hat, hilft es, so viel darüber zu lernen, wie man kann. Denn Wissen ist Macht.

Ich habe mich nüchtern gelesen und wurde durch Bücher zum glücklichen Single. Wenn Sie etwas erforschen und lernen, auf neue Art über etwas nachzudenken, verändern Sie buchstäblich Ihr Gehirn. Sie schaffen neue Nervenbahnen, so wie es auch geschieht, wenn man eine neue Sprache lernt.

In den folgenden Kapiteln werde ich alles mit Ihnen teilen, was ich während meines Sabbaticals gelernt habe.

Die Singlebewegung ist ein globales Phänomen

Die Singlerevolution findet nicht nur auf britischem Boden statt. Auf der ganzen Welt leben mehr Menschen allein als jemals zuvor. Die Anzahl der Singlehaushalte ist auf unserem schönen Planeten seit den Neunzigerjahren um 80 Prozent gestiegen.

In den USA leben 45 Prozent aller Erwachsenen heute allein. Dortige Schmuckhersteller bewerben Diamantenringe für Frauen, die ihre Unabhängigkeit behalten, sich aber einen Ring anstecken wollen.

Apropos einen Ring anstecken: Singlewählerinnen spielten eine so bedeutende Rolle dabei, Barack Obama als Präsident ins Weiße Haus zu bringen, dass man ihnen den Spitznamen »Beyoncé voters« gab (von Fox News, wem auch sonst). Sie werden mir sicher zustimmen, dass die Mannschaft der Singlewählerinnen die Treffer für sich verbuchen kann.

In Manhattan besteht inzwischen fast die Hälfte aller Haushalte aus nur einer Person. Allerdings lässt sich dieser Wandel auch in Städten beobachten, von denen man es weniger erwarten würde, wie Cleveland, Seattle oder Denver. »Das ist eine große Veränderung«, beobachtet der US-amerikanische Soziologe Eric Klinenberg, Autor des Buchs *Going Solo*, während seines TED-Talks mit dem Titel »Living Single«. Und diese ist in wohlhabenderen Gesellschaften stärker ausgeprägt als in ärmeren. »Warum nutzen die privilegiertesten Menschen der Welt ihre Ressourcen, um von anderen getrennt zu leben und sich ihre eigenen Wohnungen zu beschaffen?« Er fährt fort: »Es ist fast unmöglich, allein zu wohnen, wenn man in einem armen Land oder in einer armen Gegend lebt.«

Eine US-amerikanische Graswurzelbewegung ist gekommen, um zu bleiben: die Quirkyalones, wie sich heute Menschen nennen, die lieber solo sind, als sich zu binden. Die Begründerin der Initiative, Sasha Cagen, schreibt auf der Homepage quirkyalone.net: »Wenn Sie wie ich ein Quirkyalone sind, wissen Sie, dass es keine Krankheit ist, Single zu sein. Single zu sein bedeutet nicht, dass etwas nicht mit einem stimmt.«

Dennoch haben verheiratete Menschen die Nase vorn. Die ehemalige Psychologieprofessorin Bella DePaulo weist regelmäßig »auf den speziellen Status verheirateter Menschen« in den USA hin und spricht über die mehr als tausend Gesetze, die nur Menschen, die rechtmäßig verheiratet sind, einen Vorteil verschaffen oder diese schützen. Im Jahr 2006 bezeichnete sie diese Benachteiligung von Singles als »Singlism«.

In Schwedens Hauptstadt Stockholm sind 60 Prozent der Haushalte die von Singles. Es gibt eine Gemeinde, in der Dutzende Singles ab vierzig aufwärts in einem wabenförmig angelegten Apartmentkomplex leben, der um eine vierzig Quadratmeter große Fläche gebaut ist, wo gemeinsam gegessen und auf der Dachterrasse gesessen wird. Das klingt traumhaft.

Ich lese, dass die Anzahl verheirateter Paare in China derart drastisch abnimmt (2016 waren es beinahe sieben Prozent), dass die Regierung Dating-Events veranstaltet und die Kosten für Hochzeitsfeste aus Angst vor einem Rückgang der Bevölkerung finanziell unterstützt. (In China kamen 2019 rund 500 000 Babys weniger zur Welt als im Vorjahr.)

All das hat zum Shanghai Marriage Market geführt, einer wöchentlich stattfindenden Absurdität, bei der Eltern Informationen über ihre Kinder austauschen (Größe, Einkommen, Sternzeichen) und versuchen, sie anderen Eltern schmackhaft zu machen. Oft ohne das Wissen (oder die Erlaubnis) ihrer Sprösslinge. Wenn Sie sich getrauen, dann geben sie es doch als Suchbegriff bei der Google-Bilder-Suche ein.

Dann gibt es auch noch den chinesischen Singletag, der jährlich am elften Tag des elften Monats stattfindet. Die Zahl Eins steht dabei für eine einzelne Person. An diesem Tag gehen Singles shoppen und geben tatsächlich Milliarden für Geschenke aus – für sich selbst. Juhe! 2015 vermerkte das britische Modeunternehmen Topshop an diesem verheißungsvollen Tag eine neunhundertprozentige Gewinnsteigerung.

Andererseits werden unverheiratete Frauen, die das Alter von Ende zwanzig überschritten haben, »Sheng nu« oder »Übriggebliebene« genannt. Der Fairness halber sollte angemerkt werden, dass auch männliche Singles über dreißig »Shengnan«, also »übrig gebliebene Männer« genannt werden, viel häufiger aber noch »Guang gun«, was so viel bedeutet wie »kahler Ast«[9] und sich darauf bezieht, dass sie keinen Beitrag zum Familienstammbaum leisten.

Gibt es auch im Vereinigten Königreich einen Singletag? Ganz offensichtlich schon. Am 11. März. Aber es passiert *nichts*. Rein gar nichts. Anscheinend gibt (oder gab?) es im August auch eine ganze Singlewoche, die aber wohl, ohne sich zu verabschieden, abgehauen ist wie ein unwillkommener Partygast. In Großbritannien versagen wir jämmerlich darin, das Singleleben zu feiern.

Als »übrig gebliebene Frau« oder »kahler Ast« bezeichnet zu werden, ist aber noch gar nichts zu dem, was in Deutschland geschieht. Hier werden fünfundzwanzigjährige Singlefrauen »alte Schachtel« genannt, und ihre Freunde blockieren nur so aus Spaß ihre Türen mit leeren Schachteln. Die Tradition will, dass ein Mann, der noch mit dreißig unverheiratet ist, die Treppen des Rathauses fegt. Und zwar in einem Rüschenkleid um Mitternacht, während vorüberge-

---

9 Wahrscheinlich würde auch ich wie wild shoppen gehen, wenn man mich als »Übriggebliebene« oder »kahlen Ast« bezeichnete.

hende Passanten ihn verspotten. Die Frauen wiederum müssen die Türknäufe der Stadtverwaltung mit alten Lumpen putzen.

In Dänemark werden fünfundzwanzigjährige Singles festgebunden und mit Zimt bestreut; an ihrem Dreißigsten wird dieser durch Pfeffer ersetzt. Das ist Singlebashing von seiner bizarrsten Seite.

Die Lage Japans ähnelt der von China, insofern die Geburtenrate dort 2016 unter eine Million sank, die niedrigste Rate seit dem 19. Jahrhundert. Und das, obwohl die Regierung 2014 mehr als zweiundzwanzig Millionen Euro für Dating-Events ausgegeben hat, um ihre Landsleute unter die Haube zu bringen. Trotz dieser Bemühungen bezeichnen sich sechs von zehn Männern in ihren Dreißigern als »Pflanzenfresser«, was heißt, dass sie null Interesse an Sex oder Beziehungen haben.

In Südkorea bahnt sich eine ähnliche Krise an. Die durchschnittliche Anzahl an Hochzeiten (pro tausend Personen) ist von 295 im Jahr 1970 auf 5,5 im Jahr 2016 gefallen. Die jungen Menschen, die Beziehungen ablehnen, werden »Sampo-Generation« genannt. »Sampo« ist ein Neologismus, der so viel bedeutet wie »drei Dinge aufgeben«, und zwar: das Werben, die Ehe und das Kinderkriegen, das Trio eines erfolgreichen Übergangs ins Erwachsenenalter. An südkoreanischen Universitäten werden zwischenzeitlich Kurse mit dem Namen »Ehe und Familie« angeboten, in denen die Studierenden mit drei ihrer Kommilitoninnen für jeweils einen Monat ausgehen müssen. (Es bleibt unklar, ob sie sich aussuchen dürfen, mit wem sie sich verabreden.)

Warum aber wird das Ganze als »globale Krise« betrachtet? Soweit ich weiß, gibt es doch bereits zu viele Menschen auf der Erde oder nicht? Ist es da nicht gut, wenn weniger Babys geboren werden? Vielleicht sinken dadurch mit der Zeit sogar wieder die Immobilienpreise, sodass sich ein Hauskauf nicht mehr anfühlt, als würde man ein Gebäude aus purem Gold erwerben.

Ihre »andere Hälfte«

Ich lerne, dass die Idee der »anderen Hälfte« auf die griechische Mythologie zurückgeht. Platon schrieb im *Symposium*, jeder würde immer die Hälfte suchen, die zu ihm passe. Laut dem griechischen Philosophen gab es vor langer Zeit nicht nur Männer und Frauen, sondern auch Kugelmenschen mit zwei Gesichtern und zwei Paar Beinen, die wie Speichen eines Rades aussahen. Sie hatten gewaltige Macht und Ambitionen und versuchten in ihrem Übermut, die Götter anzugreifen. Um ihnen ihre Stärke zu nehmen, spaltete Zeus sie in zwei Teile. Seitdem verbringen die beiden »Hälften« den Rest ihres Lebens auf Erden damit, einander zu suchen.

»Hat der eine oder der andere seine eigentliche Hälfte gefunden: Unaussprechlich ist dann das Wonnegefühl ihrer Zärtlichkeit, ihrer Vertraulichkeit, ihrer Liebe, und – was kann man mehr sagen? – auch nicht einen Augenblick sind sie zu trennen.«

Da haben Sie es. Allerdings möchte ich anmerken, dass ich mir nicht sicher bin, ob diese Kugelmenschen wirklich existiert haben, genauso wenig wie ich es bei Zentauren, Harpyien oder Zyklopen bin. Ich glaube übrigens auch nicht, dass Tiere aus Lehm geformt wurden und dass Pandora eine Büchse mit allen Übeln der Menschheit besaß. Ebenso wenig, dass die Athener einem Minotaurus, der in einem Labyrinth lebte, jedes Jahr vierzehn junge Menschen opferten.

Ich denke, wir können die Sache mit der »anderen Hälfte« ganz einfach Platons lebhafter Fantasie zuschreiben, vielleicht war er auch voll auf irgendeiner antiken psychedelischen Droge.

Warum sind so viele von uns Singles?

Dank des Buchs *Modern Romance* von Aziz Ansari und Eric Klinenberg (eine brillante Untersuchung der modernen Liebe) bin ich auf einige faszinierende Theorien gestoßen, die erklären, warum so viele von uns heutzutage Singles sind.

Zum einen streben wir nach einer Ehe mit unserem Seelenverwandten, wohingegen sich unsere Vorfahren mit einem einigermaßen passablen Partner abgaben. Damals, in den Sechzigerjahren, waren 76 Prozent der US-amerikanischen Frauen (und 35 Prozent der Männer) bereit, jemanden zu heiraten, den sie nicht liebten. Erstaunlich, nicht wahr? In den Achtzigerjahren hatten dann nur noch neun Prozent der US-Amerikanerinnen und 14 Prozent der US-Amerikaner vor, jemanden zu heiraten, den sie nicht liebten. Ein unglaublicher Sinneswandel.

Allerdings führt das letztlich dazu, dass es sehr viel schwieriger ist, den Menschen zu finden, den wir heiraten wollen. In ihrem TED-Talk aus dem Jahr 2013 mit dem Titel »The Secret to Desire in a Long-Term Relationship« analysiert die belgische Psychotherapeutin Esther Perel, wie unsere Erwartungen auf ein so hohes, nie zuvor da gewesenes Niveau steigen konnten.

Wir wollen nicht nur einen Partner fürs Leben, der uns Kinder schenkt, uns einen sozialen Status beschert und unser Gefährte ist, »sondern zusätzlich möchte ich, dass du mein bester Freund bist, mein Vertrauter und obendrein mein leidenschaftlicher Liebhaber, außerdem leben wir heute doppelt so lang«, sagt Perel. »Wir kommen also zu dieser einen Person und möchten im Grunde, dass sie uns das gibt, was früher ein ganzes Dorf geboten hat ... Gib mir Geborgenheit, gib mir Leidenschaft. Gib mir das Gefühl des Neuen und das von Vertrautheit. Gib mir Vorhersehbarkeit, überrasche mich.«

Puh, eine ganz schön lange Bestellung, oder? Und doch ist es genau das, was wir wollen. Und kann unsere Order bitte im genau richtigen Moment (nicht zu jung, nicht zu alt) in unser Leben kommen? Danke, lieber Flaschengeist.

Die Zu-viel-Auswahlmöglichkeiten-Lähmung

Mir ist auch aufgefallen, dass uns eine zu große Auswahl – paradoxerweise – lähmt, uns unzufrieden macht und dazu führt, dass wir uns eher gar nicht entscheiden wollen.

Aus diesem Grund bieten uns Supermärkte nicht zu viele Wahlmöglichkeiten in ihren Regalen an. Es hat sich gezeigt, dass es uns verwirrt und unsere Einkaufslaune dadurch beeinträchtigt wird. Wir verduften dann viel eher mit leeren Händen aus einem Laden.

Eine ganze Reihe von Studien bestätigt dies, aber *Modern Romance* zitiert die wohl überzeugendste. Im Rahmen einer Untersuchung wurden Käufern entweder sechs oder vierundzwanzig verschiedene Marmeladesorten angeboten. Bot man ihnen vierundzwanzig an, stieg zwar die Wahrscheinlichkeit, dass die Käufer anhielten und kosteten, dafür sank die Wahrscheinlichkeit eines Erwerbs um das Zehnfache. Der Sechs-Sorten-Stand verkaufte allen Ernstes zehnmal so viel wie der mit den vierundzwanzig Varianten.

Übertragen wir das doch einmal auf die heutige Dating-Welt. Ich glaube, es ist in London und auch in jeder anderen beliebigen Großstadt unmöglich geworden, ans Ende von Tinder zu scrollen.

Es ist, als befände man sich in einer festlichen Höhle im Stil von Tim Burton und müsste sich aus drei Millionen Geschenken eines aussuchen.

Es wirkt wie ein Traum, ist aber in Wirklichkeit eine Art dystopische Hölle. Wir irren umher, schütteln alle Geschenke, analysieren ihre Form, ihr Gewicht, ihren möglichen Wert, aber tatsächlich auswählen werden wir keines.

Das Singledasein ist ein höchst modernes Privileg

Viel wichtiger aber ist, dass wir Singles sind, weil wir es sein können. Erst seit Kurzem kann der Pfad der Wahl beschritten werden, etwas, das vor allem für Frauen gilt.

Vor hundert Jahren noch blickten alleinstehenden Frauen Unterdrückung, Beleidigungen und eine sexlose Existenz entgegen. Sogar die Gefahr, zu verhungern, war höchst real. Männer hingegen konnten schon seit jeher Geld verdienen, Häuser kaufen oder reisen, ganz unabhängig von ihrem Ehestand. Auch wenn sich viele Männer zur Ehe gezwungen sahen und man über sie tuschelte, wenn sie unverheiratet blieben, hatten sie doch immerhin eine Wahl. Auf Frauen traf das nicht zu.

Nur reiche Frauen konnten sich aussuchen, ob sie heiraten wollten oder nicht. Frauen wurden wie Babys produzierende Maschinen behandelt, und man erwartete von ihnen, dass sie mindestens acht Kinder bekamen. Hatte man bis zum Alter von dreiundzwanzig keinen Ehegatten vorzuweisen, galt man als »alte Jungfer«.

Auf der anderen Seite des Atlantiks wurde man indes »Nagelrochen« genannt (auf seiner Oberseite hat der Fisch Stacheln, es war nicht als Kompliment gemeint), wenn man im zarten Alter von sechsundzwanzig Jahren noch unvermählt war. Die meisten der bei den Hexenprozessen in Salem verurteilten Frauen waren entweder alleinstehend oder verwitwet. In den Sechzigerjahren gab man verheirateten Frauen bei Uni-Abschlussfeiern Korsagen, während Singlefrauen Zitronen bekamen.

Im 19. Jahrhundert war es sogar noch schlimmer. Im Jahr 1817 verfasste Jane Austen einen Brief an eine Freundin, in dem sie schrieb, dass die Ehe für viele Frauen nichts anderes sei als eine Überlebensstrategie. »Alleinstehende Frauen haben eine schreckliche Neigung, arm zu sein, was ein überzeugendes Argument fürs Heiraten ist.«

Es wurde oft darüber spekuliert, ob Jane Austen aufgrund ihrer Möglichkeit, Geld zu verdienen, und aufgrund ihres daraus resultierenden Wohlstands (sie verkaufte kein einziges Recht an ihren Büchern und gab diese immer im Eigenverlag heraus) niemals heiratete. Sie hatte die Wahl wie wir heute. Und sie entschied sich dagegen. Weitere prominente, niemals verheiratete Gallionsfiguren ihrer Zeit waren unter anderem Emily Dickinson, Florence Nightingale und Emily Brontë.

Als ich noch weiter zurückgehe, finde ich im *Oxoford Living Dictionary*, dass das Wort »spinster« – das im Deutschen der »alten Jungfer« entspricht – völlig wertneutral benutzt wurde. Seine ursprüngliche Bedeutung entsprach einfach der Realität und hieß in etwa »eine Frau, die für ihren Lebensunterhalt Garn spinnt«. Da diese Frauen häufig alleinstehend waren, wurde das Wort zum Synonym dafür, unverheiratet zu sein. Im 17. Jahrhundert noch hätte ich in meinem Ausweis angegeben: »Catherine Gray of London, Spinster«. Erst viel später wurde das Wort zu einer Beleidigung.

Dabei war »spinster« nicht das einzige Wort, um alleinstehende Frauen auf ihren Platz zu verweisen. Nachdem im Zweiten Weltkrieg so viele unserer Soldaten umgekommen waren, wurden zwei Millionen Frauen als »surplus women« bezeichnet, als »Überschussfrauen«. Ganz zu schweigen von den »Catherinettes«, ein Lehnwort aus dem Französischen, mit dem man Frauen im Alter von fünfundzwanzig plus bedachte, die bis zum Saint-Catherine's-Fest (25. November) ihres fünfundzwanzigsten Geburtsjahrs nicht verheiratet waren. Man hielt für die Catherinettes sogar eine Zeremonie ab, bei der ihnen von allen gewünscht wurde, ihr Jungfernstand möge ein baldiges Ende finden. Können Sie sich etwas Schlimmeres vorstellen? (Auch heute noch existiert das Ritual für die Catherinettes, allerdings besteht es nur noch daraus, dass sich französische Singlefrauen gegenseitig witzige Hüte machen.)

Die Singlerevolution ist ein Zeichen des Fortschritts

Vor den Fünfzigerjahren musste man sich schnellstmöglich einen Ehemann suchen, wenn man nicht bettelarm dastehen wollte. Für Frauen gab es nur wenige Berufe und diese waren schlecht bezahlt. Einige Reformen, die alleinstehende Frauen betreffen, wurden erschreckend spät verabschiedet.

In Irland durften Frauen bis 1976 ohne männlichen Co-Unterzeichner beispielsweise kein Haus kaufen. Im Vereinigten Königreich war es Frauen bis 1975 verwehrt, ein eigenes Bankkonto zu eröffnen (in Deutschland bis 1962). Bis Mitte der Siebzigerjahre konnten alleinstehende Frauen ohne die Unterschrift und Erlaubnis ihres Vaters (und das selbst, wenn sie mehr verdienten als ihr Vater!) weder einen Kredit noch eine Kreditkarte beantragen.

Der explosionsartige Zuwachs an Singles (und insbesondere der von Singlefrauen) ist keine Krise, sondern Feminismus (auch bekannt als Gleichberechtigung), der zur Blüte kommt. Die Singlerevolution ist ein fröhlicher Haufen, den man aus dem Weltall sehen kann. Eine Menschenmenge, die das Wort »Fortschritt« bildet.

Und dennoch seufzte ich als siebenundzwanzigjähriger ~~Single~~ Dummkopf einmal dramatisch und sagte das Folgende zu einer Freundin: »Ich wünschte mir, wir könnten wieder wie in den Fünfzigerjahren leben, als alle Männer in ihren Zwanzigern heiraten wollten und jeder jemanden abbekam. Dann wären wir jetzt Ehefrauen oder Mütter. Damals war alles so viel einfacher.«

Heute will ich nur so weit in der Zeit zurückgehen, dass ich meinem früheren Ich etwas Vernunft einbläuen kann. Sich darüber zu beklagen, dass wir nicht mehr in unseren Zwanzigern heiraten müssen, kommt in etwa dem gleich, als würden wir die Tatsache verdammen, dass Frauen wählen können. Es wäre, als würden wir unseren Wahlschein hochhalten und sagen: »Oh, das ist so ermüdend und schrecklich langweilig.« *Tausend Sufragetten drehen sich im Grab um*

Wollen wir die Zeit wirklich zurückdrehen? Möchten wir den Bund der Ehe eingehen, wenn wir nicht viel älter sind als Kinder? (Fakt ist, dass der Teil unseres Gehirns, mit dem wir Entscheidungen treffen, bis zu unserem fünfundzwanzigsten Lebensjahr nicht voll entwickelt ist.) Möchten wir wirklich jemanden heiraten, den unsere Eltern für uns ausgesucht haben?

Heute können Frauen Sex haben, ohne verheiratet zu sein, und werden dennoch nicht von der Gesellschaft verstoßen. Wir können ohne Ehemann Kinder haben, die sozial anerkannt sind. Wir können ohne die Unterschrift eines Mannes für ein Dach über unserem Kopf sorgen. Wir können steile Karrieren hinlegen und fast so viel verdienen wie unsere männlichen Kollegen in gleichen Positionen. (Lassen Sie mich bloß nicht davon anfangen.) Und wir können uns entscheiden, nicht zu heiraten, und werden dennoch nicht zu Geächteten.

Generell ist es ein höchst modernes Privileg, dass Frauen ein Singleleben genießen können, ohne in ein Nonnenkloster eintreten zu müssen. Dies nicht zu wollen, ist ein bisschen so, als wäre man gegen Verhütungsmittel. Wir haben diesen Stein bergauf gerollt, also lassen Sie uns jetzt wenigstens kurz Rast machen und uns darüber freuen, was wir geschafft haben. Heute können wir Singles sein, ohne zu wenig Geld für Essen zu haben oder auf dem Land zu versauern oder in einen Fluss geworfen zu werden, damit man überprüfen kann, ob wir ertrinken.

Für unsere Vorfahren waren Ansprüche häufig keine Option, für uns schon. Damals konnte man sich kein Warten erlauben, heute können wir das. Die Ehe geradeheraus abzulehnen, wurde als Wahnsinnstat gewertet. Heute können wir einfach Nein sagen. Und dafür sollten wir mächtig dankbar sein.

Warum unsere Eltern nicht mit unserem Singlestatus klarkommen

In den Medien wird die abnehmende Zahl an Eheschließungen mit einer steil abfallenden Kurve dargestellt. In Wirklichkeit handelt es sich jedoch mehr um ein Auf und Ab wie auf der Achterbahn. Es stimmt, dass die Ehequote heute ihren Tiefstand erreicht hat, aber noch zutreffender ist es, dass wir auf das Niveau vor dem großen Ansturm auf die Kirchen in den Sechzigerjahren zurückgefallen sind – und dann noch ein bisschen tiefer.

Es ist ein urbaner Mythos, dass in den Fünfzigerjahren wirklich alle verheiratet waren. Tatsächlich war die Anzahl an Eheschließungen damals im Vereinten Königreich sogar relativ niedrig. In den Sechzigerjahren, als unsere Eltern erwachsen wurden und heirateten, schossen sie in die Höhe. (Das ist wichtig, wir werden darauf noch zurückkommen.)

Auch vor und nach dem Zweiten Weltkrieg gab es recht ansehnliche Ausschläge, da die Paare heirateten, bevor die Soldaten in den Krieg zogen oder wenn sie vom Schlachtfeld zurückkehrten. Dann, 1959, fiel die Quote der Eheschließungen stark ab und lag bei nur noch 340 000. In den Sechzigerjahren stieg sie dann wieder stetig an und erreichte 1972 mit 426 000 Eheschließungen einen Höhepunkt.

»In den USA sehen die Zahlen ganz ähnlich aus«, sagt Journalistin Kate Bolick, die Autorin des Buchs *Spinster*. »Im Jahr 1890 heirateten nur 54 Prozent der Menschen, aber in den Sechzigerjahren stieg dieser Wert auf 80 Prozent an, also ja, von einem Anstieg zu sprechen, ist definitiv treffender als von einem Rückgang. Die Kernfamilie gilt in unserer heutigen Generation als gesetzte Norm, weil es die Babyboomer uns so vorgelebt haben und weil die Kernfamilie in den Fernsehserien, die wir als Kinder angesehen haben, als Ideal dargestellt wurde.«

Die aktuellsten Zahlen, die vorliegen, stammen aus dem Jahr 2015, in dem das Office for National Statistics 239 020 Eheschließungen verzeichnete, 8300 weniger als im Vorjahr. Das bedeutet, dass zweiundzwanzig von tausend Männern heirateten und zwanzig von tausend Frauen. Das sind tatsächlich die niedrigsten Zahlen, die das Office for National Statistics (das bereits 1862 anfing, Daten zu erheben) je aufgezeichnet hat.

Die Sechzigerjahre waren im Grunde also eine Zeit, in der die Menschen nur so zum Altar strömten, in der der Mittelgang der Kirchen vor lauter heiratswilligen Paaren verstopft war. Man kann davon ausgehen, dass unsere Eltern, die zur Zeit des »Lass uns heiraten«-Ansturms aufwuchsen, den Gedanken verinnerlicht haben, dass zu heiraten wirklich, wirklich wichtig ist.

Vielleicht reagieren sie deswegen so irritiert, wenn wir, ihre Kinder, nicht in ihre Fußstapfen treten. Wir leben in einem Zeitalter, in dem die Ehe weniger verbreitet ist und weniger von uns erwartet wird, und doch wurden wir von jenen erzogen, die mitten im Jawort-Boom aufwuchsen. Insofern leben wir im Schatten der Erwartungen der Babyboomer, sind aber zugleich auch vom Druck befreit, der auf ihnen lastete.

Psychologische Gründe für den Eherausch

Die eine Hälfte meiner Freundinnen ist noch alleinstehend, während der andere Teil des ab dreiunddreißig einsetzenden Eherauschs geworden ist und Hals über Kopf geheiratet hat. Viele haben sich Kinder gewünscht und hatten die fünfunddreißig mit einem Rahmen der Verdammnis aus schwarzem Filzstift als Fruchtbarkeitsgrenze markiert (Scheeeeeiße!). Das erklärt den Rausch zumindest ansatzweise, aber dann gibt es da auch noch ein psychologisches Phänomen namens Herdentrieb.

Beim Herdentrieb geht es genau um das, was man sich bei diesem Wort denkt: einer Herde zu folgen. Aus Hunderten Studien ist bekannt, dass Menschen Dinge tun, wie in einem sich mit Rauch füllenden Raum zu verharren, wenn auch andere dies tun (die anderen waren bezahlte Schauspieler), oder eine gefährliche Straße überqueren, wenn andere ebenfalls über die Straße gehen (wieder bezahlte Schauspieler).

Psychologisch gesehen, sind wir Schafe. Es gibt da eine unsichtbare, unwiderstehliche Triebkraft. Es löst Stress aus, wenn man nicht Teil der Herde sein kann. Wenn man aber durch das Raster fällt, bloß weil man nicht heiratet, dann frage ich mich, ob es nicht einfacher ist, nicht mehr zur Herde zurückzukehren.

Und dann wird man Zeugin davon, wie es in Wirklichkeit ist, Kinder großzuziehen, und man hört von den ersten Rissen in den Ehen, von Seitensprüngen und schmerzhaften Scheidungen. Und man fragt sich sogar, ob man das überhaupt möchte. Was sich ein bisschen anfühlt wie … Freiheit. Sich aus dem Rudel zu lösen, macht Angst, ist aber auch ein Schritt zur Emanzipation.

»Du machst mich komplett« – das Versprechen des westlichen Kapitalismus

Der Kapitalismus westlicher Prägung lässt uns glauben, dass wir, wenn wir uns nur mehr anstrengen, mehr arbeiten, noch diese eine App hochladen, jenes Parfum tragen oder diese Kleidermarke anziehen, am Ende bekommen, was wir wollen. »DER EINE« wird uns unter die Nase gerieben wie eine Halskette, die wir uns kaufen können.

Wir sehen es die ganze Zeit: die gut gelaunte Ehefrau im Model-Look auf dem Beifahrersitz des Sportwagens, die Werbung der Dating-App mit den »unzertrennlichen« Paaren, die mit Superhaftkleber zusammengepappt sind. Östliche Philosophieansätze hingegen betrachten unseren Beziehungsstatus viel mehr als Würfelglück als ein Drehen am Rad der Möglichkeiten.

In meinem Sabbatical lese ich auch buddhistische Beziehungsansätze, was mich einen großen Schritt weiterbringt. Ich lerne, dass wir zu dem werden, was wir denken, weswegen es so wichtig ist, an ein freundliches, nicht ein uns feindlich gesinntes Universum zu glauben. Ich lerne, dass es um den Weg geht, nicht das Ziel; dass niemand Ihre Zuneigung mehr verdient, als Sie selbst; dass Friede von innen kommt und nicht von einer App. Solcherart sind die lebensverändernden Dinge, die mir bewusst werden.

Der Kapitalismus verkauft uns den Glauben daran, dass wir Schmerz entgehen und im Leben immer weiter vorankommen können, dass ein Duft oder ein Sweatshirt uns von unserem Singlezustand »heilen« kann. Die Angst davor, allein zu bleiben, und der Wunsch nach einer Beziehung können von der Werbung bestens ausgenutzt werden.

Dennoch bleibt die Frage, wen man lieben wird und wann, eines der großen Mysterien des Universums. Ein unlösbares Rätsel. Ein kosmisches Dilemma. Die Antwort darauf kann man sicher nicht im App-Store oder im nächsten Laden kaufen. Man kann sich die perfekte Person nicht bei Amazon bestellen, mit einem Klick und im sozial akzeptierten Alter.

Hallo, lieber Idealismus

Nochmals zurück zu der Erwartung, den einen Seelenverwandten zu treffen: Andere Kulturen sind so viel offener und großzügiger als unsere, wenn es darum geht, wer geheiratet wird. In Elizabeth Gilberts *Das Ja-Wort. Wie ich meinen Frieden mit der Ehe machte* wird eine Szene beschrieben, die das wunderbar zusammenfasst. Die Autorin unterhält sich mit verheirateten Frauen der Hmong, einem indigenen Volk in Vietnam. Sie stellt ihnen Fragen wie, ob sie gleich gewusst hätten, dass er etwas Besonderes war, worauf die Hmong-Frauen mit belustigtem Kichern reagieren. Dann will sie wissen, wann sie sich in ihn verliebt hätten. Die Frauen brechen in Gelächter aus. Gilbert gibt nicht auf, und fragt, was das Geheimnis einer glücklichen Ehe sei. Als Antwort lachen sich die Frauen dieses Mal fast kaputt. Keine konnte sich mehr halten, schreibt Gilbert.

Und was war so amüsant? Unsere eigentümliche westliche Vorstellung des perfekten Gegenübers, das uns komplett macht. In den meisten anderen Kulturen genügt ein »Der passt schon«, es braucht nicht den Einen.

Ich persönlich lebe lieber in unserer Kultur mit der etwas hochtrabenderen »Ehe unter Seelenverwandten« und ende dann möglicherweise eben allein. Das sagt mir mehr zu, als zu irgendeinem Typen verfrachtet zu werden, der in der gleichen Straße lebt und ganz passabel ist. Aber es gibt einem doch zu denken oder etwa nicht?

Die Leinwandversion unseres Lebens

In der westlichen Welt weben, flechten und färben wir uns unsere »Wie wir uns damals begegnet sind«-Erzählungen zu hübschen Wandteppichen zusammen. Wir erschaffen Märchen, die großartigen Stoff für Drehbücher abgeben würden; darin kommen schicksalshafte Begegnungen, Dramen, Spannung und entweder Erlösung oder wichtige Lebenslektionen vor.

Genauso ist es oder etwa nicht? Ich habe es selbst schon getan. Sie auch? Ein unangenehmes erstes Treffen zur romantischen Komödie umgeschrieben. Eine Zufallsbegegnung in ihre Einzelteile zerlegt und dann zu einer glücklichen Fügung umgedichtet.

Eine meiner glücklich verheirateten Freundinnen (die namenlos bleiben soll) hat die letzten beiden Abschnitte gelesen und gesagt: »Ich denke, wir benutzen diese Geschichten, um unsere Entscheidungen vor uns selbst zu rechtfertigen, wenn es zu spät ist, etwas an den äußeren Umständen zu ändern. Wir erschaffen uns unsere eigenen Märchen, weil mindestens 50 Prozent der Ehe aus Beziehungsarbeit bestehen und aus ganz und gar nicht magischer Logistik, 30 Prozent darin, dass man nebeneinanderher lebt, und zehn Prozent darin, sich zu fragen: ›Was wäre wenn?‹ Daher sind die noch verbleibenden zehn Prozent Märchenwelt auch so wichtig.«

Wir gestalten also unsere Geschichte. Ich bin mir nicht sicher, ob mir das bis gerade eben voll bewusst war. So wie wir es bei Lobesreden tun, die auf Dinnerpartys gehalten werden. Wir hören nicht die wahre Geschichte; die wird vergraben. Häufig taucht sie erst gegen zwei Uhr morgens nach zu viel Wein auf: »Ich wollte meinen Ex wieder, aber er wollte mich nicht, also habe ich X geheiratet.« Oder: »Ich wollte ein Baby, und Y war derjenige, der gerade am besten passte.« Manche Menschen haben einfach großes Glück, andere arrangieren sich, und man weiß nie wirklich, wo das eine oder das andere zutrifft.

Bittersüße Trennungen umfunktionieren

Ich lese über den Old Flames Market, der monatlich in Hanoi stattfindet. Dort können frisch Verlassene Andenken an ihre Verflossenen loswerden, die sie nicht mehr in ihrem Leben haben wollen, wie Parfum, Bücher, Kleidung und sogar gerahmte Fotos oder Liebesbriefe. Der Gründer, ein junger Mann namens Dinh Thang, hat den Markt aus ökologischen Gründen ins Leben gerufen, aber auch, um mit einem Tabu zu brechen, da Trennungen in Vietnam noch immer missbilligend betrachtet werden.

Auch in Zagreb und Los Angeles gibt es ein Museum der zerbrochenen Beziehungen, wo Liebesgaben von Ex-Partnern und -Partnerinnen ausgestellt werden. Die Museen werden jede Woche von etwa tausend Menschen besucht. Die Kuratoren der kroatischen Zweigstelle sagen, Großbritannien sei das Land, aus dem die meisten Exponate in ihren Vitrinen stammten. Zu den Ausstellungsstücken zählen »eine Zeichnung, die ein Fremder im Zug von uns gemacht hat«, »eine Packung mit Tabletten gegen Gastritis«, »ein blödes Frisbee«, eine Matrosenmütze und abrasierte Dreadlocks, allesamt mit spannenden Geschichten ihrer vormaliger Besitzer. Die Idee, aus etwas Zerbrochenem etwas Schönes zu machen, gefällt mir. Sie gesteht der beendeten Beziehung einen Platz zu, und man wirft sie nicht einfach in einen Schuhkarton, der unters Bett geschoben wird. So etwas hilft nicht nur dabei loszulassen, sondern zeigt auch, dass etwas, das wir weggeworfen hätten, in einen Schatz verwandelt werden kann.

Auf den Webseiten der Museen gibt es die Möglichkeit, seine Trennungsgeschichte zu teilen, was uns in Erinnerung ruft, dass selbst wenn sich eine Trennung so anfühlt, als hätte niemals jemand etwas Vergleichbares durchmachen müssen, buchstäblich jeder so etwas schon einmal erlebt hat. Auch diejenigen, von denen wir glauben, sie wären über so etwas wie Herzschmerz erhaben. »Teilen Sie ihre Trennungsgeschichte, schließen Sie sie weg oder setzen Sie einfach einen Pin auf der Weltkarte der gebrochenen Herzen«, heißt es dort. »Sie sind nicht allein.«

Mit der Fruchtbarkeitspanikmache umgehen

Die Tyrannei der Zeit ist ein schwerer Angriff auf die Freiheit.

Jean d'Ormesson

Eine über dreißigjährige Singlefrau mit Kinderwunsch zu sein, ist in etwa so entspannend wie das Leben der Bombenentschärfer im Film *Tödliches Kommando – The Hurt Locker*. »Tick, Tack, welches Kabel soll ich durchtrennen, das rote oder das blaue, DASROTEODERDASBLAUE?!« Man fühlt sich von der Zeit in der Tat tyrannisiert, geradezu gehetzt.

Und man muss sich keine Sorgen machen, die Dringlichkeit der Lage aus den Augen zu verlieren, denn unzählige Menschen stehen schon mit Hinweisen parat wie: »Dass man es jetzt angehen sollte.« Oder: »Worauf wartest du eigentlich noch?«

Warum tun Menschen so etwas? Nun, es ist eben ihre Bürgerpflicht, uns an unsere alternde Gebärmutter zu erinnern, weil man andernfalls zur Frau in dem lichtensteinmäßigen Cartoon werden könnte, die weint: »Oh mein Gott! Ich habe vergessen, ein Baby zu gebären!« Man sollte auch die Männer darauf hinweisen, dass ihre kleinen Spermienschwimmer im Alter nachlassen und sie versehentlich ohne Erbe enden könnten. Und: Wir sollten den Mahnenden dankbar sein.

Sarkasmus beiseite. In meinem Sabbatical wird mir bewusst, dass die Fruchtbarkeitspanikmache durchaus etwas ist, dass meine Angst vor einem Singleleben verstärkt – und das, obwohl ich mir noch nicht einmal sicher bin, ob ich überhaupt Kinder möchte. Als ich dreiunddreißig wurde, sagte mein Vater zu mir, dass er das Geld, das er bisher in meinen »Hochzeitsfonds« investiert hätte, von jetzt an in einen »Eizellen-Einfrier-Fonds« umschichten würde. Jupp. Ernsthaft.

Um meine Fruchtbarkeitspanik zu beruhigen, beginne ich, ein bisschen zu forschen, und stoße auf überraschende Ergebnisse.

Warum glauben wir, dass unsere Fruchtbarkeit nach fünfunddreißig schlagartig abnimmt? Eine abschreckende und häufig zitierte Statistik besagt, dass eine von drei Frauen zwischen fünfunddreißig und neununddreißig auch nach einem Jahr des Versuchens nicht schwanger geworden ist.

Woher aber stammen die Daten? Aus Frankreich, und zwar aus einer Studie, die Geburten zwischen 1670 und 1830 auswertet. Damals, als weder Antibiotika noch Elektrizität noch Fruchtbarkeitsbehandlungen erfunden waren. Diese Zahlen hätten also bereits vor 150 Jahren unter »veraltet und für die moderne Wissenschaft irrelevant« abgelegt werden sollen. Keinesfalls sollten sie heute weiterhin aus dem Hut gezaubert werden.

»Aber warum sollten sie übertreiben?«, höre ich Sie schon rufen. Tja, weil alarmierende Schlagzeilen nun mal Zeitungen verkaufen und Fruchtbarkeitsbehandlungen eine wahre Gelddruckmaschine sind. Viele Firmen profitieren von der »Babypanik«. Dabei kann man keinen wirklichen Grund für Fruchtbarkeit festmachen. Eine Frau in ihren Vierzigern kann nach ein paar Monaten schwanger werden, wohingegen sich eine Frau Mitte zwanzig möglicherweise jahrelang nur mit negativen Schwangerschaftstestergebnissen konfrontiert sieht. Bevor man es nicht versucht hat, weiß man einfach nicht, wie es ausgeht.

Eine Studie, die an der Boston University durchgeführt wurde, untersuchte 2820 Frauen und kam zu dem Ergebnis, dass 78 Prozent der Fünfunddreißig- bis Vierzigjährigen innerhalb eines Jahres schwanger werden, verglichen mit 84 Prozent bei Frauen zwischen zwanzig und vierunddreißig. Das ist gerade einmal ein Rückgang um sechs Prozent. Nicht ganz der Sturz ins Bodenlose, den man uns bislang weisgemacht hat. (Später komme ich noch auf eine andere Studie zu sprechen, die sogar nur einen Rückgang von vier Prozent nachgewiesen hat.)

Und auch wenn nicht geleugnet werden kann, dass es ein Zeitfenster für die Fruchtbarkeit gibt, das sich irgendwann schließt, leben wir heute in einem Land, in dem jährlich mehr als zweitausend Babys von Müttern über fünfundvierzig geboren werden.

Ich kenne viele Menschen, die Angst davor haben, es eines Tages zu bereuen, keine Kinder bekommen zu haben. Ich selbst habe eher Angst davor, zu bereuen, welche bekommen zu haben. Ich bin nicht sicher, ob meine Persönlichkeit mit Kindern kompatibel ist. Ich weiß nicht, ob ich eine gute Mutter wäre, und sicher ist, dass meine fünf großen Leidenschaften (schlafen, trainieren, reisen, lesen und Zeit für mich allein) von Kindern mit der Zärtlichkeit einer Atomrakete torpediert würden.

Woher rührt diese Angst vor dem Bereuen? Ich habe da folgenden Verdacht: Meine Eltern haben mir unabhängig voneinander gesagt, dass sie nicht sicher seien, ob sie sich heute nochmals für Kinder entscheiden würden. »Aber damals wurde es erwartet«, sagten beide, als hätten sie den Satz aus demselben Drehbuch abgelesen.

Vielleicht kapituliere ich, wenn ich jemanden treffe, mit dem ich ein Baby will. Aber fürs Erste steht fest, dass ich nicht wie eine meiner Freundinnen Tausende Pfund ausgeben werde, um meine Eizellen einzufrieren, um meine Fruchtbarkeit zukunftsfest zu machen.

Kürzlich sagte ich zu ihr: »Hätte ich viertausend Pfund auf der hohen Kante, würde ich sie nicht dafür ausgeben, Eizellen einzufrieren. Ich würde sie dafür ausgeben ... oh, die Nordlichter zu sehen ... vielleicht für eine Hundeschlittenreise durch Lappland zu den Rentieren ... und wahrscheinlich, um mit Belugawalen zu tauchen! Heißt das jetzt, dass mich das Thema nicht genug interessiert?« Wahrscheinlich schon. (Mann, diese Reise möchte ich wirklich machen.)

Als Kind ließ ich Puppen meist links liegen und spielte mit Spielzeugtieren: mit My Little Pony, den Sylvanian Families und Keypers (die, nur um das einmal festzuhalten, definitiv keine Geheimnisse vor großen Brüdern bewahren; das ist ein irreführendes Werbeversprechen). Außerdem sagt es mir zu, dass man Tiere auch mal für ein paar Stunden allein lassen konnte, ohne von den Behörden belangt zu werden.

»Wenn ich Kinder hätte, würden sie mich hassen«, hat Oprah Winfrey einmal gesagt. »Sie wären in einer Talkshow wie *Oprah* gelandet und hätten über mich geredet.« Und dabei ist sie eindeutig eine mütterliche Frau, in den USA ist sie sozusagen die Mutter der Nation. Was zeigt, dass man durchaus Muttergefühle haben kann und zugleich dennoch weiß, dass biologische Kinder nichts für einen wären.

Zum Glück leben wir heute in einer Gesellschaft, in der die Erwartungen nicht mehr ganz so hoch hängen. Einer Gesellschaft, die mir das Gefühl gibt, eine Wahl zu haben. Und es sieht ganz danach aus, als hätte ich jede Menge kinderfreie Gesellschaft, wenn ich mich dagegen entscheide. Eine von fünf Personen ist heute auch mit fünfundvierzig noch kinderfrei, eine Zahl, die weiter ansteigt.

Wie sich meine Auszeit anfühlte

In zwei Worten: verdammt entspannend.

Eines der schönsten Dinge war, wie unwichtig mein Handy wurde. Wenn ich mich im Anfangsstadium einer Beziehung befinde, ist mein Smartphone wie Frodos Ring. Es ist ein Gegenstand verheerender Kräfte. Es hat die Macht, meine Laune in die Höhe schnellen zu lassen, aber auch, sie mit nur einem Zirpen ins Bodenlose zu reißen.

Ich war als die Person bekannt, die während des Abendessens »aufs Klo geht«, um ihr Handy zu checken, zumindest in der Anbahnungsphase eines Techtelmechtels. (Am Tisch würde ich meine Textnachrichten nicht lesen. Ich wurde ja nicht von Wölfen großgezogen.)

Bestätigende Schätze und grausame Tragödien befinden sich nicht mehr in meinem Handy, daher hat es nicht länger Macht über mich. Es ist wie ein vom Thron gestoßener König, ein ehemaliger Chef, ein Zauberer ohne Zauberstab, eine gestürzte Herrscherin, ein seines Amtes enthobener Präsident.

Mir kommt ein Zitat des britischen Autors Mark Simpson in die Quere, der Singlefrauen, die täglich Stunden damit verbringen, ihr Schleppnetz auf Dating-Apps auszuwerfen, »die unbezahlten Sekretärinnen des Verlangens« nennt. Ich fühle mich ertappt. Das Sabbatical fühlt sich sehr danach an, als würde ich mich von diesem todlangweiligen Bürojob verabschieden, bei dem man nur sein Verlangen verwaltet.

Lernen, wer ich bin

Ohne einen Begleiter an meiner Seite wird mir bewusst, was ich wirklich gerne tue und wer ich wirklich bin.

Mein liiertes Ich war wie ein Picassogesicht: eine Zusammensetzung aus verschiedenen Partnern. Oder, um einen weniger eleganten Vergleich heranzuziehen: Ich war wie Mrs Potato Head mit austauschbaren Einzelteilen. Mir wird bewusst, dass ich nie lange genug Single war, um mir darüber klar zu werden, wer ich bin und was ich möchte, ohne dass da jemand im Hintergrund war.

Dafür entdecke ich nun neue Leidenschaften: beim Yoga-Kopfstand zu versagen, stundenlang in Galerien zu verbringen, zu fotografieren, Fernsehserien anzusehen, die für Teenager bestimmt sind (*How to Get Away with Murder*, *Riverdale*), ganze Tage beim Sonnenbaden zu verplempern und zu lesen. Mir steht unendlich viel Zeit zur Verfügung, und ich kann damit tun, was ich möchte. Es ist befreiend.

Ohne Freund, bei dem ich Komplimente abheben kann wie am Geldautomaten, lerne ich, meine eigenen Reserven anzuzapfen. Ich lerne, die Bestätigung bei mir selbst abzuzapfen, als würde ich Wasser aus einem Baum gewinnen. Ich lese die spirituellen Bücher von Eckhart Tolle, der sagt: »Sie suchen im Außen nach Vergnügen und Erfüllung, nach Wertschätzung, Sicherheit und Liebe, während Sie einen Schatz in sich tragen, der all diese Dinge beinhaltet und zugleich unendlich viel größer ist als alles, was die Welt anzubieten hat.« Das gibt mir Mut und Kraft.

Wie ich die Geschichten, die ich mir einrede, umgeschrieben habe

Als ich genug Distanz zwischen mich und mein Liebesleben gebracht habe, kann ich es klarer betrachten. Mir wird bewusst, dass die Opfernarrative, die ich mir eingeredet habe – »Mich möchte doch eh keiner heiraten« –, überhaupt nicht wahr sind.

Tolle ist der Ansicht, dass die Geschichten, die wir uns selbst erzählen, uns wie ein Gerüst aufrechthalten. Ohne dieses Gerüst fühlen wir uns unsicher, wackelig, als wären wir ein Gebäude, das im Begriff ist, in sich zusammenzustürzen. Das Eigentümliche daran: Das Gerüst kann auch negativ sein und lautet dann beispielsweise »Ich habe kein Glück in der Liebe« oder »Das andere Geschlecht steht einfach nicht auf mich«. Wir klammern uns sogar an diesem negativen Gerüst fest, als ginge es um unser Leben.

Im Grunde formen die Geschichten, die wir uns selbst erzählen, unser Leben. Als würde man Wackelpudding in Förmchen füllen oder einen Teigklumpen mit einer Ausstechform in Sterne verwandeln. Ohne die Form erwarten uns möglicherweise existenzielle Ängste. »Warum bin ich hier? Was tue ich da? Was ist der Sinn des Ganzen?« Dieser ganze Spaß eben.

Die Momente, in denen wir abgelehnt, verletzt oder hintergangen werden, bleiben uns in Erinnerung, wohingegen uns die Momente, in denen Gegenteiliges geschieht, in die Aktenschränke des Vergessens entgleiten.

Die Geschichte, die ich mir einrede, entspricht nicht den realen Gründen, warum ich Single bin. Ich bin Single, weil der wilde Tanz des Schicksals es so gewollt hat, aufgrund verschiedener Entscheidungen. Es gab eine ganze Reihe von Männern, die davon geredet haben, mich heiraten zu wollen, und wäre ich bei ihnen geblieben, trüge ich heute wohl einen Ehering. Aber ich bin nicht geblieben. Ich hätte mit zwanzig, sechsundzwanzig, dreißig und sechsunddreißig heiraten können, insofern es zu diesen Zeitpunkten Männer gab, die ein lebenslanges Gelübde mit mir ablegen wollten. Die sich gebunden hätten, hätte ich es gewollt. Aber ich wollte nicht.

Ich entschied mich für den Absprung, da in mir größere Ja-ich-Wills brannten wie Bücher zu schreiben, zu reisen und meine Freiheit. Und bereue ich es? Nicht eine Sekunde lang.

Wenn Sie sich erzählen, dass keiner Sie will, sollten Sie tiefer tauchen und herausfinden, ob das wirklich stimmt. Wollen Sie mir wirklich weismachen, es hätte da keinen Einzigen gegeben? Dass es da draußen niemanden gibt, der nicht morgen schon auf dem Pfad der Ehe mit Ihnen wandeln würde, wenn Sie den Hörer abnähmen, ihn anriefen und sagten: »Ich habe einen schrecklichen Fehler gemacht...« Hmmmm. Ich glaube Ihnen nicht.

Wenn Sie sich einreden, Ihr Singledasein wäre Ihnen auferlegt, sollten Sie damit beginnen, dieses Narrativ zu hinterfragen. Getrauen Sie sich, das Gerüst abzureißen. Bestimmt wurden Sie schon einmal verlassen, so wie ich (viele Male), aber sicherlich haben Sie auch selbst schon mal eine Beziehung beendet, die sich nicht richtig angefühlt hat. Vielleicht lautet Ihre Geschichte auch »Die Zeit wird knapp« oder »Ich bin in einer Beziehung glücklicher«. Demontieren Sie sie. Sehen Sie ganz genau hin.

Früher habe ich mir eingeredet, dass mich jede Trennung schwächer macht. Heute hingegen weiß ich, dass mir viele meiner romantischen Konflikte Rückgrat und Mut gegeben haben. Die Rückschläge haben mich stärker gemacht, so wie Mikrorisse einen Muskel bei Belastung wappnen. Und ich wette mein letztes Hemd darauf, dass auch Sie dadurch stärker geworden sind.

Eine Ode an meine Seelenfreundinnen

Endlich habe ich die Frau gefunden, die ich heiraten will.

AMY POEHLER DARÜBER, WIE SIE TINA FEY KENNENLERNTE

Mein Sabbatical war auch insofern interessant, als ich mich weder weniger geliebt noch weniger geschätzt oder begehrt gefühlt habe. Warum? Weil, wie ich erkannt habe, mein Leben bereits reich an Seelenfreundinnen ist. Man muss nicht mit jemandem ins Bett steigen, damit er oder sie ein Seelenfreund oder eine Seelenfreundin ist.

»Wir brauchen nicht nur einen Menschen«, sagt die Psychologin Jennifer Taitz. »Wir brauchen in Wirklichkeit eine Kerngruppe, nicht nur einen.« Robin Dunbar, ein Anthropologe und Psychologe an der University of Oxford, sagte bekanntlich, »dass sich Menschen, um glücklich zu sein, fünf anderen Menschen tief verbunden fühlen müssen. Nicht nur einem.«

Fünf Menschen. Und ich wette, die haben Sie bereits beisammen, stimmt's?

Während meines Sabbaticals kreise ich nicht um jeden potenziellen Partner wie die Erde um die Sonne, sondern um die Seelenfreundinnen, die ich bereits habe. Die schon so viel länger in meinem Leben sind als all meine Ex-Freunde zusammen. Erlauben Sie mir, sie Ihnen vorzustellen:

Meine erste große Liebe war ganz ohne Zweifel die unglaublich witzige und unendlich loyale Sam, der ich mit elf Jahren auf der weiterführenden Schule begegnet bin. Wir fühlten uns auf der Stelle eng verbunden. Da wir entweder unzertrennlich waren oder uns anzickten, nannten unsere Klassenkameraden uns »das Ehepaar«. »Sie ziehen wieder ihr Ding durch«, sagten sie augenrollend, wenn wir uns mit verschränkten Armen anschwiegen oder uns gegenseitig Nachrichten zuschoben und uns vor lauter hysterischem Gekicher die Bäuche hielten.

Auf vielerlei Arten war es eine romantische Beziehung. Wir teilten Betten und malten uns mit den Fingern gegenseitig Buchstaben auf den Rücken, die die andere erraten musste. Wir kauften uns von unserem Mittagessensgeld eine Tiefkühlschokotorte und lümmelten dann herum und aßen sie (noch immer gefroren) wie zwei Möchtegern-Marie-Antoinettes.

Sam schubste mich aus meiner Schüchternheit, indem sie mich dazu aufforderte, in einem vollbesetzten Bus aufzustehen und »Eternal Flames« von den Bangles zu singen. Und das tat ich dann auch.

Es ist noch immer unser Lied. Vor Kurzem liefen wir die La Rambla in Barcelona entlang – Hand in Hand und mit ebendiesem Song auf den Lippen. Wir ärgern Sams Ehemann pausenlos damit, dass wir uns eines Tages verloben werden. Wir geben einander lächerliche Spitznamen wie »Zuckertitte«, »Wunderarsch« oder »Puppengesicht«.

In meine andere beste Freundin Alice habe ich mich an der Uni verliebt. Zuerst konnten wir einander nicht ausstehen. Wir waren wie Feuer und Wasser: gebügelte Jeans und glänzende Strähnchen (Alice) vs. Band-T-Shirt und Kater (ich), aber dann mussten wir für ein Projekt zusammenarbeiten und miteinander reden.

Mit Alice habe ich länger als mit jedem meiner Freunde zusammengelebt (insgesamt drei Jahre). Wir nennen uns gegenseitig »Frauchen« und bezeichnen andere Freundinnen als »Zweitfrauen«.

Alice tut so, als wäre sie eine Prinzessin, ist eigentlich aber ein Kumpeltyp mit hochgekrempelten Ärmeln. Weil sich einfach alles, was sie sagt, dafür eignet, zitiert zu werden, habe ich ihr zu ihrem letzten Geburtstag ein mit ihren Zitaten gefülltes Buch geschenkt. Hier eine kleine Auswahl: »Ihr beiden werdet euch gut verstehen. Sie mag Hunde und Vampire und Fantasy und allerlei anderen Nonsens«, »Ich hätte nicht gedacht, dass der Film *Noah nur* von Noah handeln würde« oder »Auf den Bus zu warten, war schon ein bisschen traumatisch«.

Dann ist da Kate 1, eine wahre Wonder Woman, die meinen Geschmack teilt und mir beim Schreiben Feedback gibt. Sie ist mein »Verantwortungscoach«, wann immer ich etwas Wichtiges gebacken kriegen muss, und meine liebste Yoga- und Spazieren-gehen-Partnerin. Dann gibt es auch noch die zauberhafte Kate 2, die mit ihrem ansteckenden kindlichen Staunen und Enthusiasmus eins zu eins Phoebe aus *Friends* entspricht. Mein »Arschtritt-Engel« Helen ist ein ganz schlaues Kerlchen, deren Spitzname übrigens daher stammt, dass sie einen schwarzen Gürtel in Taekwondo hat. Ich verehre sie, seit ich elf bin, und kann sie morgens um zwei anrufen, wenn ich eine Krise habe.

Des Weiteren wäre da noch die von Snacks besessene Geschichtenerzählerin Laura, mit der ich zwei Jahre zusammengewohnt habe und die ich wie eine Schwester liebe. Und Gemma, deren trockener Humor und Großzügigkeit mich immer wieder in Staunen versetzen. Kürzlich ging mir der Pfefferminztee aus, und sie tauchte an meiner Tür auf, mit zwei Packungen davon, als wäre es das Selbstverständlichste der Welt. Und die liebe Laurie, die mehr darüber weiß, was mich tagtäglich umtreibt als alle anderen. Und die legendäre Jen, die mir oftmals eine Textnachricht schreibt wie: »Nur um das mal schnell loszuwerden: Du bist super. Du bist absolut toll. Du wirst so, so sehr geliebt.

Was immer du heute tust – ZEIG'S IHNEN. Okay? Okay. Und jetzt weitermachen!« Jen gilt offiziell als die romantischste meiner Freundinnen.

Was Freundinnen angeht, bin ich ein Glückskind. Mein Leben ist täglich voller Romantik, und das ohne Ausnahme. Nur eben nicht mit Menschen, mit denen ich Sex habe. Und das ist in Ordnung. Warum muss man Sex haben, um sich tief verbunden zu fühlen? Daran glaube ich nicht. Mit diesen Frauen werde ich noch gackern, wenn wir schon achtzig sind, sollten wir so lange leben. Allein sterben werde ich jedenfalls nicht. Ich werde mit einer Freundesschar am Bett aus diesem Leben scheiden. Wenn es nach mir ginge, dann nach irgendeiner glanzvollen Tat, die die Welt gerettet hat.

Seelenverwandte

Und was ist mit der Familie? Meine warmherzige, kluge und lustige Mutter, die mir gerade am Telefon erzählt hat, sie sei davon überzeugt, dass die dicke rote Katze (die versucht, sich bei meinen Eltern einzuschleichen) herausgefunden hat, wie sie sich durch den Briefkastenschlitz selbst zustellen kann, da sie in letzter Zeit immer häufiger im Hausflur auftauche – dieses »freche Päckchen. Anita hat gesagt, es sei die selbstgefälligste Katze, die ihr je untergekommen ist.« Von meinen wunderbaren Tanten und Onkeln ganz zu schweigen, meiner Schwägerin, meiner Nichte und meinem Neffen, meiner Stieffamilie, meinen Cousinen, die mir so nahe sind wie Schwestern, und meinen Cousinen zweiten Grades. Was meine Familie betrifft, habe ich wirklich den Jackpot geknackt.

Früher habe ich meinen aktuellen Freund immer an erste Stelle gesetzt. Heute halten sich drei Männer an der Spitze dieser Hierarchie: mein Stiefvater, mein Bruder und mein Granda (Irisch für »grandad«, also Großvater). Da muss schon jemand ziemlich Spektakuläres auftauchen, um ihnen ihre Plätze streitig zu machen.

Mein Stiefvater war die erste Vaterfigur, die uneingeschränkt da war, der mir das Gefühl gab, weich gebettet und geborgen zu sein. Er lässt Erdnuss-M&M'S neben meinem Bett stehen, die mich wie magische Bohnen anleuchten, weil er weiß, wie gerne ich sie mag. Wir machen einen Wettstreit daraus, wem der albernste Name für die Fernbedienung einfällt (das »Dingseldibums«, die »Wiesollmersnennen«, der »Liegtherumschalter«, der »Gibbesmirscho« oder der »Papaverwirrer«).

Da wir beide keinen Ton treffen, haben wir eine imaginäre Band, die »Die Stocktauben« heißt. Wir führen alberne kleine Tänzchen auf und singen in der Küche zweistimmig, bis die Ohren bluten. Dann verabreden wir uns für erfundene Bandproben und tun so, als würden wir erbittert darüber streiten, wer Leadsänger sein darf.

Dann ist da mein Bruder: Der Mensch, der mich am meisten unterstützt hat, als unser Vater gestorben ist; er war während der gesamten Zeit mein Sicherheitsnetz, obwohl er auch seine eigene Trauer bewältigen musste. Er ist der beste Vater, den man sich vorstellen kann, beim Monopolyspiel werden wir zu kindischen Rivalen, und unsere Beziehung hat sich von an den Haaren ziehen zu liebe- und respektvoll entwickelt.

An dritter Stelle der Rangfolge steht mein zweiundneunzigjähriger Großvater, der unsere Namen zwischenzeitlich manchmal vergisst (»Ich kann mich nicht mehr so gut erinnern wie früher. Anne ... du bist Anne, nicht wahr?«), uns aber immer noch mit seinen ironischen Beobachtungen überrascht. Kürzlich habe ich ihn am Telefon gefragt: »Worum geht es bei dem Film?« Und er: »Also, da ist dieser langhaarige Kerl, der sicher gleich eine Frau treffen und mit ihr im Bett landen wird.« Einige Sekunden später: »Jesses Maria, jetzt treiben sie's schon.«

Wenn sich eine Seelenfreundin oder ein Seelenverwandter dadurch auszeichnet, dass man a) sich von der Person absolut akzeptiert fühlt, man b) weiß, dass sie immer für einen da ist, und c) das Glück stärker wiegt als negative Gefühle, sind sie besser als jeder feste Freund, den ich je hatte. Sie schlagen jeden Buben zweifelsohne mit einem Royal Flush.

Ich bin weit davon entfernt, allein zu sein, und ich wette darauf, dass auch Sie nicht allein dastehen, wenn Sie sich erst einmal die Zeit nehmen, Ihre Seelenmenschen zu zählen. Schauen Sie sich um. Sie befinden sich bereits überall in Ihrem Leben.

TEIL IV

Freude am Singledasein entwickeln

Sechsundzwanzig Quellen für Singlefreude

Il vaut mieux être seule que mal accompagné.

Die Franzosen

Die Franzosen schaffen es, dass alles besser klingt, n'est pas? Diese sexy Ganoven. Grob übersetzt, bedeutet das oben stehende Zitat: »Es ist besser, allein zu sein als in schlechter Gesellschaft.« RICHTIG? *Mais oui! Certainement.* Jemand sollte das auf einen Kühlschrankmagnet drucken lassen, aber dalli!

Für mich habe ich herausgefunden, dass Singlefreuden wie ein Garten sind. Man muss sie pflanzen, pflegen, wässern, düngen und sicherstellen, dass sie genug Licht abbekommen. Regelmäßig muss ich die Singletraurigkeit und Unzufriedenheit zupfen, den wachsenden Unmut ausreißen, als wäre er eine Distel, die droht, den zarten Fingerhut zu ersticken.[10] Ich muss mit den Freuden reden, sie hegen und aus dem Boden hervorlocken, damit sie Knospen treiben.

Soziale Botschaften sind für Singlefreuden wie saurer Regen. Die Meinung anderer brennt sie nieder wie eine gnadenlose Sonne. Es liegt an Ihnen, ob sie einen satten und grünen Garten haben wollen.

---

10 Ich schreibe das alles so, als hätte ich einen grünen Daumen. Treffender aber wäre in meinem Fall, von einem »tödlichen Daumen« zu sprechen.

Nun zu den Gartenwerkzeugen, nach denen ich greife, wenn die Blumen in meinem noch jungen Garten der Singlefreuden die Köpfe hängen lassen:

1. Romantische Liebe ist nicht die einzige

Liebeslieder. Als Single spürte ich früher einen leeren Platz neben mir, wenn ich sie anhörte. Oder sie lösten Schmerz und Sehnsucht in mir aus, wenn ich gerade über jemanden hinwegkam. Heute betrachte ich Liebeslieder als Lieder, die zu all den verschiedenen Arten von Liebe in meinem Leben passen.

Bei »I Don't Want To Miss A Thing« von Aerosmith denke ich an meine Nichte und an meinen Neffen. Meine Mutter ist meine »Wonderwall«. »I Still Remember« von Bloc Party erinnert mich daran, wie ich mit meiner großartigen Freundin Kate auf einem Konzert der Band zu diesem Song Pogo tanzte. »Island In The Sun« von Weezer löst in mir das Verlangen aus, mit meiner Freundin Sam in den Urlaub zu entfliehen.

Versuchen Sie es. (Sollten Sie den Verdacht haben, ich würde aktuelle Musik ganz unverblümt ignorieren, liegen Sie damit absolut richtig.)

2. Keine RomComs, wenn ich traurig bin

Sie sind unsere erste Wahl, wenn wir uns versichern wollen, dass es so etwas wie ein Happy End auch für uns gibt, nicht wahr? Ich weiß schon gar nicht mehr, wie oft ich mich durch *Wie ein einziger Tag* geschnäuzt habe oder durch *Pretty Woman* oder *Dirty Dancing* oder *10 Dinge, die ich an Dir hasse* – ach, könnte ich doch nur einen Mann wie Noah, Edward, Johnny oder Patrick kennenlernen.

Allerdings behandle ich meine Traurigkeit darüber, Single zu sein, mit der Sache, die sie ausgelöst hat: einer Überdosis an romantischen Beziehungen, die für mein Glück sorgen sollen. Das ergibt aber keinen Sinn. Es wäre so, als würde man einen erfrorenen Finger mit einer Tüte voll Eis behandeln.

Inzwischen tausche ich diese romantischen Komödien gegen Anti-RomComs ein, die ein überraschendes, ermutigendes Ende haben, so wie die Serie *Big Little Lies* oder Filme wie *Kann ein Song dein Leben retten?*, *Wie der Vater ...* oder *Trennung mit Hindernissen*.

3. Alle Zeit der Welt

Früher dachte ich, ab vierzig würde mein Leben stillstehen. Ich dachte, ich müsste die goldene Triade gesellschaftlicher Erwartungen (Ehemann! Haus! Babys!) vor diesem Alter erreichen. Andernfalls könnte ich ebenso gut unter einen Felsen kriechen, um mich dort zum Sterben hinzulegen.

Heute denke ich daran, dass die Lebenserwartung von Frauen bei dreiundachtzig und die von Männern bei neunundsiebzig liegt, ich also, selbst wenn ich ihn erst mit fünfzig kennenlerne (oder sie, sollte ich das Ufer wechseln – sag niemals nie), noch immer neunundzwanzig Jahre mit dem Kerl haben werde (vorausgesetzt, wir sind gleich alt und er stirbt genau nach Zeitplan).

Neunundzwanzig Jahre! Wow. Die längste Beziehung, die ich bisher hatte, dauerte drei Jahre, und es war hart, selbst die zu schaffen. Die Neunundzwanzig-Jahre-Beziehung wird also eine Riesenherausforderung. Aber ich kann warten. Das ist in Ordnung.

4. Hunde statt Babys

Das Folgende ist an die kinderfreien (nicht kinderlosen) unter uns gerichtet: Außer wenn man sich dazu entscheidet, den Weg der künstlichen Befruchtung/Leihmutterschaft einzuschlagen (und sollten Sie das vorhaben, ziehe ich meinen Hut vor Ihnen und Ihrem Willen, Kinder zu bekommen), haben wir keine Kontrolle darüber, wann/ob wir den Menschen treffen, mit dem wir uns fortpflanzen wollen/können. Überhaupt keine. Null Kontrolle.

Mein Motto lautet, dass ich lieber Hunde/Katzen mit dem richtigen Menschen im Alter von fünfundfünfzig haben möchte als heute Kinder mit der falschen Person. Ernsthaft. Kinder mit einem/einer Blindgänger/-in zu bekommen, ist so eine blöde Idee. Die britische Autorin Caitlin Moran formulierte dies treffend, als sie schrieb: »Wenn Sie Kinder bekommen, wird nur so viel Platz für Ihre Karriere und Ihr Glück bleiben, wie Ihr Partner bereit ist, Ihnen durch seine Unterstützung einzuräumen.«

Wenn Sie mit jemandem Kinder bekommen, ketten Sie sich an diese Person emotional, finanziell und auch zeitlich. Sie werden mit diesem Menschen zusammenleben, neben ihm einschlafen, gemeinsam einen Haushalt führen. Vorausgesetzt, besagter jemand bleibt so lange bei Ihnen, bis die Kinder groß sind. Diese eine Beziehung sollte also gelingen. Treffen Sie eine gute Wahl.

Ich aber kann planen, irgendwann einmal Hundebesitzerin zu sein. Ich suche mir lieber die Rasse und einen Namen aus, anstatt mir eine Zukunft mit Kindern auszumalen, die vielleicht niemals Realität wird. Die Hunde können definitiv Realität werden, da sie nicht von der Launenhaftigkeit des Universums und der Komplexität meines/seines Körpers abhängen.

5. Sich von Komplimenten befreien
Hat Ihnen ein Bauarbeiter heute gesagt, Sie seien ein heißer Feger? Hat eine Frau im Bus Ihre Arme angestarrt? Toll. Aber lassen Sie es sausen. Früher dachte ich doch tatsächlich, die Lösung für mein geringes Selbstwertgefühl wäre es, all die Komplimente, die mir andere machten, aufzuschreiben. Das tat ich dann in meinem Teenager-Tagebuch. Ich hatte den Eindruck, es würde helfen, aber es war ein bisschen so, als hätte ich RomComs angesehen. Es

sorgte dafür, dass ich von den Komplimenten anderer abhängig wurde.

Wenn man sich von Komplimenten zu sehr beeindrucken lässt, kann einen Kritik leicht umhauen. Ich konnte mich lange ziemlich lebhaft daran erinnern, wenn jemand mein Äußeres kritisierte. Ich spielte es permanent in meinem Kopf durch, als würde ich ein Lied immer und immer wieder anhören. Dann wurde mir klar: Das einzige Gewicht, dass ich verlieren muss, ist das, welches ich der Meinung anderer zugestehe.

An Übertreibungen à la »Das war der beste Sex, den ich je hatte« (ich wette, er hat das schon einmal gesagt und wird es erneut zu jemandem sagen) oder »Du bist einfach zu anspruchsvoll« (bei grundlegenden Erwartungen) verschwende ich heute keine Zeit mehr.

Das, was die US-amerikanische Künstlerin Georgia O'Keeffe einmal sagte, passt besser zu mir: »Ich weiß, wo ich stehe, also gehen Schmeicheleien und Kritik bei mir in ein Ohr rein und aus dem anderen raus, und ich bin ganz frei.« Lassen Sie es einfach über sich ergehen wie eine belebende Dusche, die dann strudelnd im Abfluss versickert. Setzen Sie sich in Komplimente nicht hinein wie in ein stundenlanges Bad.

6. Hören Sie auf, Männer anzuschauen, um ihre Reaktion zu checken

Vor gar nicht langer Zeit joggte ich an der Putney Riverside entlang, als ich mich bei etwas erwischte, das total 2008 ist. Ich scannte die Gesichter der Männer, an denen ich vorbeilief, um zu sehen, ob sie ein Auge auf mich werfen. Ich suchte nach diesem Fünkchen Anziehungskraft. Passenderweise hörte ich währenddessen »I Want You To Want Me« von Cheap Trick – in meinen Zwanzigern so ziemlich *die* Dating-Hymne schlechthin.

Heute, mit Ende dreißig, schauen mich Männer kaum noch an wie hungrige, ja fast schon aggressive Wölfe. Sie haben angefangen, mich freundlich anzusehen. Wenn überhaupt. Dann muss man aber auch wieder bedenken, dass ich in meinen Zwanzigern in BH und Shorts durch Shoreditch raste ... Das tue ich nicht mehr.

Eigentlich sagt mir diese Veränderung zu, so fühlt es sich respektvoller an. Das Ideal wäre jedoch, dass ich gar nichts bemerke. Vor langer Zeit, Anfang des 20. Jahrhunderts, prägte der US-Soziologe Charles Horton Cooley den bahnbrechenden Begriff des »gespiegelten Selbstbilds«, was meint, dass unser Selbstbild darauf basiert, was andere über uns denken oder was andere über uns denken könnten. Allerdings macht uns das ungemein anfällig. Wenn mein Selbstwertgefühl von den Reaktionen anderer abhängig ist, ist das so, als hätte man ein Selbstbewusstsein, das aus hauchdünnen Fäden gewoben wäre. Eine negative Bemerkung, ein schlechter Tag – schon reißt das Gewebe auseinander.

Heute stelle ich mir mein Selbstwertgefühl als Seil vor: Ich winde, binde und flechte es aus Tausenden von Fäden. Es ist dick und schwer, und es ist unmöglich, es zu zerreißen, selbst wenn zehn Mann daran ziehen würden.

Manchmal stelle ich mir vor, ich würde einen Tarnumhang tragen, um damit aufzuhören, mein Selbstwertgefühl davon bestimmen zu lassen, was mir in den Augen der anderen gespiegelt wird.

7. Schmerzhafte Musik zurückerobern

Hörte ich mir früher Lieder an, die mich an einen Ex erinnerten, spürte ich den Schmerz oft nicht nur tief in meinem Inneren, sondern tatsächlich am ganzen Leib. Seb und ich tanzten nach dem Ausgehen einmal zu Madcons »Beggin« auf der Straße, und danach spürte ich jedes Mal einen Stich, wenn das Lied irgendwo gespielt wurde.

Als ich mich von Tom trennte, lösten »Melody Calling« von The Vaccines (weil wir einmal auf einem Konzert der Band dazu herumgehüpft sind) und »Under The Pressure« von The War on Drugs dieses Gefühl bei mir aus. Auf Spotify habe ich diese Lieder oft übersprungen oder den Radiosender gewechselt, um dem Stechen zu entgehen.

Es hat zwar eine Weile gedauert, aber inzwischen habe ich mir die Lieder zurückerobert. Heute kann ich sie mir mit einem flüchtigen Lächeln auf den Lippen anhören und mich an die guten alten Zeiten erinnern. Mithilfe der Konfrontationstherapie habe ich Bitteres in etwas Süßes verwandelt.

8. Denken Sie daran: Es ist eine Wahl
Es ist hart, wenn man das Gefühl hat, das Singleleben wäre einem aufgezwungen worden, ohne dass man dabei ein Wörtchen hätte mitreden können. Zum Beispiel, wenn man betrogen wurde oder das Feuer auf der Gegenseite erlosch oder ähnliche Dämpfer. Ich kenne das, denn mir ist so etwas mehrmals passiert. Single zu bleiben, ist hingegen üblicherweise eine Wahl, Ihre Entscheidung.

Bestimmt haben Sie jemanden, mit dem Sie noch heute Abend ausgehen könnten, aber Sie wollen nicht. Sie könnten online gehen und sich eine ganze Reihe von Dates organisieren, aber Sie haben keine Lust darauf. Sie könnten wieder mit diesem einen Ex-Freund zusammenkommen, aber auch das möchten Sie nicht.

Was hält Sie davon ab? Was lässt Sie Single bleiben? Ihre Ansprüche. Der freie Wille. Es ist wirklich wichtig, sich in Erinnerung zu rufen, dass es eine Wahl ist, Single zu bleiben. Sie sind kein armes Singleopfer, mit dem niemand ausgehen möchte.

9. Selbstentdeckung

Belohnen Sie sich doch einmal mit der Suche »Chamäleon Sonnenbrille« auf YouTube. Sie werden ein Chamäleon sehen, das seine Farbe von Türkis in Pink oder Schwarz ändert, je nachdem, welche Farbe die Sonnenbrille hat, auf der es gerade sitzt. Vielleicht ging es auch Ihnen so, je nachdem, mit wem Sie gerade zusammen waren. Jetzt können Sie Ihre eigene Farbe annehmen.

Unsere Sehgewohnheiten, unsere Lebenssituation, Ernährung und sportlichen Aktivitäten passen wir tendenziell meist denen unseres Partners an. Ich denke, wir entdecken erst, wer wir wirklich sind, wenn wir allein sind.

Single zu sein erlaubt es einem, sich voll und ganz zu entwickeln, ähnlich wie beim Fotopapier, das in einer Dunkelkammer in Entwicklerflüssigkeit getaucht wird. Je länger man allein lebt, desto ausdifferenzierter wird das Bild.

10. Heilen statt stochern

Erinnern Sie sich noch an meine Unterhaltung mit einer Fünfjährigen (siehe Seite 46f.)? Noch vor ein paar Jahren hätte ein solcher Schwatz eine existenzielle Lebenskrise in mir ausgelöst. Zwischenzeitlich ist mir klar geworden, dass mich so etwas nur dann verletzt, wenn jemand an einem Thema rührt, in dem ich selbst herumstochere.

Heute kümmere ich mich lieber um solche leicht verletzbaren Stellen und versuche, sie zum Abheilen zu bringen. Sie tun nicht direkt weh, lassen mich aber zusammenzucken, wenn mich ein argloses Kind mit großen Augen fragt: »Tante Caffrin, wawum biddu nich veweiwatet?«

11. Den »Skin Hunger« stillen

Körperliche Berührungen sind für uns Menschen dermaßen wichtig, dass Psychologen den Mangel derselben als »Skin Hunger« bezeichnen. Damit lassen sich auch Trends wie »Kuschelpartys« oder »Kuschelfreunde« erklären, die gar nicht so durchgeknallt sind, wie sie klingen mögen.

Eine Studie kam zu dem Ergebnis, dass »Skin Hunger« zu einer Zunahme an Ängsten und Depressionen führen kann.

Wenn ich Single bin, bekomme ich etwa 90 Prozent weniger Hautkontakt. Ich umarme meine Freundinnen und Freunde, aber nur kurz. Es liegt also in meiner Hand, meinen »Skin Hunger« irgendwie zu stillen. Mit manchen meiner Freundinnen kann ich händchenhaltend die Straße entlanglaufen (hi Helen!) oder es mir gemeinsam auf dem Sofa gemütlich machen. Ich kann meinem Großvater ein bisschen die Schultern massieren, was er »herrlich … ganz wunderbar« findet. Ich kann bei einer kosmetischen Gesichtsbehandlung vor Wonne zergehen, wenn jemand mein Gesicht einfach nur eine halbe Stunde lang streichelt. Ich kann meine Nichte mein Haar bürsten lassen. Ich kann einen Hund auf den Arm nehmen und ihm eine Umarmung abringen.

Wenn Sie unverbindlichen Sex ohne Gefühlsverwirrungen haben können (ich kann das nicht) und sich dabei sicher fühlen (sowohl emotional als auch körperlich), könnte ein »Freund mit bestimmten Vorzügen« die Lösung für Ihren »Skin Hunger« sein. Tun Sie, was Ihnen guttut. Hauptsache, es funktioniert.

12. Dem Neid den Stachel ziehen
Sollte Sie der Neid überkommen, wenn Sie die Nachricht erhalten, dass sich eine Schulfreundin verlobt hat, gibt es dafür eine Lösung. Sie können sich selbst beibringen, sich für andere Menschen zu freuen.

Es gibt eine alte buddhistische Technik, die »liebevolles Mitgefühl« genannt wird, über die der britische Autor Johann Hari in seinem Buch *Der Welt nicht mehr verbunden* schreibt.

Bei dieser Art von Meditation beginnt man damit, sich vorzustellen, dass einem etwas Großartiges widerfährt, sodass man den darauffolgenden Freudenrausch spürt. So weit, so einfach. Dann stellt man sich vor, dass jemand, den man kaum kennt, aber regelmäßig sieht, einen großen Gewinn in seinem Leben verzeichnen kann. Vielleicht irgendein Kollege, der befördert wird. Rufen Sie dann die Gefühle des Freudenrauschs für diese Person hervor. Darauf folgt der schwierige Teil, bei dem jemand, den Sie nicht mögen, großes Glück zuteilwird. Sagen wir mal, dass dieser jemand nach jahrelangem vergeblichem Probieren schwanger wird. Versuchen Sie auch dann, die gleiche Freude in sich heraufzubeschwören.

Diesen dreistufigen Prozess wiederholen Sie täglich fünfzehn Minuten lang, bis er hängen bleibt und Ihnen zur zweiten Natur geworden ist.

»Liebevolles Mitgefühl« ist wie ein Muskel, den man kräftigen kann, was zu einer Win-win-Situation führt. Selbst wenn Sie nichts anderes getan haben, als einen Fremden auf den Stufen zur Kirche zu sehen, spüren Sie einen Adrenalinrausch. Oder wie Hari es in seinem Buch ausdrückt: »Durch die Meditation empfindet man nicht nur weniger Neid, ein viel wichtigerer Aspekt besteht darin, dass man das Glück anderer nicht mehr als Vorwurf gegen sich selbst auffasst, sondern als Quelle eigener Freude.«

13. Zuckerspiegel und Schlafpegel im Auge behalten

Meist ruft mir mein Gehirn wie ein wild blickender, eine Glocke läutender mittelalterlicher Bauer »UNTERGANG, UNTERGANG, UNGERGANG« entgegen, wenn ich ein Nickerchen oder einen Imbiss nötig habe. Kürzlich lief ich den Montjuïc in Barcelona hinauf und weinte heimlich hinter meiner Sonnenbrille dicke Tränen. Der Grund: Ich war noch immer nicht verheiratet. Dann machte ich eine Pause, aß einen Apfel und ein paar Kekse und – zack, einfach so – meine Angst, allein zu bleiben, war auf einmal verschwunden.

Hunger löst in uns eine Reaktion aus, die sich anfühlt, als würden wir aus dem Himmel direkt in den Schlund der Hölle gestoßen werden. »Menschen sind, wie alle anderen Tiere auch, so veranlagt, dass sie äußerst unglücklich sind, wenn ihr Blutzuckerspiegel niedrig ist«, sagt Peter Buongiorno, ein Experte für Naturheilverfahren aus New York. »Es handelt sich dabei um einen evolutionsbedingten Mechanismus, der darauf ausgerichtet ist, die Nahrungssuche zur Priorität zu machen.«

Einige Tage danach hatte ich ein Fahrradfahrerproblem. Ich musste meine Kette reparieren. Ich erlitt einen Nervenzusammenbruch, weil in meinem Kopf war: Alle anderen Frauen haben einen Partner, der so etwas für sie erledigt, nur ich nicht. Dann fiel mir auf, dass ich ziemlich gerädert war. (In meiner Straße wohnt ein Mann, der zwischen zwei und vier Uhr in der Früh gerne Vogelgeräusche macht, und, werte Leserinnen, ich habe da den Verdacht, dass der Grund dafür nicht in seiner Liebe für Vögel liegt, sondern weil er *flüster* ein Drogendealer sein könnte.) Ich wischte mir das Öl von den Händen, legte mich ein bisschen hin und fühlte mich wieder gut. Also echt mal jetzt, natürlich kann ich so eine dämliche Fahrradkette selbst reparieren.

Wenn man sich darüber im Klaren ist, dass es für eine emotionale Krise vom Ausmaß einer griechischen Tragödie eine derart simple Lösung gibt, dass man sich gegen die Stirn hauen möchte, nimmt ihr das die Macht.

14. Traurigkeit zulassen

Vielleicht handelte es sich um eine Fehldiagnose, aber dennoch war es richtig, meine Tränen zuzulassen, als die Traurigkeit darüber, Single zu sein, in mir aufstieg. Es hilft nichts, einer negativen Emotion mit einem Schritt zur Seite auszuweichen, wie man es beim Völkerball tut. Der Ball wird einen trotzdem treffen.

Im Rahmen einer Studie an der University of New South Wales sagte man einigen Teilnehmern, sie sollten einen unerwünschten Gedanken vor dem Zubettgehen verdrängen, wohingegen die Kontrollgruppe an alles denken durfte, was sie wollte. Man fand heraus, dass die »Verdränger« häufiger von dem zur Seite geschobenen Gedanken träumten als diejenigen, die sich nicht davor gedrückt hatten. Ein Effekt, den man »Dream Rebound« nannte. Im Grunde geht es darum, dass ein Gedanke/Gefühl, den/das man bewusst verdrängt, dennoch im Unterbewussten Wurzeln schlägt.

Eine weitere Studie mit dem Titel »The Social Costs of Emotional Suppression« hat herausgefunden, dass die Verdrängung von Gefühlsregungen mit weniger zwischenmenschlicher Nähe und einer geringeren Befriedigung sozialer Bedürfnisse einhergeht. Kurz gesagt: Seien Sie ehrlich, wenn ein Freund Sie fragt, wie es Ihnen geht.

Negative Gefühle wachsen einfach weiter, wenn man sie wegschließt. Meine Traurigkeit stelle ich mir gerne als Wasser hinter einem Damm vor. Wenn ich sie zurückhalte, sammelt sich immer mehr Wasser, das zu wirbeln und zu schäumen beginnt und sich von einem unschuldigen Teich in tödliche Massen verwandelt.

Gefühle sind ein unumgänglicher Teil unseres menschlichen Daseins. Wenn Sie, so wie ich, sensibel sind, bedeutet das wahrscheinlich, dass Sie ein Anflug von Traurigkeit mit größerer Wucht befällt. Wahrscheinlich spüren Sie aber auch das Glücksgefühl eines Höhenrauschs viel intensiver.

15. Getimte Selbstmitleidbäder

Es gibt einen Unterschied zwischen dem, ein Gefühl zuzulassen oder tagelang grübelnd darin festzuhängen. Manchmal ist es einfach nicht möglich, seinen Emotionen freien Lauf zu lassen. Ihre Kollegen werden wahrscheinlich einigermaßen beunruhigt sein, sollten Sie in einer Sitzung in Tränen ausbrechen und ihnen sagen, dass Sie Angst davor haben, allein zu enden. Sie werden in der Folge wohl bei einer freundlichen Frau namens Margaret in der Personalabteilung landen.

Ist die Traurigkeit überwältigend, versuchen Sie, dem Gefühl ein Zeitfenster zuzugestehen, in dem Sie es herauslassen können. Ein Paraolympionike hat mir einmal erzählt, dass sich viele Athleten auf Anraten ihrer Sportpsychologen »Angstzeiten« zugestehen. »Ich denke daran nicht jetzt, sondern um fünf Uhr nachmittags.« Sie räumen sich einen bestimmten Zeitraum frei, in dem sie ihren Sorgen freien Lauf lassen, ihnen die Erlaubnis geben, in ihrem Kopf herumzusausen.

Diese Idee fand ich derart überzeugend, dass ich angefangen habe, mir »Selbstmitleidsbäder« zu genehmigen. Als mich meine Trennung von Tom damals in Verzweiflung stürzte, brauchte ich einen Ort, an dem ich den Schmerz verstauen konnte; er durfte mich nicht den ganzen Tag im Griff haben.

Also wartete ich, bis ich auf der Toilette war. Dort hörte ich mir schnulzige Lieder an wie »While My Guitar Gently Weeps« von den Beatles, »I Found You« von den Alabama Shakes oder »Use Somebody« von den Kings Of Leon, und dann ließ ich den ganzen Singleschmerz für eine halbe Stunde aus mir herausströmen. So konnte ich meine Gefühle supereffizient ausleben. Es war wie die HIIT-Version (High Intensity Interval Training) des Weinens.

Dann trocknete ich meine Tränen, legte meine PMA (positive mentale Attitüde) auf und ging aus der Toilette. Es funktionierte wie Zauberei.

16. Einen »Fuck-you«-Brief schreiben

Seien wir ehrlich: Eines der Hindernisse, das unseren Singlefreuden im Weg steht, ist die Restwut gegenüber unseren Ex-Freunden. Jemand, der mir sehr nahesteht, gab mir einmal einen wunderbaren Rat für den Umgang mit den endlosen »Ich kann nicht fassen, dass er/sie«-Schleifen.

Besagte Person riet mir, einen »Fuck-you«-Brief zu verfassen und dabei allen Groll, der sich in meinem Kopf ständig wiederholte, rauszulassen. Natürlich schickte ich den Brief nie ab. Aber darum ging es auch gar nicht. Der Brief war nicht für den Ex, sondern für mich.

Wiederkehrende Gedanken können sich wie eine Kugel anfühlen, die durch einen Flipperautomaten surrt, schwirrt und pingt. Alles aufzuschreiben hat den gleichen Effekt, wie wenn man den Hebel betätigt und die Kugel endlich zum Stillstand kommen kann. Game over.

Zufälligerweise gibt es bei der App »Happy Not Perfect« eine brillante Funktion, die »Letting Go« heißt. Man kann damit einen »Fuck-you«-Brief schreiben und ihn dann mit nur einem Fingertippen in Flammen aufgehen lassen. Das ist so was von befriedigend.

17. Einen Dankesbrief schreiben

Seane Corn, Yogalehrerin aus Los Angeles, sagt: »Wir können das ›Fuck you‹ nicht auslassen, um zum ›Ich vergebe dir‹ zu kommen.« Ernsthaft, es ist nicht möglich. Innere Ruhe kehrt erst ein, nachdem man die eigene Wut niedergebrannt hat.

Mir ging es während des Schreibens meines »Fuck-you«-Briefs so, dass ich mit einem Mal anfing, meinen Ex zu verteidigen. Wie ein zum Stehen kommender Zug ließ mein Dampf mit einem Mal nach, und ich gelangte stockend zum Stillstand. Indem ich durch die ganze Stadt »Fuck you« hindurchgerattert war, kam ich zur Vergebung.

Es hat etwas, all die Feindseligkeiten schwarz auf weiß auf Papier oder an einem Bildschirm zu sehen, das einem dabei hilft, von »Fuck you!« zu »Aber Moment mal, so ganz stimmt das auch nicht« zu gelangen. Man sieht klarer, dass derjenige zugleich ein netter Mensch und ein betrügender Mistkerl war.

Nachdem ich all meinen Ex-Freunden einen »Fuck-you«-Brief geschrieben hatte, verfasste ich noch einen Dankesbrief an sie. Mir war klar geworden, dass ich nicht über meine ehemaligen Partner hinwegkomme, indem ich sie zu teufelsähnlichen Figuren mache.

18. Die Tamagotchis schrumpfen

Da wir gerade schon über eine Fixierung auf die Ex-Freunde reden: Die sind wie Tamagotchis. Diese winzigen digitalen Haustiere am Schlüsselanhänger, die wir aus einem Ei ausgebrütet haben und die wir mit einem lächerlichen Namen wie Eggward oder Lovechi tauften. Dann mussten wir unser verpixeltes Haustier füttern, ihm zu trinken geben und es streicheln, damit es nicht starb.

Wenn man eine Fixierung nicht füttert oder ihr zu trinken gibt, geht sie mit der Zeit ein. Ja, wirklich. Aus diesem Grund lösche ich meine Ex-Freunde zwischenzeitlich von meinen Social-Media-Kanälen, ganz gleich, wie freundschaftlich unsere Trennung auch verlaufen sein mag. Ich blockiere sie auf Instagram, damit ich ihren Kram nicht mehr sehen kann. Und unsere Chatverläufe exportiere ich in Dokumente (bei WhatsApp gibt es eine »Chat-exportieren«-Funktion), die ich mir dann zumaile. Ich fühle mich nicht wohl damit, unsere Nachrichten für immer zu löschen, aber ich kann sie exportieren, ohne auszuflippen.

Es ist schon seltsam: Sind die Botschaften alle noch auf meinem Handy gespeichert, tendiere ich dazu, sie mir anzusehen. Sie zu archivieren, funktioniert nicht. Sind sie hingegen auf irgendeinem Dokument auf meinem Computer gespeichert, sehe ich sie mir nie an. Aus den Augen führt auch in den sozialen Medien/auf meinem Smartphone zu einem beschleunigten aus dem Sinn.

19. Zurück zur Natur

Geehrte männliche Leser, entschuldigen Sie uns doch bitte für einen Moment.

Liebe Leserinnen: Ich weiß nicht, wie es Ihnen geht, aber meine Vorbereitungen, wenn ich ein Übernachtungsdate habe, sind in etwa so zeitintensiv wie die Szene, in der sich Daenerys Targaryen darauf vorbereitet, ihren künftigen Dothraki-Ehemann zum ersten Mal zu treffen. Sie dauern einen halben Tag.

Allerdings kommt bei meiner Zeremonie weniger Haareflechten von halb nackten Dienerinnen vor und weniger wehmütiges Baden in Marmorbecken, dafür aber mehr Glätteisen-Einsatz im erwünschten und mehr Rodung von unerwünschtem Haar (bitte an dieser Stelle ein GIF einfügen, das einen Kerl mit knatternder Kettensäge zeigt).

Die Hälfte unserer Körperbehaarung zu entfernen braucht ungemein viel Zeit. Es ist so ermüdend. »Haare? Aber nein, wir haben keine, nur auf unserem Kopf, wo unser Haar voll und seidig ist, aber sonst? KEINE HAARE. Auf geheimnisvolle Weise können wir nur dort Haare wachsen lassen, wo wir, wenn es nach euch geht, welche haben sollten.« *Strahlt's*

Ist man Single, muss man nichts von all dem Mist tun. Man kann der Natur freien Lauf lassen, sie darf den Körper zurückerobern wie eine moosige, farnbewachsene Lichtung. Man kann sich in der Wanne zurücklehnen, einen Schokoriegel verspeisen und einen TED-Talk anhören, während man sich wohlig warm fühlt. Man kann den qualvollen Epilierer zur Seite legen und das Heißwachs verbannen und nur die Körperteile rasieren, die unter einem Kleid hervorschauen. Aber so was von!

Kürzlich habe ich einen Artikel in einer Zeitschrift gelesen, in dem die Autorin behauptete, sie würde, selbst wenn sie Single ist, ihre Bikinizone alle zwei Wochen waxen lassen. Was? Angewidert warf ich die Zeitschrift aus dem Fenster (im übertragenen Sinn). Frevel! Und auch *hüstel*, was für ein bescheuerter Blödsinn.

Liebe Männer, auch ihr habt so eure Haarentfernungsprobleme, die ihr jetzt alle fröhlich fahren lassen könnt. Rückenhaarrasur, Brusthaarrasur und so weiter. Und wenn wir schon dabei sind, möchte ich noch etwas loswerden: Frauen kümmert es wirklich nicht (es sei denn sie sind auf *Love Island*), wenn ihr zwischen Nabel und Hals ein paar haarige Stellen habt.

20. Einen Meinungsfilter installieren

Meinungen über unser Singleleben sind wie Arschlöcher – jeder hat eines. Seufz.

Ich finde es großartig, dass die US-amerikanische Autorin Brené Brown eine Liste von Menschen bei sich trägt, deren Meinung ihr wichtig ist. Sie nennt sie »Die Leiche wegschaffen«-Freunde. Die, die einem dabei helfen würden, einen Mord zu vertuschen. Auch ich habe mir inzwischen eine Liste von zehn Menschen zurechtgelegt, deren Meinung ich einen Zugang zu meiner Psyche gewähre. Dem Rest? Nö.

Fast jedes Mal, wenn ich jemandem erzähle, ich sei Single, äußert mein Gegenüber eine Meinung: »Du bist zu wählerisch«, »Dir geht es an erster Stelle um deine Karriere« oder »Dein Erfolg wirkt auf Männer einschüchternd«. Dass ich Single bin, scheint andere geradezu dazu einzuladen, ihre Meinung kundzutun. Aber was soll's. Wenn ich auf die Menschen höre, die mir wirklich wichtig sind, und das Singlegelaber der anderen nur noch weißes Rauschen ist, fühle ich mich sofort um einiges normaler.

Nehmen wir zum Beispiel meine Friseurin, die leicht panisch wirkt, wenn ich auf ihr geschwätziges »Und, gibt es da jemanden?« mit einem »Nein« antworte. »Oh, wie bedauerlich. Aber mach dir keine Sorgen, er wird sicher bald kommen.«

Früher hätte mir eine solche Meinung einen kleinen Dämpfer versetzt. Na gut. Mein Leben ist also bedauerlich. Aber heute habe ich einen funkelnagelneuen Meinungsfilter, Leute. Und peng, die irrelevante Meinung zischt an meinem Ohr vorbei. Heute leide ich nicht mehr darunter, wenn unerbetene Meinungen auf mich einprasseln wie Steine und Pfeile.

21. Sich wie einen geschätzten Gast behandeln

Gestern Abend habe ich mein Sushi im Schlafanzug in der Küche stehend gegessen und dabei gelesen. Es passiert leicht, dass man sich ständig Essen zum Mitnehmen holt oder Aufgewärmtes aus der Mikrowelle, Cornflakes oder Kräcker mit Käse zu sich nimmt. Es ist ja »nur für mich« – stimmt's?

In ihrem Buch *All the Single Ladies* erzählt die US-Kolumnistin Rebecca Traister, was ihr die New Yorker Drehbuchautorin Nora Ephron einmal während ihrer Singlejahre anvertraute: Sie, Ephron, würde sich gelegentlich ein aufwendiges Festmahl nur für sich allein gönnen. Inklusive mehrerer Gänge, Servietten und Servierplatten. Als würde ein VIP zum Abendessen zu Besuch kommen. Traister schreibt: »So hat sie sich vor Augen geführt, dass sie allein leben konnte, ohne auf kleine Freuden zu verzichten.«

Das gefällt mir. Heute Abend mache ich mir eine Lasagne. Es wird vier Tage dauern, bis ich sie aufgegessen habe, aber die Lasagne wird mir ein VIP-Gefühl geben. Sie wissen schon, es sind die Kleinigkeiten im Leben, die zählen.

22. Mein Gehirn zum Kopfgeldjäger machen

Die Dankbarkeitspraxis ist zu einer Self-Care-Stereotype verkommen, weil sie wirkt. Ein Haufen an Artikeln beschreibt, welch beträchtliche Auswirkungen die Dankbarkeit hat. Sie kann Ihr Herz gesünder machen, Ihren Stresshormonspiegel (Cortisol) um bis zu 23 Prozent senken und sie führt sogar dazu, dass Depressionen um bis zu 41 Prozent zurückgehen. Die wissenschaftlichen Arbeiten zu dem Thema reißen nicht ab; inzwischen gleicht erwähnter Haufen einem Gebirge.

Wenn Sie mich fragen, was die größte Wirkung auf meine psychische Gesundheit hatte, würde ich wie aus der Pistole geschossen antworten: Sport und meine Dankbarkeitspraxis. Selbst nach einem richtig miesen Tag fallen mir mindestens fünfzehn Dinge ein, die schön waren. Als ich anfing, Dankbarkeitsmomente aufzuschreiben, kämpfte ich noch damit, drei zu finden. Aber durch Wiederholung und Übung habe ich mein Gehirn von einem die Angst aufspürenden Instrument in eine Kopfgeldjägermaschine verwandelt.

Mein Gehirn möchte nach denkbarem Unglück Ausschau halten, nahendem Unheil, drohender Gefahr, der Möglichkeit, überfallen zu werden, meinem schrumpfenden Bankguthaben. Heute zwinge ich mein ängstliches kleines Köpfchen, sich auf das Gute zu konzentrieren. So wie ich hübsche oder coole Dinge suche, die ich auf meinem Instagram-Account posten kann, ist auch die Suche nach Dankbarkeitsmomenten eine Art Schnitzeljagd.

Ein freundlicher Mann, der mir im Supermarkt mit fünf Pennies aushalf, ein Bulldogen-Welpe, der freudig auf mich zusprang, ein wellenförmiger synchronfliegender Starenschwarm oder das Dutzend anderer Dinge, das mir entfällt, wenn ich nicht aufpasse.

23. Sich ausreichend Termine setzen
Leben Sie auch allein? Da ich zwischenzeitlich das Haus nicht mehr mit anderen teile und weil ich von Zuhause aus arbeite, muss ich auf mich achten. Auch wenn ich Zeit für mich brauche wie die Luft zum Atmen, so brauche ich doch auch Menschen um mich, weshalb ich mindestens vier Verabredungen pro Woche einplane, selbst wenn mir nicht immer danach ist. Bin ich aber erst dabei, macht es mir Spaß, außerdem höre ich dann auf, mit meiner »Haustierfliege« zu reden. (Eine wahre Geschichte. Einmal verbrachte ich vier Tage am Stück zu Hause und fing an, mich mit einer Fliege zu unterhalten. Ich taufte sie Desmond.)

24. Tief hineintauchen in das »Hätte ich doch bloß«
Es passiert schnell, dass man sich von »Was wäre, wenn«-Fragen und den »Hätte ich doch bloß«-Überlegungen aus dem Tritt bringen lässt. Wie beispielsweise von »Was wäre wohl, wenn ich ihn besser behandelt hätte?« Oder: »Hätte ich sie doch bloß nicht verlassen …« Ganz besonders schmerzhaft ist es, wenn man weiß, dass man, hätte man sich anders verhalten (in meinem Fall, kein betrunkener Albtraum gewesen zu sein) oder nicht mit ihm Schluss gemacht, bereits verheiratet wäre.

Aber die Vergangenheit kann man nun mal nicht ändern. Sie ist *vorbei*, meine Hübsche. Aber jetzt kommt's: Wir haben die bestmögliche Entscheidung getroffen mit den Informationen, die uns zu dem Zeitpunkt zur Verfügung standen.

Es gab nur einen Mann, den ich fast hätte heiraten wollen, und als es mit uns auseinanderging, sagte er: »Ich weiß, dass wir heiraten, wenn wir zusammenbleiben, weil ich dich liebe, aber ich glaube nicht, dass wir glücklich werden.« Und er hatte damit absolut recht.

Dieser Satz brachte auf den Punkt, wie unsere Zukunft ausgesehen hätte. Hätte der Mensch, der er damals war, die Person, die ich damals war, geheiratet, wären wir nicht glücklich geworden. Wir mussten getrennte Wege gehen, um unser Glück zu finden.

Begebe ich mich wirklich in die »Was wäre, wenn«-Fragen hinein, und sinke ich in die unergründeten Tiefen des »Hätte ich doch bloß …« hinab, weiß ich, dass unsere Trennung die richtige Entscheidung war. Hätten wir uns nicht getrennt, wäre ich mit einunddreißig verheiratet gewesen, hätte mit zweiunddreißig vermutlich Schulden für ein Haus aufgenommen, wäre mit dreiunddreißig wahrscheinlich schwanger gewesen – und alles wäre wie gesellschaftlich erwartet gewesen.

Ich hätte mich in der Partnerschaft eingerichtet, wäre von den Konsequenzen meines Handelns geschützt gewesen und hätte wohl bis in meine Vierziger weitergetrunken. Meine Sucht wäre erst später chronisch geworden, was eine langsamere, schmerzhaftere Loslösung bedeutet hätte. Wir hätten erbittert gestritten, ich wäre eine schnippische Mutter gewesen und wir wären langsam auf eine Scheidung zugeschlittert.

Außerdem hätte es mir gar nicht gefallen, in einen Käfig gesperrt zu sein, auch wenn es ein goldener gewesen wäre. Ich hätte schmollend die Lippen verzogen wie ein Kind, das ein Fest verlassen muss. »Der Zeit des Kinderaufziehens und der seriösen Jobs sollte man sich nicht mit einem Gitarrenkoffer nähern, der voll ist mit dem Bedauern darüber, was man in seiner Jugend verpasst hat«, sagt die US-amerikanische Autorin Cheryl Strayed.

Mit dem Ende des letzten Kapitels der Beziehung öffnete sich ein neues Buch für mich: Nüchternheit, ein Leben in verschiedenen Ländern, lernen, wer ich bin, die Veröffentlichung meines ersten Buchs. Ohne die schlimmen, verrückten und traurigen Zeiten, die die Trennung mit sich brachte, wäre ich nicht am Boden gewesen und hätte mich auch nicht wiederaufrichten können. Ich hätte nicht entdeckt, wie mutig ich bin, hätte nicht zu meiner heutigen

Form gefunden oder eine Karte tiefster Selbstkenntnis zeichnen können.

Wenn ich mich in Gedanken vor die Wahl stelle, zurückzukehren und mein Parallelleben zu leben, wähle ich heute mein jetziges Leben, auch wenn ich dafür manchmal schräg von der Seite angesehen werde. Fragen Sie sich doch einmal selbst, ob Sie wirklich die Zeit zurückdrehen und auf den Alternativzug aufspringen würden? Würden Sie wirklich verpassen wollen, was auf Ihrem heutigen Zug geschieht? Denken Sie darüber gründlich nach. Die Antwort könnte Sie überraschen.

25. Sich Singlevorbilder suchen

Mir ist aufgefallen, dass ich, wenn ich, sagen wir einmal an einem Flughafen oder einem Strand bin, nur glückliche Paare sehe. Daher habe ich angefangen, mich stattdessen auf die Singles zu konzentrieren, ganz ähnlich, wie ich es mit den Dankbarkeitsmomenten halte.

So habe ich zum Beispiel einen städtischen Angestellten in Anzug und Krawatte rollerbladen gesehen, der einen Song von Guns N' Roses sang. So fiel mir eine Mittzwanzigerin auf, die einen Chai Latte getrunken hat und völlig in ihr Buch vertieft war. Oder der ältere Herr, der allein dasaß und eine Frau am Nebentisch freundlich anlächelte, die an ihrem vierzigsten Geburtstag klagte, dass sie »schon so alt ist«, während er wahrscheinlich dachte: »Schätzchen, du bist doch noch grün hinter den Ohren. Die Einzigen, die sich alt nennen dürfen, sind die über Achtzigjährigen, so wie ich.«

Natürlich habe ich keine Ahnung, ob diese Menschen wirklich Singles sind, aber allein schon die Annahme hilft mir.

Es hat mich auch dazu gebracht, darüber nachzudenken, wie andere Menschen mich wahrnehmen. Ich glaube, dass sie, beispielsweise während meines Flugs nach Barcelona, gedacht haben:

»Och, so eine arme einsame Loserin.« Wohingegen ich neulich beim Einchecken einer offensichtlich allein reisenden Mittdreißigerin nur überlegte: Ihr Häkeltop, ihre abgeschnittene Stonewashed-Jeans und ihre Gladiatorensandalen gefallen mir verdammt gut. Es kam mir noch nicht einmal in den Sinn, mich zu fragen, warum sie allein unterwegs war. Oder sie zu bemitleiden.

26. Die galaktischen Möglichkeiten des Ungeschriebenen

Wie gesagt, Serien, Filme und Romane enden häufig mit Hochzeitsglocken. Happy End – erledigt. Vor dem Ding-Dong-Finale in der Kirche bleiben die Hauptfiguren jedoch meist bis zur letzten Minute, der letzten Staffel oder dem letzten Kapitel Singles oder Beinahe-Singles.

Vielleicht haben sie eine On-Off-Beziehung (wie Ross und Rachel in *Friends*, Carry und Mr Big in *SATC*, Alicia und Peter in *The Good Wife*, Barney und Robin in *How I Met Your Mother*, Emma und Dexter in *Zwei an einem Tag*) oder es handelt sich um unerwiderte Liebe zu einem Kollegen (*The Mentalist*, *Unforgettable*, *The Killing*, *Elementary*, eigentlich gibt es das in so ziemlich jeder Krimiserie). Jedenfalls sind sie die meiste Zeit über Singles.

Warum? Weil es den Autoren von Drehbüchern oder Erzählungen viel mehr Möglichkeiten bietet. Viel mehr Spielraum. Für eine Geschichte sind Singles viel interessanter. Sie können ihr Hab und Gut zusammenpacken und einfach woanders hinziehen; sie können den Premierminister/einen heimlichen Serienkiller daten; es macht mehr Spaß, sie tanzen zu lassen. Ihr Ende ist noch nicht geschrieben.

»Ich habe es immer gehasst, wenn meine Heldinnen geheiratet haben«, schreibt Rebecca Traister in *All the Single Ladies*. In *Unsere kleine Farm*, so Traister, tollte Laura immer einen Hügel hinab oder warf Schneebälle oder juchzte, wenn sie auf dem Rücken eines Pferdes saß. Bis sie heiratete. »Neben ihrem Ehemann wirkte sie steif, ordentlich, das Baby auf ihrem Arm war die lebhafteste Figur im Bild. Lauras Geschichte fand ein Ende. Was sie einst so interessant gemacht hatte, war vorüber, sobald sie verheiratet war.« Das fügt dem »Und so lebten sie glücklich bis an ihr Ende« doch mal wirklich eine frische, skeptische Perspektive hinzu, oder etwa nicht?

Natürlich ist es nicht so, als wäre das Leben verheirateter Menschen vor- oder festgeschrieben, auch sie haben unvorhergesehene Geschichten. Dennoch sind die Möglichkeiten, wie sich diese entwickeln können, begrenzter und weniger aufregend. Ganz im Gegensatz zu denen eines verwegenen Singles, den (oder die) es überallhin verschlagen kann, und zwar mit jedem, mit dem er oder sie dann praktisch alles tun kann.

Das noch nicht geschriebene Ende kann man als etwas Positives auffassen, keineswegs als etwas Negatives. Vielmehr ist es eine spannende Geschichte, bei der man sich selbst seine Abenteuer aussuchen kann. Es ist keine leere Seite, die einen mit Angst erfüllen muss.

In Ihrer Fantasie müssen Sie nicht auf Nummer sicher gehen. Schreiben Sie eine Liste mit Dingen, die Sie sich wünschen – lassen Sie romantische Verstrickungen außen vor –, und machen Sie sich dann auf und verfolgen Sie all Ihre Ziele mit so viel Vorsicht und Verzagtheit wie ein Komet.

TEIL V

Die sozial konstruierte Angst vor dem Singledasein überwinden

Mangelware

Kürzlich wurde mir per E-Mail ein Kettenbrief geschickt, der den folgenden Witz enthielt: Eine Frau geht in einem »Kaufhaus für Ehegatten« einkaufen. Es hat sechs Etagen, und sie kann nur auf-, nicht jedoch abwärtsgehen. Die Frau kann jede Etage nur einmal aufsuchen. Mit jeder Etage, die sie mit dem Aufzug weiter nach oben fährt, werden die Ehemänner besser. Der Witz daran? Als sie in der sechsten Etage ankommt, neugierig darauf nachzusehen, wie gut die Ehemänner dort wohl sein mögen, wird sie von einem Schild begrüßt, auf dem steht: »Auf dieser Etage gibt es keine Männer.« Der Witz existiert einzig dazu, zu beweisen, dass es unmöglich ist, Frauen zufriedenzustellen.

Haha, wie lustig. Oder vielleicht auch nicht. Weil man uns bereits unser ganzes Leben verklickert hat, dass wir, sollten wir zu lange warten und zu wählerisch sein und uns keinen Kerl auf Etage vier schnappen, irgendwann auf einem Stockwerk landen, auf dem keine Ehemänner/-frauen mehr übrig sind.

Das ist völliger Quark.

Woody und die Twinkies

Haben Sie *Zombieland* gesehen? Falls nicht, sollten Sie das unbedingt nachholen, da der Film ein Meisterwerk der Zombiekomödien ist, in dem drei meiner Lieblingsschauspieler (Woody Harrelson, Bill Murray und Emma Stone) mitspielen. Jedenfalls ist die von Woody gespielte Figur in dem Film auf einer fieberhaften Jagd nach Twinkies.

Twinkies sind in etwa die amerikanische Version von Yes-Törtchen. Sie zählen zu den Grundnahrungsmitteln, sind eine kleine Alltagsbelohnung, die man überall kaufen kann. Allerdings befinden wir uns mitten in einer Zombieapokalypse. Tja, da ist es schwierig, an Twinkies ranzukommen, und Woodys einzige Hoffnung, sein Verlangen befriedigen zu können, liegt darin, sie irgendwo in einem Kühlwagen zu finden. Seine Twinkie-Suche wächst sich zur regelrechten Obsession aus.

Wenn man zu hören bekommt, dass etwas knapp wird, löst das Panik aus, und man möchte auf der Stelle etwas von dieser Mangelware haben. Aus diesem Grund neigen Menschen zu Panikkäufen, wenn eine Kosmetiklinie eingestellt wird. Deswegen trampeln Konsumenten am Black Friday über andere Käufer, um sich den Flachbildschirm für den halben Preis unter den Nagel zu reißen. Und daher rührt auch die Angst, die sich in den Herzen von Singles regt, wenn einmal mehr der Satz »Die Guten sind alle vergeben« ausgepackt wird.

Aber Sie sind nicht Woody. Und auch ich bin nicht Woody, und potenzielle Partner sind keine cremegefüllten Törtchen. Der Beziehungsmarkt gehorcht nicht den Regeln eines »Schnapp es dir, bevor es weg ist«-Schlussverkaufs. Singlemänner und -frauen werden sich niemals erschöpfen. Versprochen.

Hier nun ein paar Zahlen zum Thema »Singles in Großbritannien«. Ich werfe gerne mit Fakten um mich, um das Single-Schreckgespenst zu verjagen.

 **51%** der Briten zwischen 25 und 44 sind Singles.

98% der 18- bis 24-Jährigen gehören zum Lager der Singles.

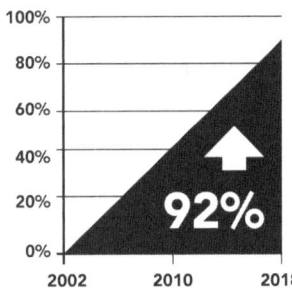

Die Zahl derjenigen, die mit über 55 nie verheiratet waren und allein leben, **ist seit 2002 um 92 Prozent gestiegen.**

 **Zwei Drittel** der Frauen unter 30 sind Singles.

Nur **einer** von zwei Millennials wird voraussichtlich heiraten.*

 Die Anzahl an Single-Haushalten hat sich **in den letzten vierzig Jahren mehr als verdoppelt.**

In 7.7 Millionen

Haushalten in Großbritannien lebt nur eine Person. Das sind 28 Prozent (1971 waren es noch 17 Prozent).

Sehen Sie, es gibt keinen Mangel. Ganz im Gegenteil: Alleinstehende Menschen existieren geradezu im Überfluss.

* Behauptet ein Thinktank. Der Direktor der britischen Marriage Foundation, Harry Benson, sagt: »Laut unserer Schätzung waren 90 Prozent der heute Sechzigjährigen irgendwann in ihrem Leben verheiratet, wohingegen dies nur auf 50 Prozent der jungen Menschen heutzutage zutrifft.«

Arme Jen und Playboy Leo

Unlängst war ich bei einer Hauseinweihungsparty, als es mir wie Schuppen von den Augen fiel, wie unterschiedlich Singlemänner und Singlefrauen doch wahrgenommen werden.

Wir vergnügten uns bei einem Spiel, bei dem man anhand einiger schnell abgefeuerter Kommentare erraten musste, um welchen Promi es sich handelte. »Unglücklich verliebte Schauspielerin«, warf meine Freundin in den Raum. »Jennifer Aniston«, kreischten drei von uns einstimmig und voller Triumph, darunter auch ich. Später war Jennifer Anistons Ex Brad Pitt an der Reihe, und jemand warf den Hinweis »*Fight Club*« in den Ring.

Später ging mir dann blitzartig ein Licht auf. Obwohl auch Brad zu der Zeit Single war und gerade seine zweite Scheidung durchmachte, wäre nie jemand darauf gekommen, ihn einen »unglücklich verliebten Schauspieler« zu nennen. Oder doch? Nein, nie und nimmer. Ist das nicht seltsam?

Mich brachte es dazu, darüber nachzudenken, was wir mit Singlemännern und Singlefrauen verbinden und welche machtvolle Wirkung damit einhergeht. Alleinstehende Frauen sind unglücklich, bemitleidenswert, geben eine traurige Figur ab und können sich ihr grausames Soloschicksal unmöglich freiwillig ausgesucht haben. Oft heißt es: »Bei ihr hält es kein Mann aus« (verflucht, sogar ich habe so etwas bereits gesagt), dagegen heißt es nie: »Bei ihm hält es keine Frau aus.« Oder zumindest ist mir das noch nie zu Ohren gekommen.

»Verzweifelt«, »bedürftig« oder »launisch« sind Worte, die fast ausschließlich benutzt werden, um Frauen in Beziehungen zu beschreiben. Männer werden nicht – oder doch nur selten – so genannt. Und lassen Sie uns »pflegeintensiv« und »fordernd« nicht vergessen.

Frauen werden über Männer definiert

Noch eine Anmerkung zu dem Partyspiel. Jennifer Aniston wurde über ihr Liebesleben definiert, Brad Pitt über seine Karriere. Obwohl »Rachel, *Friends*!« genauso gut als Hinweis funktioniert hätte, wählen wir Jennifer Anistons Liebesleben automatisch zuerst.

Frauen werden auf eine Weise über die Männer definiert, mit denen sie zusammen sind, wie es bei Männern nicht geschieht. In der Fernsehserie *Scandal* habe ich eine Szene gesehen, die dies perfekt auf den Punkt bringt. Natürlich ist mir bewusst, dass die Drehbuchautoren von *Scandal* keine Soziologieexperten sind, und natürlich weiß ich auch, dass eine Serie nicht mit dem Leben zu verwechseln ist. (Wobei ich mir wünschte, Olivia Pope wäre Präsidentin der USA.) Aber haben Sie doch bitte Nachsicht mit mir: Abby redet mit ihrem Freund Leo. Beide haben hohe berufliche Positionen.

Abby: »Jeder Artikel, der über mich geschrieben wird, enthält deinen Namen. Ganz offenbar gibt es da diese eine Regel. Um meinen Namen erwähnen zu können, muss die Welt auch erfahren, dass es einen Mann gibt, der mich will. Meine Arbeit, was ich erreicht habe, meine Preise … Ich stehe auf dem mächtigsten Podium der Welt, aber eine Story über mich ist keine Story, solange sie nicht darüber berichten können, dass ich die Freundin des DC Fixers Leo Bergen bin. Als ob es mir Wert verleihen würde, mir eine Identität gäbe, mich definieren würde. Sie können sich nicht vorstellen, dass sich mein Leben nicht um dich dreht … Besitz von Leo Bergen. Wie oft, Leo, erwähnen sie meinen Namen in Artikeln, die über dich geschrieben werden?«

Richtig? Aber so was von! Sie hat den Nagel auf den Kopf getroffen!

Arme Jen

Okay, jetzt also zurück zu den realen Menschen und der realen Presse. Jennifer Aniston und Leonardo DiCaprio, die beide Singles waren, als ich dieses Buch geschrieben habe, sind Mitte vierzig und extrem erfolgreich. Warum ich gerade die beiden ausgewählt habe? Nun, weil sie wandelnde, sprechende Verkörperungen dessen sind, wie in unserer Gesellschaft Singlemänner im Gegensatz zu Singlefrauen wahrgenommen werden.

Jedes Mal, wenn sich Aniston von jemandem trennt, wird sie dargestellt, als wäre sie ungemein traurig, als schleppe sie ein gebrochenes Herz und eine biologische Uhr mit sich herum, die so dringlich tickt wie eine Zeitbombe. Leo indes rappelt sich nach einer Trennung gänzlich unversehrt zurück auf die Beine, nicht bereit, sich zu binden, brüllt er »FREIHEITTTTTT« (im *Braveheart*-Style) und begibt sich auf dem kürzesten Weg zur nächsten Unterwäschemodenschau.

»Das Narrativ, das in der Regenbogenpresse über Jennifer Aniston verbreitet wird, zeigt sie nicht als Menschen, sondern als fiktionale Figur, als lächelnde, sportliche Frau, die glücklich und doch zutiefst traurig ist, da sie nicht verheiratet ist und keine Kinder hat«, schreibt der US-amerikanische Autor Dodai Stewart auf dem Blog »Jezebel«. »Es ist eine eindringliche Mahnung: Wenn man nicht tut, was von einem erwartet wird – einen Partner finden, sich paaren, sich fortpflanzen –, stimmt etwas nicht. Oder treffender noch: *Etwas stimmt nicht mit einem.*«

Der erwartungsvolle Blick der Medien auf Anistons vermeintlichen Babybauch hat sich auf alleinstehende Frauen auf der ganzen Welt ausgewirkt. Warum? Weil damit Botschaften einhergehen. Botschaften, die mit unsichtbarer Tinte geschrieben wurden und sich klammheimlich in unserem Bewusstsein einnisten. »Sie muss unglücklich sein«, sagt die mit unsichtbarer Tinte geschriebene Botschaft. »Also musst auch du unglücklich sein.«

Jennifer Aniston selbst hat sich über die Beobachtung ihrer Person derart geärgert, dass sie eine ganze Reihe (sehr deutlicher) Entgegnungen veröffentlicht hat. »Allein die Menge an Geld, die ausgegeben wird, nur um herauszufinden, ob ich schwanger bin (zum milliardsten Mal ... aber wer zählt da noch mit)«, schreibt Aniston, »deutet darauf hin, dass die Auffassung fortgeschrieben wird, Frauen müssten irgendwie unvollständig, erfolglos oder unglücklich sein, wenn sie nicht verheiratet sind und keine Kinder haben.«

Playboy Leo

Aber auch Männer werden auf eine Rolle festgelegt. Und das zu ignorieren wäre in etwa so, wie wenn man auf eine Demonstration für gerechte Löhne ginge und abends bei einem Date erwarten würde, dass der Mann die Rechnung begleicht. (Gleichberechtigung bedeutet auch, die Rechnungen gleichberechtigt zu teilen, Leute!)

Sie sind »Schürzenjäger«, »Playboys«, »Hengste«, »beziehungsunfähige Typen« und »Casanovas«. Sie sind Raubtiere, die Neil Strauss' *Die perfekte Masche. Bekenntnisse eines Aufreißers* lesen und ahnungslose Beutetiere in ihre Junggesellenbude abschleppen, wo sie sie mit de Sade, sich drehenden Betten und Satin-Boxershorts verführen. Igitt. Sie sind Frauenhelden, Männerheldinnen hingegen gibt es nicht.

Lassen Sie uns den Rummel betrachten, den die Medien um den frisch getrennten Leonardo DiCaprio gemacht haben. Es ist lächerlich. »Frauenschwarm« Leo ist von »einer ganzen Schar an

Schönheiten« umgeben, »die Frauen essen ihm aus der Hand« und »er lässt sich das Singleleben schmecken«, als wäre er ein dicker Kater vor einer riesigen Schale mit Sahne. In gewissen Medienkreisen wird er sogar mit dem peinlichen Spitznahmen »Leo-thario«[11] bedacht.

George und Amal

Auch Verlobungen werden in den Medien ganz unterschiedlich dargestellt. Betrachtet man, wie über die zwischen Jennifer Aniston und ihrem (zwischenzeitlichen Ex-Mann) Justin Theroux berichtet wurde, fallen die erleichterten Schlagzeilen auf: »ENDLICH«, ein Cover verkündete »ENDLICH GLÜCKLICH«, als wäre alles davor nichts als Leid und Verzweiflung gewesen, schreibt Stewart auf »Jezebel«.

George Clooneys Verlobung mit Amal Alamuddin wurde nicht mit ENDLICH-Schlagzeilen zelebriert, zumindest nicht für ihn. In der *Daily Mail* wurde ein Foto von Amal veröffentlicht mit der Überschrift: »›Ich habe mir den Mann geangelt, der sich nicht binden wollte‹: Glamouröse britische Juristin schafft es, George Clooney endlich zu zähmen.«

Erkennen Sie den Unterschied? Die Sprache und die Art und Weise, wie berichtet wird, zeigen glasklar, dass Singlemänner im Auge der Gesellschaft einen höheren Wert haben als Singlefrauen. Sie ist eine renommierte Menschenrechtsanwältin, und doch hat sie ihn sich laut der Medien »geangelt«, ihn »eingetütet«, »gezähmt« und »konnte bei ihm landen«.

---

11 Basierend auf Lothario oder in der deutschen Übersetzung Lotario, einer Figur in Miguel de Cervantes *Don Quijote* – ein Frauenverführer. (Anm. d. Ü.)

Amal hat mittlerweile eine Rede gehalten, in der sie gut gelaunt sagte, sie sei dankbar, dass sie George getroffen habe, da »ich fünfunddreißig war und mich mit dem Gedanken anfreundete, als alte Jungfer zu enden«.

Einerseits finde ich es toll, dass sie ihre Angst vor dem Alleinbleiben zugibt (klasse gemacht, Amal, sehr sympathisch, diese Verletzlichkeit). Aber andererseits fiel mir dadurch auch auf, dass mit zweierlei Maß gemessen wird: Können Sie sich vorstellen, dass George eine Rede hält, in der er Amal dafür dankt, dass sie ihn von seinem Junggesellendasein erlöst hat? Wohl kaum.

Und wenn wir schon beim Alter sind: Der Altersabstand zwischen den beiden beträgt siebzehn Jahre. Mir ist kein einziger Artikel untergekommen, der Clooney das vorwirft. Aber erinnern Sie sich noch an das Bohei der Medien, als die britische Regisseurin Sam Taylor-Johnson ihren Partner, den vierundzwanzig Jahre jüngeren Schauspieler Aaron Johnson, heiratete? Selbstredend wurde gesagt: »Sie könnte ja seine Mutter sein!« Oder als die Popsängerin Cheryl Cole mit dem Sänger Liam Payne zusammenkam, der elf Jahre jünger ist? Als sie sich trennten, wurde Cheryl als »ungezügelte Cougar« bezeichnet. Offensichtlich sind Beziehungen zwischen älteren Männern und jüngeren Frauen für die Medien in Ordnung, dreht sich das Verhältnis jedoch um, flippen sie aus.

Auffällig ist auch, dass bei einer Trennung davon ausgegangen wird, der Mann habe den Schlussstrich gezogen. Um dieser vorschnellen Annahme der Medien (und der Gesellschaft) entgegenzutreten, beteuern Promipaare in ihren Presseerklärungen oft, dass ihre Entscheidung »EINVERNEHMLICH GETROFFEN WURDE, DOCH WIRKLICH«.

Autos und Häuser

All das untermauert die absurde Auffassung, Frauen würden mit zunehmendem Alter an Wert verlieren, wohingegen der von Männern zunimmt. Frauen sind Autos, Männer Häuser. Ältere alleinstehende Männer werden als Schneeleoparden dargestellt, mit ein paar weniger Flecken im Fell: zurückgezogen, von höchstem Wert und glamourös. Dahingegen sind ältere Singlefrauen was, einsame Gazellen? Verloren, verletzlich und verwirrt. Das ist sexistisches, altersdiskriminierendes und längst überholtes Gewäsch.

Stellen Sie sich eine Welt vor, in der im *People Magazine* eine Reihe prominenter Männer mit der Schlagzeile »Sind diese Männer Ladenhüter?« veröffentlicht würde. So etwas würde niemals geschehen, stimmt's? Und doch hat besagtes Magazin noch in den Achtzigerjahren eine Reihe bekannter Frauen auf dem Cover abgebildet und dazu die Titelzeile gedichtet: »Sind diese Frauen alte Jungfern?« (Wenn Sie neugierig sind, starten Sie eine Bildersuche auf Google.)

Können Sie sich eine Welt vorstellen, in der eine Horde Männer auf einer Hochzeit um einen Blumenstrauß ringt, der angeblich anzeigt, wer als Nächster heiratet? (Ich gehe derweil immer aufs stille Örtchen.)

Karrierefrauen

Die Singlekrise wird ganz unverhohlen den alleinstehenden Frauen in die Schuhe geschoben. Wir sind schuld. Nur damit Sie's wissen. Man sagt, es liege daran, dass wir »Karrierefrauen«[12] seien, die

---

12 »Karrieremänner« existieren nicht. Männer, die einem Beruf nachgehen, sind einfach nur Männer. Gut, dass wir das geklärt haben.

»Babys auf Eis legen«. Üblicherweise wird dergleichen in den Medien mit einer Frau mit Aktentasche dargestellt (dabei habe ich tatsächlich noch nie eine Frau mit Aktentasche gesehen) und einem Baby in einem Eiswürfel (so etwas ist mir ebenfalls noch nie untergekommen, aber würde ich Derartiges sehen, würde ich auf jeden Fall die Polizei rufen).

Es spielt keine Rolle, dass auch Männer sich für ein Leben als Single entscheiden, dass auch Männer Berufen nachgehen und dass auch sie ihr Sperma einfrieren lassen. Das ist nicht so wichtig, nicht waaaaahr? Aber schauen Sie sich doch einmal diese Frauen an, die sich egoistisch dazu entscheiden, »Karrierefrauen« zu sein, um Dinge zu tun, wie Essen zu kaufen oder sich ein Dach über dem Kopf leisten zu können.

Kürzlich habe ich sogar eine Schlagzeile gesehen, die behauptete: »Großbritannien wird zu einer Nation der Bridget Joneses!« Aaargh! LAUF. Ich kann sie mir nur zu gut vorstellen, der Angriff der Dreißig-Meter-Singlefrauen, die völlig gedankenlos mit ihren Stilettos über den Tower trampeln, die an der Themse einen Tsunami auslösen, weil sie mit ihren gigantischen Gehaltsschecks herumwedeln. Warum lautet die Schlagzeile nicht: »Großbritannien wird zur Nation der Bridget Joneses und der Daniel Cleavers«? Es ist auffällig, wie sehr die Singlemänner durch Abwesenheit glänzen.

Und dann gab es da noch die Schlagzeile »Singles wie Bridget Jones lösen Wohnungsnot aus«. Was, jetzt geht auch noch die Wohnungsnot auf unsere Rechnung? Männer haben damit nichts zu tun, es sind die Frauen allein, ja?

Zusammengefasst lautet die Argumentation: Alleinstehende Frauen sind davon, dass sie ihre Aktentasche mit sich herumschleppen und Babys in Rieseneiswürfel stecken müssen, derart müde, dass sie nicht mehr heiraten und so die Wohnungsnot ausgelöst haben. Aha. SO EIN VERDAMMTER MIST!

Entschuldigen Sie mich bitte für einen Moment, ich meditiere mal eben, um mich wieder abzuregen.

Kurze Sendepause mit Panflötenmusik

Mediale Reaktionen auf glückliche Singles

Da bin ich wieder. Danke, dass Sie gewartet haben.

Leider ist das aber noch nicht alles, denn wenn sich jemand gegenüber den Medien als glücklicher Single »outet«, führt das zu heftigen Gegenreaktionen. Als die damals neununddreißigjährige Journalistin Kate Bolick 2011 auf dem Cover des Magazins *The Atlantic* abgedruckt wurde und dazu die Titelzeile »Was, ich und heiraten?«, ging ihr brillant geschriebener Artikel viral. Kate jedoch wurde mit Negativreaktionen überschüttet.

»Die Männer sagten: ›Für wen hältst du dich eigentlich, du arrogante Schlampe, glaubst du, du wärst zu gut zum Heiraten?‹«, sagte Bolick. »Sie wurden wirklich ausfällig. Aber dann ging ich mit dem Freund eines Freundes zum Abendessen aus und er brachte Licht in die Sache. Er meinte: ›Wenn Frauen nicht mehr derart dahinter her sind, zu heiraten, was bedeutet das dann für mein Leben? Ich wurde dazu erzogen, ein Versorger zu sein, mich um eine Familie zu kümmern.‹ Das brachte mich zum Nachdenken.«

Überraschenderweise wurde Kate Bolick auch von Frauen angegangen. »Viele sagten das Gleiche wie die Männer: ›Glaubst du, du wärst zu gut fürs Heiraten?‹, aber sie ergänzten noch: ›Du wirst es bereuen. Mit neununddreißig ist es einfach, so etwas zu sagen, aber wenn du älter bist, betrachtest du die Dinge mit anderen Augen.‹ Und vielleicht stimmt das sogar«, räumte Bolick ein.

Und genau das zeigt etwas Wichtiges, oder etwa nicht? Wir haben das Recht, unsere Meinung so beiläufig und kompromisslos zu ändern wie ein Taxi, das das Licht auf seinem Dach an- und ausschaltet. »Weil wir dazu erzogen worden sind, davon auszugehen, dass eine Ehe für immer hält, kommt es vor, dass man denkt, auch das Singleleben sei eine Entscheidung für das ganze Leben«, so Bolick. »Viele Menschen sagten zu mir: ›Und du bleibst dann also dein ganzes Leben lang Single?‹ Ich antwortete darauf, dass es darum nicht geht, sondern darum, sich selbst zuzugestehen, diese erlernten Vorstellungen zu hinterfragen. In unserer Lebensrealität heute gibt es nur noch selten ein ›für immer‹, unsere Generation verbringt Lebensabschnitte allein und in serieller Monogamie. Aber entscheidend dabei ist, beides gleichermaßen zu zelebrieren. Wir sollten weder das eine noch das andere höher stellen.«

Wir werden zu klischeeerfüllenden Prophezeiungen

Die Medien tragen also die Verantwortung für viele der Stereotype rund um das Thema Singlefrauen/Singlemänner. Ich frage mich, wie stark Männer und Frauen davon beeinflusst werden. Wir spekulieren ständig darüber, was das »Arme Jen«-Narrativ für Frauen bedeutet, aber kaum, was das »Playboy Leo«-Klischee für Männer heißt.

Schieben Sie also für einen Moment Ihre Zweifel beiseite, und stellen Sie sich vor, Ihnen würde immer und immer wieder erzählt, dass Sie sich »gefangen« fühlen werden, wenn Sie heiraten, dass es in ihrem Wesen liegt, Schwänze zu jagen, dass Sie Ihre Vagina einfach nicht in der Hose lassen können, dass alle Männer nichts anderes im Sinn haben, als Sie zu schwängern, und dass es kein größeres Gräuel gibt, als sich zu binden.

Wann werden Sie wohl damit aufhören, Ihre eigenen Kleider auszuwählen und einfach das Klischee-Outfit überziehen, das man Ihnen an jedem einzelnen verdammten Tag herauslegt? Wann werden Sie wohl vergessen, wer Sie sind und was Sie wollen und anfangen, so zu sein, wie man es Ihnen vorgibt?

Ich frage mich oft, wie viele Frauen tatsächlich glauben, dass sie heiraten und Kinder bekommen wollen, und wie viele traurig sind, weil sie allein sind, einfach nur, weil man uns all das mit dem Heiraten und den Kindern immer und immer wieder erzählt hat. Wie auf Befehl marschieren wir auf das Ziel namens Ehe zu oder heulen in einen Eimer voll Eiscreme.

Genauso frage ich mich auch, ob Männer glauben, sie würden sich vor einer Bindung fürchten, weil man es ihnen immer und immer wieder eingebläut hat. Es ist so, als würde man einen Teller mit Kuchen vor jemandem abstellen und dann sagen: »Möchtest du etwas von dem Kuchen? Er wird dir aber nicht schmecken! Er wird dir das Gefühl geben, in die Falle gegangen zu sein. Wie sieht's aus, möchtest du etwas von dem Kuchen?«

Ich bin der Überzeugung, dass ehehungrige Frauen und der Ehe ausweichende Männer größtenteils soziale Konstrukte sind. So wie Mädchen ermutigt werden, mit Puppenküchen zu spielen und Pink zu tragen, während Jungs Traktoren geschenkt bekommen und blaue Kleidung anhaben, sind auch wir seit unserer Kindheit durch die Gesellschaft geformt. Durch so etwas wie pinke oder blaue Socken. Folglich benehmen wir uns häufig wie wandelnde, Klischees erfüllende Prophezeiungen.

Das »Arme Jen«-Narrativ müssen wir wirklich torpedieren, aber wir müssen auch das »Playboy Leo«-Narrativ über Bord werfen. Warum können wir nicht einfach Individuen sein, zig Millionen

Menschen, die ihre Geschlechtsidentität ganz unterschiedlich leben? Das wäre so viel befreiender, als Bridget genannt und in Häschenkostüme gezwängt zu werden oder in einen Maßanzug, um einem Daniel Cleaver zu entsprechen.

Die Lebensrealität von Singlemännern

Es ist dermaßen befremdlich, alle Singlemänner darauf zu reduzieren, Casanovas zu sein oder Peter Pans und sie alle über denselben bindungsgehemmten Kamm zu scheren. Es bringt mich auf die Palme.

Ich bin an so einige Armleuchter geraten, aber deswegen gehe ich nicht davon aus, dass alle Männer Armleuchter sind. Genauso wenig sollte davon ausgegangen werden, dass alle Frauen über dreißig unbedingt schwanger werden wollen. Wir Frauen wissen, wie lästig so etwas ist, daher sollten wir die andere Hälfte der Weltbevölkerung nicht auch in einen Topf werfen, okay? Um den Geschlechtern gerecht zu werden, bat ich ein paar waschechte Singlemänner, mir von ihren Erfahrungen zu berichten:

Ian sagt: »Es mag schon Männer geben, die auf Tinder ihr Unwesen treiben und eine Schneise der Zerstörung und sexuell übertragbarer Infektionen zurücklassen, aber bei denen handelt es sich bei Weitem nicht um die Mehrheit. Die meisten Singlemänner in einem Alter über dreißig haben einfach noch nicht das richtige Gegenüber gefunden, haben eine schwere Zeit durchgemacht, meinen, sie wären einsame Cowboys, oder haben festgestellt, dass es keinen Grund mehr gibt, jung zu heiraten.

Aber klar doch werde ich gefragt: ›Warum bist du Single?‹ Ich denke, es handelt sich dabei um eine persönliche Frage, die nicht gestellt werden sollte, außer man kennt sich wirklich gut. Dennoch antworte ich darauf ehrlich, dass ich mein eigenes Ding mache und mir ein tolles Leben aufbauen möchte, das ich hoffentlich eines Tages mit jemandem teilen kann – mit der richtigen Person.

Ich habe diesen Film mit Mel Gibson gesehen, *Was Frauen wirklich wollen*, ich schätze mal, er basiert nicht auf Fakten. Ich kann dazu nur sagen: Die meisten Singlemänner wollen einfach das Gleiche wie die meisten Singlefrauen.«

Ernest sagt: »Ich kenne genauso viele Frauen wie Männer, die Partner für ein unverbindliches Stelldichein haben. Von verheirateten Freunden fühle ich mich s-t-ä-n-d-i-g unter Druck gesetzt, mich in feste Hände zu begeben.

Als ich vor Kurzem als einziger Single auf einer Hochzeit war, bekam ich auf unterschiedliche Weise immer wieder zu hören, dass ich schon noch die Richtige finden würde. Geschieden zu sein, bewahrt mich vor zu viel »Warum bist du Single?«-Fragen, werde ich doch gefragt, reagiere ich meistens mit Humor: »Ich wollte es einfach nicht *noch einer Frau* antun.« Und wenn ich mein Gegenüber gut genug kenne, versichere ich einfach, dass ich glücklich und rundum damit zufrieden bin, mich auf meine Karriere und meine Kinder zu konzentrieren.

Die Realität ist doch, dass es glückliche Singlemänner gibt, einsame Singlemänner, glücklich verheiratete/verpartnerte Männer und einsame verheiratete/verpartnerte Männer. Das alles traf auch einmal auf mich zu. Ironischerweise bin ich heute bereiter für eine Beziehung, als ich es je war, aus dem einfachen Grund, weil ich keine brauche und auch so rundum glücklich bin.«

»Warum bist du Single?«

Dieses Kapitel wird weder reif noch selbstbeherrscht noch großmütig, aber denen, die denken, ich sollte immer reif oder selbstbeherrscht sein, sage ich ganz großmütig: Zischt ab ;-). Dennoch müssen wir über das Thema reden, denn Singles werden ständig damit konfrontiert.

Erzählt man anderen, man sei Single, vor allem, wenn es sich bei diesen anderen um verheiratete Menschen handelt, ist es so, als hätte man ihnen gestanden, man habe ein rätselhaftes Leiden, und sie wären jetzt der Arzt, der schnellstens eines Diagnose stellen (»Warum?!«) und das Leiden kurieren muss (»Lass es uns angehen!«).

Wenn man gefragt wird »Warum ist so ein tolles Mädel/so ein toller Typ wie du Single?«, scheint es, als impliziere dies: »Also, was stimmt mit der/dem nicht? Welche Macke verbirgst du hinter deinem hübschen Kleid/schnieken Anzug? Na, was ist da los?« Bridget Jones brachte es auf den Punkt, als sie mit unbewegter Miene sagte: »Ich nehme an, dass es nicht besonders hilfreich ist, dass wir unter unserer Kleidung am ganzen Körper mit Schuppen bedeckt sind.«

Als unverbesserliche Liebessüchtige wollte auch ich in meinen Zwanzigern Singles »heilen«, ich verstehe das Problem also absolut. Es versetzte mich geradezu in Panik, wenn jemand Single war, und ich sah mich verpflichtet, diese Person vor ihrem furchtbaren Schicksal zu retten. »Hier, bitte! Halte dich an meinem Rat fest, vielleicht kann er dich retten! Oder vielleicht möchtest ja du den Mann von Facebook daten, mit dem ich mich im Traum nicht verabreden würde. Na, was denkst du?«

Das Gefühl zu versagen, entsteht bei Singles durch die Tausende von verständnisvollen »Ohjes« sowie durch beteuernde Sätze wie »Du wirst schon noch jemanden finden« oder durch pragmatische Bemerkungen à la: »Hast du das und das schon versucht?« Es scheint, als könnte man Singles einfach nicht in Ruhe lassen.

Single zu sein wird in unserer Gesellschaft – ganz ähnlich wie abstinent zu sein – als Marotte abgetan. Ist man Single oder trinkt keinen Alkohol, haben andere das Gefühl, man schulde ihnen eine Erklärung. Singles werden als Freiwild zum Ausfragen aufgefasst, ebenso wie Menschen, die keinen Alkohol trinken. Eigentlich seltsam.

Allerdings geht es nicht nur Singles so. Auch Paare, die schon lange zusammen sind, aber nicht heiraten oder Kinder bekommen, werden ausgequetscht. Sogar diejenigen, die nur ein Kind haben. Paaren mit Ehering und zwei Kindern ist es erlaubt, abfällige Bemerkungen über die Lebensentscheidungen jener Menschen zu treffen und lang und breit über sie zu tratschen, nachdem diese die Dinnertafel verlassen haben.

Und dann ist da auch noch die ungemein aufdringliche Frage: »Warum bist du geschieden?« Eine Freundin von mir sagt, sie habe dann immer den Drang zurückzufragen: »Und warum bist du noch verheiratet?«

Im Grunde muss man seine Entscheidungen in unserer Gesellschaft rechtfertigen, wenn man nicht den traditionellen Pfad von Ehe plus zwei Kinder gewählt hat, stimmt's?

Was am häufigsten gesagt wird

Die anderen sagen: »Warum bist du Single?«
Was ich gerne erwidern würde: »Keine Ahnung. Aber wenn wir schon dabei sind, uns nach ein paar Minuten persönliche Fragen zu stellen: Warum bist du verheiratet? Wart ihr dafür schon bereit? Glaubst du, einer von euch wird irgendwann einmal fremdgehen?

Mir kam zu Ohren, dass ihr getrennte Schlafzimmer habt, warum das? Lass uns doch einfach ganz offen über alles reden, okay?«
Die Aussage »Ich kann einfach nicht fassen, dass du noch Single bist!« beinhaltet – vor allem, wenn man eine Frau ist – die Vermutung, man hätte keinen Mann abbekommen. Wenn man also attraktiv und solo ist, reagieren andere darauf mit: »Wie ist das nur möglich?« Tatsächlich handelt es sich dabei um ein Kompliment, das um eine vorsintflutliche gesellschaftliche Anschauung gewickelt wurde.
Was ich in Wirklichkeit antworte: »Ach, mein Männergeschmack ist einfach furchtbar. Meine Lenden steuern noch in jedem Raum zielsicher auf den emotional verkorkstesten Mann zu.«
(Meiner Erfahrung nach führt es dazu, dass sie lachen und schnell das Thema wechseln, wenn ich die gesamte Verantwortung für die Situation ohne Umschweife auf mich nehme. Sie kommen dann nicht mehr auf die Idee, mich »diagnostizieren« und »in Ordnung bringen« zu müssen.)

Wenn ich andere date

Die anderen sagen: »Es wird dann passieren, wenn du nicht damit rechnest.«
Was ich gerne erwidern würde: »Du hast so was von recht! Ich werde nicht auch nur einen Blick eines Mannes erwidern und mich gleich mit einer Stickarbeit zu Hause einschließen.«
Was ich in Wirklichkeit antworte: »Ihr beide habt also nicht gedatet?«
Die anderen antworten: »Oh doch, ähem, schon.«
Ich darauf: »Und wie soll das genau funktionieren? Ihr habt doch so wie ich auch andere gedatet?«

Die anderen: »Ja, schon.«
Ich: »Also dann mache ich wohl weiter damit, oder?«
Sie nicken und sehen sich nervös nach jemand anderem um, mit dem sie sich unterhalten können.

Wenn ich nicht date

Wenn ich date, bin ich Single, sonst würde ich ja nicht daten. Wenn ich nicht date, bin ich Single, weil ich nicht date. So oder so, irgendetwas mache ich in euren Augen falsch. Verstanden? Cool.
Die anderen sagen: »Hast du schon mal Dating-Apps ausprobiert? Wie wär's mit Bumble? Mein Freund hat darüber jemanden kennengelernt, und sie haben sich gerade verlobt.«
Was ich gerne erwidern würde: »Dating-Apps, was du nicht sagst! Ist das moderne Hexerei? Ich habe noch nie von Fumble gehört! Bitte erzähl mir mehr von deiner ungewöhnlichen, innovativen Idee! Ganz bestimmt wird es mir wie deinem Freund gehen, wenn ich erst mal dieses wunderbare Fumble habe!«
Was ich in Wirklichkeit sage: »Ja, ich habe Bumble ausprobiert. Danke! Freut mich für deinen Freund.«

Nachdem ich verlassen wurde

Was die anderen sagen: »Ach, du armes Ding! Hast du *Die Kunst, den Mann fürs Leben zu finden* gelesen? Es hat mein Leben verändert! So hab ich ihn gefunden.« *Nickt in Richtung ihres Ehemanns*
Was ich gerne erwidern würde: »Der da drüben, der auf die Oberweite der Kellnerin starrt, weil ihn immer das anmacht, was er nicht haben kann?«

Was ich in Wirklichkeit sage: »Ja, habe ich! Ehrlich gesagt, fand ich das Buch ziemlich veraltet und sexistisch. Aber danke.«

Nachdem ich jemanden verlassen habe

Was die anderen sagen: »Ach, du bist einfach zu wählerisch. Du musst deine Ansprüche runterschrauben.«
Was ich gerne erwidern würde: »Ja, du hast vollkommen recht. Wenn mir das nächste Mal irgendein Tom, Dick oder Harry im Supermarkt auf den Hintern stiert, sollte ich einfach mit ihm zusammenkommen, weil er mich toll findet. Und auch wenn er wirklich nicht meinem Geschmack entspricht, schmeckt in der Not ja bekanntlich jedes Brot.«
Was ich in Wirklichkeit sage: »Ehrlich gesagt, bleibe ich lieber allein, als meine Ansprüche runterzuschrauben.«
Genau diese Unterhaltung hatte ich tatsächlich gestern. Allerdings gab es noch eine Wendung, nachdem ich gesagt hatte: »Nun, ich bin nicht für Zugeständnisse bereit. Lieber bleibe ich für immer Single, als mit jemandem zusammenzuleben, der weniger als außergewöhnlich ist.« Daraufhin sagte mein verheiratetes Gegenüber: »Du klingst wie meine Bekannte, die seit zehn Jahren Single ist. Ihr beide werdet niemals heiraten! Niemals!«
Besagte Frau ist übrigens wirklich eine nette Person, aber in dem Moment fühlte ich mich, als hätte sie ihren Zauberstab auf mich gerichtet und mich zu dazu verflucht, mein Leben lang Single zu bleiben, weil ich es gewagt hatte, darin wählerisch zu sein, mit wem ich mein Bett und Leben teile. Es war bizarr, aber leider kein Einzelfall.

Etwas wissen wollen, heißt nicht, ein Recht darauf zu haben

Ja, mir ist klar, wie irritierend es sein kann, wenn andere glauben, sie hätten ein Recht darauf, zu wissen, was los ist, obwohl sie eigentlich nur unbedingt wissen wollen, was los ist. Aber man muss bei ihren Spielchen nicht mitmachen. Man muss ihnen keine ausführliche Erklärung abgeben oder das eigene bisherige Liebesleben ausbreiten, damit sie es kritisch beäugen und loben können, oder Ihre Entscheidung, Single zu sein, absegnen.

Auch heute noch erwische ich mich manchmal dabei, wie ich meinen Status als Single vor anderen rechtfertige. Wenn ich mich dabei ertappe, frage ich mich: »Warum tue ich das?« Meistens liegt der Grund darin, dass ich mich übermäßig darum sorge, was andere über mich denken. Also lasse ich das los.

Inzwischen sage ich häufig mit ungerührter, sphinxhafter Miene »Ich bin Single«, so kann ich Fragen abwehren und bleibe rätselhaft. Ob ich wohl asexuell bin? Oder eine Spionin? Sie wissen es einfach nicht. Oder bin ich Single, weil ich meinen letzten Freund umgebracht und verspeist habe wie eine Schwarze Witwe? Mir macht es Spaß, ein bisschen geheimnisvoll zu tun. Mir gefällt die Regel der für alle Ewigkeiten schwer fassbaren Kate Moss: »Niemals beschweren, niemals erklären.« Das ist mein neues Motto.

Die britische Autorin Bryony Gordon spricht mir mit ihrem Buch *The Wrong Knickers* aus der Seele. Mit ihrer Wut über Menschen, die meinen, sie könnten Singles »heilen«, kann ich mich voll und ganz identifizieren. »Zieht Leine. Echt jetzt. Für wen haltet ihr euch eigentlich? Für Oprah verflucht noch eins Winfrey? Wenn ihr mir erzählt, ich könne nur dann Liebe finden, wenn ich mich selbst liebe, möchte ich euch im Tonfall eines fünfjährigen Jungen nachäffen und dabei eine Grimasse ziehen.«

Anstatt ihnen zu sagen, sie sollen sich vom Acker machen, tue ich so, als wäre ich ein Stein. Diesen Trick habe ich mir von meiner Freundin Holly abgeschaut, die einmal ganz beiläufig sagte: »Ich übe mich in Wehrlosigkeit und verhalte mich so, als wäre ich ein Stein« (worüber ich in brüllendes Gelächter ausbrach). Ich habe es deutlich vor mir, wie sie dasitzt, ein äußerst hübscher Stein mit Augen, der Steinvoodoo benutzt, um unliebsame Fragensteller dazu zu bringen, sich anmutig vor ihr zu verbeugen.

Letzten Endes wird nichts von dem, was andere sagen, mich oder Sie verunsichern, wenn wir mit unserer Entscheidung, Singles zu sein, im Einklang sind. Wie Gandhi schon sagte: »Ohne meine Erlaubnis kann mich niemand verletzen.«

Das rufe ich mir oft in Erinnerung, um meine empfindliche, leicht verletzbare Haut zu schützen. Auch wenn es mir schwerfällt, mir etwas Verletzendes nicht zu Herzen zu nehmen, habe ich es durchaus in der Hand, wie lange es mich verletzt.

Aber warum tun sie das? Warum fragen sie: »Warum bist du Single?« Ich denke, es beruhigt uns, wenn andere die gleichen Entscheidungen treffen wie wir selbst, und es fällt uns schwer nachzuvollziehen, wenn jemand anders ist. Mir beispielsweise fällt es wirklich schwer nachzuvollziehen, warum manche Menschen nicht gerne reisen oder keine Tiere mögen. Und dann versuche ich, ihnen einzureden, dass sie Reisen und Tiere toll finden, auch wenn ihnen ihre eigenen Entscheidungen und Meinungen natürlich zustehen.

Bella DePaulo hat dies treffend zusammengefasst: »Menschen, die gerne allein leben, die sich für ein Leben als Single entscheiden, bedrohen lieb gewonnene Ansichten darüber, was man wollen sollte.«

»Warum bist du Single?« wird also nicht aus Boshaftigkeit oder Herablassung gefragt, sondern weil diejenigen, die einen fragen, selbst in einer Beziehung leben und wollen, dass man auf ihren Zug aufspringt, weil das ihre Entscheidung bestätigt und sie nicht so verunsichert.

Ich möchte Ihnen an dieser Stelle den großartigen Ratschlag meiner Mutter mitgeben, der es verdient, weltweit auf Autoaufkleber und Untersetzer aufgedruckt zu werden:

Solange man den anderen nicht den Schlüssel dafür gibt, können sie einen auch nicht aufziehen.

MEINE MUTTER

TEIL VI

Wie ich manche Lektionen vergesse und andere aufs Neue lerne

Das Auf und Ab der persönlichen Entwicklung

Trotz aller Erleuchtung, all meiner Aha-Momente, in denen die Sonne durch die Wolken hindurchbrach und alles in helles Licht tauchte, war mein Wiedereintreten in die Dating-Sphäre nach der Ausgeglichenheit meines Sabbaticals bestenfalls holprig. [An dieser Stelle bitte das Emoji des Affen einsetzen, der sich die Hände vors Gesicht schlägt.]

Warum? Lernen ist kein linearer Prozess. Treffender beschreibt ihn das Wort »zirkulär«, manchmal auch »durchgedreht«. Hier sehen Sie darum eine Illustration meiner Lernentwicklung im Zeitraffer.

Bis etwas bei mir hängen bleibt, muss ich es immer und immer wieder wiederholen. Ich lerne etwas, vergesse es wieder, lerne es wieder und stelle fest: »Oh stimmt, das habe ich ja 2014 schon gelernt!« Was meine persönliche Entwicklung angeht, ähnele ich der vergesslichen Paletten-Doktorfisch-Dame Dorie aus *Findet Nemo*. Wirklich jetzt.

Für mich hat sich gezeigt: In vernünftigem Maß zu daten ist vergleichbar damit, in vernünftigem Maß zu trinken. Es ist einfacher, überhaupt nicht zu daten oder zu trinken. Mir fiel es schwerer, mir meine Freude am Singledasein zu bewahren, als ich wieder auf das Dating-Karussell aufgesprungen war.

Einmal hatte ich darüber mit Eric Zimmer (dem legendären Moderator des Podcasts »The One You Feed«) einen Austausch per E-Mail. Ich schrieb: »Anscheinend ist unsere psychische Gesundheit weniger ein lineares Narrativ als vielmehr eine verwirrende Spirale!« Eric Zimmer antwortete wie stets äußerst klug: »Aber hoffentlich ist es eine Aufwärtsspirale. Auch ich sehe mich immer wieder den gleichen Herausforderungen gegenüber, bin aber jedes Mal ein Stückchen weiter.« JA. Er hat so was von recht.

Warum ist der Lernprozess so ein Auf und Ab? Das lässt sich neurowissenschaftlich erklären. Es liegt ganz einfach an Ihrem Gehirn, das versucht, altbekannte Pfade zu betreten, den Weg des geringsten Widerstands. Erinnern Sie sich noch an Seite 64? Aus diesem Grund müssen Sie sich selbst ermahnen »Moment mal, Gehirn, ich date keine gleichgültigen Menschen mehr, mir sind inzwischen die leidenschaftlichen lieber« und ihr Hirn freundlich in die richtige Richtung schubsen. Oder: »Halte durch, Gehirn. Wir sind nicht unvollständig, wenn wir solo sind«, wenn es versucht, sich im gewohnten Graben festzufahren.

Und genau darum geht es. Weiterzumachen, sich zu bemühen, selbst wenn man sich plötzlich im Sinkflug befindet. Es gibt Tage, an denen einen das Singledasein einfach nur traurig macht (mir geht es jedenfalls hin und wieder so!), und dann gibt es Tage, an denen fühlt man sich wie die She-Ra oder der Spiderman des Singlelebens. Und das ist okay. Es ist völlig normal.

Auf den folgenden Seiten präsentiere ich Ihnen ein paar meiner Tagebucheinträge, die zeigen, wie ich Dinge vergesse, die ich bereits weiß, und wie ich sie in den Jahren, nachdem ich wieder begonnen habe, zu daten, neu erlerne.

Die Sache mit dem Warteort

Manchmal beschleicht mich das Gefühl, dass ich die meiste Zeit meines Erwachsenenlebens damit verbracht habe, darauf zu warten, dass mir jemand, den ich toll finde, zurückschreibt. Doch echt jetzt. Ich erinnere mich an ganze Tage, an denen ich mit einem Auge auf mein Handy starrte. In der schwachen Hoffnung auf eine Botschaft von ihm habe ich Monate damit zugebracht, meine E-Mails zu aktualisieren. Ich habe schon einmal die Benachrichtigungsfunktion einer Dating-App ausgeschaltet, weil ich viel zu beschäftigt und wichtig bin, um von dieser App genervt zu werden … nur um sie zehnmal täglich aufzurufen.

Ich habe tatsächlich bereits Jahre im Warteort verbracht. Wenn er mir nur endlich zurückschreibt, kann mein Leben beginnen, dachte ich. Glück sei etwas, das mir eine WhatsApp-Nachricht bescheren könnte, dachte ich. Als würde Lebenszufriedenheit auf den Flügeln eines blauen Vögelchens (aka Twitter) angeflogen kommen.

Doch es geht nicht nur mir so. Eine meiner Freundinnen blieb zehn Jahre lang einem Job treu, der sie langweilte, anstatt sich etwas Interessanteres zu suchen, weil besagte Arbeit eine »exzellente Elternzeitregelung« bot. Je länger sie blieb, desto mehr Elterngeld wurde ihr bezahlt. Nur war meine Freundin Single und nicht im Geringsten schwanger.

Die Wartezone ist kein guter Ort, um zu leben. Man lebt dort nur halb.

Ich beschließe, vom Warteort nach Brügge zu ziehen

April 2015

Auch wenn ich jetzt schon eine ganze Weile mit jemandem zusammen bin, den ich wirklich toll finde, habe ich mich entschieden, eine Zeit lang in Brügge zu leben. Ich bin voll in unsere Beziehung investiert, aber er ist unsicher. Manchmal verschwindet er tagelang. *Die Kamera schwenkt auf eine Szenerie mit Tumbleweeds und gigantischen Maisfeldern, untermalt vom Geräusch von Zikaden*

Dann klingelt mein Telefon, und er springt in den Vordergrund des Bildes. Plötzlich rückt er mir auf die Pelle, hüpft herum und sagt, dass er mich unbedingt sehen will und was ich morgen vorhabe?!

Er bereitet mir Kopfschmerzen. Also habe ich mich dazu entschieden, ihn aus dem Bild zu entfernen. Meinen Fokus nicht länger auf ihn zu richten. Für mich ist das ein großer Fortschritt. Vor zwei Jahren hätte ich so etwas nie und nimmer getan. Er klingt nicht gerade glücklich, als ich ihm erzähle, dass ich nach Brügge gehe. »Oh, für wie lange?« Aber das ist nicht mein Problem.

Erinnern Sie sich noch daran, wie die Medien Kate Middleton »Waity Katie« genannt haben? Anscheinend saß sie da, sah hübsch aus, drehte nervös an ihrem Verlobungsring, googelte Hochzeitskleider mit Rüschen und wartete auf Prinz Williams Antrag. Na ja, vielleicht hat sie sich darum auch gar nicht geschert oder vielleicht war sie diejenige, die nicht bereit war, sich zu binden. Es ist nur ein weiteres Beispiel dafür, wie die Medien ein Paar in eine Schublade gedrängt haben.

Was ich damit sagen möchte: Mir wurde bewusst, dass ich die Schnauze voll davon hatte, »Waity Cath« zu sein. Mir wurde klar, dass uns nur dieses eine wundervolle Leben bleibt. Und mich weiterhin im Vereinten Königreich durchzuboxen, wo ich doch eigentlich in Brügge leben wollte, nur weil ein heißer Typ mit mir zusammen sein wollte (oder auch nicht), erschien mir wie der reinste Wahnsinn.

Ich hatte das Gefühl, als würde er mich in einem Vorstellungsgespräch für die Position der festen Freundin befragen, nur dass dieses Gespräch bereits seit Monaten andauerte und ich nicht mehr willens war, länger auf eine Antwort zu warten. Ich hatte genug.

Vor meinem Umzug nach Brügge wollen wir zusammen übers Wochenende wegfahren. Aber er ghostet mich, lässt meine Nachrichten ungeöffnet. Nachdem ich bereits in Brügge bin, taucht er wieder auf, entschuldigt sich. Ich sage ihm, dass es mir reicht. Weiter geht's.

Und wissen Sie was, es fühlt sich unglaublich gut an. Mir bewusst zu werden, dass ich nicht hinter der Kulisse darauf warten muss, ob er mich will und endlich auf die Bühne tritt. Mir klarzumachen, dass ich das Theater einfach verlassen kann.

Ich mache eine Radtour am Kanal und lasse mir die Freiheit durch die Haare wehen. Ein bisschen so wie Keira Knightley in *Kann ein Song dein Leben retten*, nur dass ich Keira Knightley nicht auch nur im Geringsten ähnlich sehe und beinahe im Kanal lande, als ich mich nach einem besonders prachtvollen Schwan umdrehe.

Zu meiner Überraschung quält mich die Frage »Habe ich da einen potenziellen Gatten vergrault?« – bisher meine größte Angst –, in den darauffolgenden Tagen nicht. Aus diesem Grund habe ich immer eingesteckt, das Pferd so lange vorangepeitscht, bis es tot war. Habe alles darangesetzt, dass es nicht auseinandergeht, habe jede Möglichkeit aus einer Beziehung herausgequetscht, habe versucht, sie mit diesem Piiiiiep-Tschong-Geräusch eines Defibrillators wiederzubeleben, und nicht aufgehört, bevor ich absolut sicher war, dass es vorbei ist, dass sie hinüber ist, mucksmäuschentot. Jahrelang habe ich das reuige »Was wäre, wenn?« vermieden, nachdem ich einen Mann verlassen hatte.

Sich in eine Stadt zu verlieben, ist viel sicherer. Ich bin ganz vernarrt in Brügge, und wie bei einem Menschen mag sich das ändern oder wachsen, aber anders als ein Mensch wird mich die Stadt nie verlassen oder hintergehen.

Meine Lebenspläne sind endlich größer geworden, als nur einen Kerl für die männliche Hauptrolle zu finden. Ich habe beschlossen, dass es nicht mehr meine größte Furcht ist, eine Möglichkeit in Männergestalt zu verpassen, sondern dass ich mein Leben nicht in vollen Zügen auskoste.

Ich verbringe insgesamt sieben Monate in Brügge. An der flämischen Lebensart gefällt mir so allerlei. Dass alles in der Stadt innerhalb von fünfzehn Minuten mit dem Rad erreichbar ist. Fahrräder sind für die Belgier in etwa so etwas wie die Verlängerungen ihrer Beine. Ich sehe ein Mädchen, das mit zwanzig Stundenkilometern freihändig fährt; sie raucht währenddessen eine Zigarette und verschickt eine Textnachricht. Aggressionen gegenüber Fahrradfahrern existieren hier einfach nicht im Straßenverkehr.

Mir gefällt, dass in der Sprache vieles dem tatsächlichen Gegenstand entspricht (im Flämischen heißt Kessel »Wasserkocher«, Croissants sind »Morgenkekse«, ein Rasenmäher ist eine »Grasmaschine« und ein Gartenschlauch ist eine »Wasserschlange«). An Halloween begeben sich die Menschen auf sogenannte Hexenwanderungen, auf denen sie sich verkleiden und ins tiefste Dunkel der Wälder ziehen, um sich von grässlich geschminkten Schauspielern so richtig Angst einjagen zu lassen. Was für ein herrlicher Wahnsinn. Ich finde es toll, dass in der flämischen Architektur die schönsten und die hässlichsten Häuser willkürlich nebeneinanderbestehen (daher auch der Überraschungserfolg des Buchs *Ugly Belgian Houses*).

Mir gefällt es ungemein gut, wie ordentlich hier alles ist. Sie wissen schon, dass Detektiv Hercule Poirot diesen kleinen Kamm mit sich herumträgt, den er zur Schnurrbartpflege benutzt. Genau, das passt doch wie die Faust aufs Auge. Sie haben keine ordentlich gefaltete Wäsche gesehen, wenn Ihnen bisher kein belgischer Wäscheschrank untergekommen ist. Es ist unglaublich. Etiketten, rasierklingenscharfe Falten, gebügelte Kissenhüllen. Keine Ahnung, woher sie die Zeit nehmen.

Mein belgischer Freund hat nicht ein gigantisches Glas, in dem sein Kleingeld landet. Nein, er hat fünf Kleingeldgläser, sortiert nach Münzen. Als ich in seinen Küchenschrank spicke, habe ich einen *Der Feind in meinem Bett*-Flashback: Seine Konserven sind wie salutierende Soldaten in perfekten, nach vorn ausgerichteten Reihen angeordnet. Ich frage mich, ob ich meinen Schnellstart beim Schwimmen verbessern sollte.

Und nicht nur die Menschen sind ordentlich. Die Landschaft ist absolut geometrisch. Ein halber Kilometer Bäume mit schnurgeraden Wipfeln. Büsche sind perfekte Kugeln. Hecken werden gnadenlos geschnitten. Selbst wenn sich die Blätter im Herbst in glänzendes Gold verwandeln, scheint es, als würden sie aufgekehrt, noch bevor sie zu Boden fallen.

Die Belgier, die nach Großbritannien kommen, müssen den Eindruck haben, wir wären unglaublich unordentlich. Sie müssen denken, unsere Bäume seien kaum verantwortbar; dass unserer Büsche eine Schande sind.

Ich liebe die seltenen Momente gotischer Pracht in ihrem Wortschatz, der poetische Klang des Worts »Donnertürme« für dichte Regenwolken oder »Schacht des Vergessens« für Kerker in alten Gemäuern. Dass sie sinnlose Vorhaben mit den Worten »als würde man Wasser zum Meer tragen« beschreiben. Dass ein überfüllter Platz einer ist, wo man »auf den Hüten der Menschen laufen muss«.

Genau so sehr bin ich von ihrem trockenen Humor hingerissen. Ich zeige auf ein Feld und sage »Och, schau mal, diese süßen Kälbchen«, woraufhin mein Freund erwidert: »Die sind zum Essen.« Oder als ich ihm einmal einen Apfel hinhalte und sage »In England nennen wir so etwas die Zahnbürste von Mutter Natur«, und er antwortet: »In Belgien nennen wir so etwas Apfel.«

Auf meinem Fahrrad entwickele ich mich von »wackelig« zu »sicher«, während ich an den sich drehenden Windmühlen vorbeirausche. Im Schokoladenmuseum wundere ich mich über die Madonna mit Kind, die komplett aus weißer Schokolade hergestellt wurde. (Warum? Weil sie es können.) Ich verbringe Zeit bei den singenden Nonnen im Beginenhof, einem Dorf in der Stadt für alleinstehende oder verwitwete Frauen, und lese, dass Männern nach neun Uhr abends der Zutritt verboten ist. Ich stehe strahlend auf einem Platz, auf dem ein 50+ Flashmob mit Halstüchern, wehenden Röcken und Hosenträgern beginnt, einen Jive zu tanzen und um mich herumwirbelt.

In der Weihnachtszeit wandle ich durch supersüße Schokoläden, wo ich einmal sehe, wie ein Kellner beim Arrangieren von lächelnden Schokoladennikoläusen »Fuck you, I won't do what you tell me, fuck you, I won't do what you TELL MEEEE« von Rage Against the Machine mitsingt. Ihr Weihnachtsmann, der Sinterklaas heißt, liefert seine Geschenke am 5. Dezember per Boot; die unartigen Kinder werden in einen Sack gesteckt und für ein Jahr nach Spanien geschickt, wo man ihnen beibringt, wie man sich benimmt. Spanien ist für aufmüpfige belgische Kinder wie ein Mädchenpensionat.

Womöglich ist Ihnen aufgefallen, dass ich ganz beiläufig einen Freund erwähnt habe. Ich bleibe nicht lange allein in Brügge. Nach ein paar Monaten beginne ich, so wie alle anderen heutzutage, wieder zu daten, indem ich mir eine App herunterlade und dort Fotos von mir einstelle, die zeigen, dass ich sportlich bin (Foto vom Tauchen), lustig (alberner Schnappschuss von mir mit Bärenhut), kultiviert (für ein Dinner gekleidet) und weit gereist (Foto vom Yosemite-Nationalpark).

Ich trete wieder in die Dating-Atmosphäre ein

Bevor ich meinen Freund kennenlerne, date ich einen belgischen Polizisten, der auf unverschämt wikingerartige Weise gut aussehend ist. Er ist wie aus Stein gemeißelt. Ich versage darin, zu erkennen, dass seine Instagram-Fotos à la Zoolander – oben ohne, auf entfernt liegende Dinge zeigend, um seinen Latissimus oder was auch immer spielen zu lassen – und der Umstand, dass er die Bilder mit dem Hashtag »shredded« versieht, darauf hinweisen könnten, dass er eitel ohne Ende ist.

Ich bin zu sehr von seinem außergewöhnlichen Aussehen geblendet, als dass mir auffällt, wie seltsam es ist, dass er nach nur einer Verabredung darüber schwadroniert, mir ein Zimmer in sein Haus zu bauen, wo ich mit Aussicht auf den Fluss schreiben kann. (Noah aus *Wie ein einziger Tag*, bist du das?) Als er mir am Telefon ein Bon-Iver-Lied vorsingt und sich auf der Gitarre begleitet, sitze ich einfach nur gebannt da, obgleich ein wenig unangenehm berührt. Dann, einige Dates später, schlafen wir miteinander, und er macht dicht. Das Singen und die Hausplanung sind mit einem Schlag vorbei. Wie bei einem Wikinger, der auftaucht, nur um zu erobern.

Als ich Tom kennenlerne, bin ich auf der Suche nach Zuneigung, nach jemandem mit Persönlichkeit und Witz und auch nach körperlicher Anziehungskraft. An erster Stelle ein Freund, an zweiter ein Liebhaber. Und das bekomme ich. Währenddessen entwickele ich ein tieferes Verständnis für meine neue Liebe Brügge. Ich hänge in einer Kellerbar mit Musik aus den Achtzigern und Darts ab, die man durch einen versteckten Eingang wie in Hobbingen betritt.

An den Wochenenden beherberge ich einen nie enden wollenden Strom aus Familienmitgliedern und Freundinnen, aber die Woche über bin ich komplett allein. In Brügge lerne ich es, mich in meiner eigenen Gesellschaft wohlzufühlen. Langsam komme ich zum Schluss, dass ich ein Mensch bin, mit dem man gut Zeit verbringen kann.

Sprachverwirrung

Sehr zum Vergnügen der anderen versuche ich, Flämisch zu lernen. Sage ich »Bon appétit« auf Flämisch klingt es eher wie »Kakerlake«. Herzlich willkommen, liebe Gäste. Kakerlake! Lassen Sie es sich schmecken! Einmal, ich bin in guter Gesellschaft, möchte ich sagen, dass mir kalt ist. Stattdessen sage ich versehentlich, dass ich frigide bin.

Da wir unterschiedliche Muttersprachen sprechen, kommt es zwischen Tom und mir zu vielen komischen Missverständnissen. Ich schreibe Tom, dass ich munter (»frisky«) bin, und er schreibt mir zurück, dass er dagegen Abhilfe schaffen kann und kommt mit einer Flasche Limonade vorbei, da er dachte, ich sei durstig (»thirsty«). Dann gab es diese Unterhaltungen:

Tom: »Wie nennt man die?« *Zeigt auf eine Sommersprosse auf meinem Arm*

Ich: »Sommersprossen (freckles).«

Er: »Ah, wie die Puppen aus der Höhle.«

Ich: »Bitte was?«

Er: »Du weißt schon, wie die Fraggles aus der Kindersendung.«

Oder als ich Tom frage, was er zum Mittagessen im Kühlschrank hat:

Tom: »Tsunami-Salat und Dreck (crap). Der Dreck ist köstlich.«

Fürs Erste den Tsunami-Salat ignorierend, frage ich: »Was meinst du mit Dreck?«

Tom: »Das sind Spinnentiere, aber sie leben am Strand und gehen seitwärts.«

Ich betrachte den Sonnenuntergang über dem Kanal, der sich wie eine Umarmung an den Beginenhof schmiegt. Die Schwäne versammeln sich zur Fütterung an einem Restaurant. Es ist wunderschön. Wenn man weiß, wo man suchen muss, findet man dort eine kleine Brücke mit Liebesschlössern. Ich sehe mir die neuen Schlösser an und wünsche »Mr and Mrs Crosby. Verheiratet« viel Glück.

Ich erinnere mich daran, wie ich mit Seb in Paris war. Ich machte ihm eine Szene, weil er es nicht geschafft hatte, eine Geburtstagsüberraschungsreise nach Paris zu planen *und* an ein Vorhängeschloss zu denken, das wir an einer Brücke anbringen könnten. *Bitte drücken Sie an dieser Stelle die »Unzumutbar-Tröte«*

Mit Tom verspüre ich null Bedürfnis, ein Schloss anzubringen. Das zwischen uns ist im Moment ganz unverbindlich; Brügge ist mein Ehemann, während er nur der heiße Gärtner ist, mit dem ich eine Affäre habe.

Lektionen, die ich wieder erlernt habe

1. Wenn ein Mann nach nur einem Date sagt, er würde einem ein Zimmer in sein Haus bauen, möchte er einen ganz sicher nur ins Bett kriegen.
2. Der Warteort ist kein Ort, an dem man leben sollte.
   Das Singledasein kann sich anfühlen wie ein ungeduldiges Warten, ein ständiges Verlangen oder eine fieberhafte Suche. Wenn wir am Warteort sind, unsere Scheinwerfer über den Horizont schweifen lassen, kosten wir unser Leben jedoch nicht voll aus.

Auch heute noch finde ich mich manchmal am Warteort wieder; dann stehe ich an der Straße und mustere die Passanten mit kritischem Blick, bis der Bus kommt. Der Unterschied ist jedoch, dass ich heute weiß, was ich da tue, dass ich in solchen Momenten scheintot bin. Niemand will an einer Bushaltestelle leben. Also schüttle ich den Zustand ab und stehe auf und gehe.

Die Sache mit meinem Freund, der mit einer Frau schläft, die nicht ich bin

Tom, der Belgier mit dem »Dreck« im Kühlschrank, der, dem meine »Fraggles« gefallen, betrügt mich am Ende. Wir stehen kurz vor unserem einjährigen Jubiläum und wohnen schon so gut wie zusammen. Wir haben bereits geplant, dass ich die eine Hälfte meiner Zeit in England und die andere mit ihm in Gent verbringe.

Ich war am Boden zerstört. Ich dachte, wir wären wirklich glücklich gewesen. Für einen guten Monat stand ich völlig neben mir. Als ich in seine Wohnung zurückkehrte, um meine Sachen abzuholen, hegte ich sogar die sadistische Fantasie, seine extrem entzückende Katze zu entführen.

Dabei gab es schon vor dem Feuer Rauch, den ich jedoch lieber ignorierte. Ich erinnere mich noch daran, wie Tom mir erklärte, warum er seine beiden langjährigen Freundinnen betrogen hatte. Beide Male waren sie daran schuld. Die Erste gab ihm das Gefühl, zu ersticken, wohingegen die Zweite keinen Sex mehr mit ihm haben wollte.

Ich wusste, dass meine Alarmglocken hätten schrillen sollen, weil er die Schuld für seine Untreue einfach seinen Ex-Freundinnen zur Last legte, um sich selbst aus der Verantwortung zu stehlen. Allerdings legte ich dieses Gespräch in meiner Erinnerung unter »Ignorieren« ab, weil ich weiterhin mit ihm zusammen sein wollte.

Interessanterweise erzählte ich keiner meiner Freundinnen von dieser mit »Ignorieren« beschrifteten Akte in meinem Kopf, was immer ein Anzeichen dafür ist, dass etwas nicht stimmt. Ich redete mir ein, dass ich auf der sicheren Seite wäre, weil wir so viel fantastischen Sex hatten.

Wenn irgendetwas im Vorfeld seines Seitensprungs eine Ahnung hätte auslösen können, dann das: Er wurde anhänglicher. Er bat mich, nicht zwei, sondern nur ein Wochenende außerhalb Belgiens zu verbringen. (»Ich vermisse dich zu sehr, wenn du weg bist.«) Ein paar Tage, bevor er mich betrog, sagte ich ihm, dass ich für zwei Wochenenden nach London zurückgehen würde. Ich hatte mich seinem Wunsch widersetzt und erinnere mich noch an sein Gesicht, das sich verschloss wie die Tür eines Aufzugs.

Während ich in England war, schrieb er einer Frau eine Textnachricht, einer Person, die er ein paar Wochen zuvor in einem Nachtclub kennengelernt hatte, und lud sie auf eine wilde Nacht ein. Das herzzerreißendste Detail, über das ich einfach nicht hinwegkommen wollte, war, dass mein Pyjama die ganze Zeit unter dem Kopfkissen lag, während die beiden miteinander vögelten.

An dem Tag, an dem er mir untreu wurde, bettelte er mich auf Facetime an: »Ich muss dich sehen.« Aber ich steckte gerade mitten in einem Verabredungsmarathon und hatte keine Zeit. Vielleicht redete er sich ein, es sei meine Schuld, dass er mich betrüge, da ich nicht bei ihm war, wie er es sich gewünscht hatte.

Aber es war nicht meine Schuld. Es ist nie die Schuld von jemand anderem als demjenigen, der fremdgeht. Wenn jemand fremdgehen möchte, wird er es tun, ganz egal, wie viel Zeit man mit ihm auf Facetime verbringt, und völlig unabhängig davon, wie oft man miteinander schläft.

Nachdem Tom mir seinen Seitensprung gebeichtet hatte, gab es eine wichtige Sache, die ich anders machte als zuvor: Nach ungefähr zwei Tagen Hin und Her, das mich nur noch unglücklicher machte, brach ich den Kontakt ab. Mir wurde bewusst, dass meine

Wunden nicht heilen würden, wenn ich weiterhin mit ihm in Verbindung bliebe.

Ich gab ihm zu verstehen, dass ich keinen Kontakt mehr zu ihm wolle, wogegen er sich wehrte. Ich exportierte unsere Chats von meinem Handy, löschte seine Nummer und blockierte ihn in den sozialen Medien. Danach fühlte ich mich besser.

Einen Monat später, ich sah wieder etwas klarer und hatte mein zerbrochenes Selbst so einigermaßen zusammengeflickt, sagte ich zu einer Freundin, dass es trotz allem eine tolle Beziehung gewesen sei. Wahrscheinlich die beste bisher, und auch wenn mich das Ende zutiefst verletzt hatte, war sie zu 95 Prozent gut.

»Aber er hat dich betrogen«, protestierte sie.

»Na und? Das macht doch nicht all das Gute zunichte«, sagte ich.

Sie war nicht die Einzige, die so reagierte, als ich mit meiner 95-Prozent-Theorie ankam. Eigentlich reagierten sogar alle so. Ich glaube, meine Lieben befürchteten, dass ich wieder zu Tom zurückwollte. Aber das hätte ich nie getan, dafür habe ich zu viel Selbstrespekt.

Dennoch hat seine Untreue nicht alles verändert, was davor gewesen war. Wenn ich mich nur auf die fünf Prozent am Ende konzentrieren würde, würde ich mich all dem, was unglaublich und schön an unserer Beziehung war, berauben. Es wäre so, als würde man einen Film als Müll bezeichnen, nur weil die letzten zehn Minuten enttäuschten, obwohl der Rest großartig war. Anstatt das bittere Ende in den Vordergrund zu stellen, erinnerte ich mich lieber an die herrlich faulen Sonntage mit Hühnchensandwiches und Horrorfilmen, die Spaziergänge entlang der sternenbeleuchteten Kanäle in Brügge, die Fahrradtouren vorbei an Windmühlen.

Man geht nicht spontan in Flammen der Begierde auf, nur weil man sich an die guten Zeiten erinnert.

Die Aussage meiner smarten Freundin Jen trifft den Nagel mal wieder auf den Kopf: »Wenn andere sagen: ›Er ist aus gutem Grund dein Ex‹, stimmt das zwar, aber was ebenso stimmt, ist, dass er auch aus gutem Grund mein Freund war, ihr Idioten.«

Lektionen, die ich wieder erlernt habe

1. Wenn jemand untreu ist, hat das allein mit der Person zu tun und nichts mit Ihnen oder Ihrer Beziehung.
2. Wenn jemand bereits in früheren Beziehungen dachte, es sei okay, jemanden zu betrügen, wird er auch Sie hintergehen. Es gibt einen gigantischen Unterschied zwischen »Ich bin fremdgegangen, aber es war nicht meine Schuld, weil …« und »Ich bin fremdgegangen und weiß jetzt, dass ich so etwas nie wieder tun möchte.«.
3. Ein bitteres Ende macht nicht all das Gute zunichte, das zuvor war.
4. Erst nachdem man jeglichen Kontakt abgebrochen hat, kann der Heilungsprozess beginnen. Zu glauben, man könne über eine Beziehung hinwegkommen, indem man mit dem Ex in Verbindung bleibt, ist so, als würde man einen Kater mit Wein auskurieren wollen. Anstatt den Schmerz mit der Sache zu bekämpfen, die ihn verursacht hat, sollten Sie diese zur Seite legen.

Die Sache mit den gescheiterten Beziehungen

Zu der Zeit wird mir bewusst, dass unsere Gesellschaft das alles völlig falsch versteht. Bloß weil eine Beziehung nicht damit endet, dass Ringe ausgetauscht und Tauben aus einem Käfig freigelassen werden, nur weil man keine handbemalten Steine als Tischkärtchen ausgelegt hat, bedeutet das nicht, dass das Ganze ein Fehlschlag war. Oder dass es keine Liebe war. Oder dass es nicht lustig war. Oder dass es keine enorm bereichernde Lebenserfahrung war.

Sicherlich haben viele von Ihnen erst kürzlich eine schmerzhafte Trennung erlebt. Vielleicht haben Sie ein paar Worte des Trostes gehört, als wäre Ihre Beziehung ein Misserfolg, insofern sie zu Ende ist, aber jetzt bin ich da, und ich sage Ihnen, dass das nicht wahr ist.

Die Ehe fürs Leben wurde in einer Zeit zur gesellschaftlichen Norm, als wir mit Glück unseren vierzigsten Geburtstag erreichten und es im Dorf nur sechs Menschen gab, die zur Auswahl standen und nicht sechs Millionen wie auf Tinder, und wir einen warmen Körper neben unserem brauchten, um in der Kälte der Nacht zu überleben. Die Ehe war eine Notwendigkeit, und da wir nicht lange lebten, war es ziemlich einfach, jung zu heiraten und verheiratet zu bleiben.

Da unsere Lebenserwartung heute ganze vierzig Jahre höher ist, ist die Idee eines Partners für alle Ewigkeit möglicherweise genauso überholt wie die eines einzigen Jobs. Wer weiß. Vielleicht ist es realistischer, nur einen »Partner fürs Jetzt« zu suchen.

Ich weiß nicht, wie es Ihnen geht, aber ich habe mich in den letzten zehn Jahren ungemein verändert … in den letzten fünf … na ja, im letzten Jahr. Als naive Siebzehnjährige war ich felsenfest davon überzeugt, dass ich mit fünfundzwanzig verheiratet wäre. »Mit fünfundzwanzig heirate ich, mit achtundzwanzig kommt das erste Kind, mit dreißig das zweite.« Bing, Bang, Bong.

Mit fünfundzwanzig steckte ich in einer Beziehung, die auf unserer gemeinsamen Leidenschaft dafür, uns die Lichter auszuschießen, Döner zu essen und Selbstgedrehte zu rauchen basierte. Hätte ich ihn geheiratet, würden sich in meinem Körper inzwischen sicherlich ein paar Spenderorgane befinden.

Da wir heutzutage eher viele längere Beziehungen führen, ist es unumgänglich, dass diese enden, bevor unser Leben endet. Serielle Monogamie hat die Beziehung fürs Leben als neue Norm abgelöst. Eine Beziehung fürs Leben ist heute äußerst selten.

Ebenso bedeutet eine Scheidung nicht, dass man gescheitert ist. Und alle, die anderer Meinung sind, können getrost ignoriert werden. Vielleicht haben Sie gemeinsame Kinder? Oder acht von elf Jahren waren gut? Also, das ist doch ein Gewinn.

Denken Sie doch einmal darüber nach. Freundschaften werden nicht mit dem Stempel »VERSAGT« versehen, wenn wir auseinanderdriften oder wenn wir nicht mehr im gleichen Büro arbeiten oder wir einfach nicht mehr so viel Zeit miteinander verbringen. Über Freundschaften sagen wir auch nicht, dass sie vergeudete Zeit waren, es sei denn, sie enden in einer gemeinsamen Hypothek und Memory-Ringen.

Es ist an der Zeit, beendete Beziehungen als Kapitel im fesselnden Buch unseres Lebens aufzufassen, nicht als komplette Bücher, die für sich stehen. Manche Kapitel sind länger als andere, einige werden leicht und fluffig sein, andere dunkel und stürmisch, manche werden voller Lust und Leidenschaft sein, andere werden von Kakao, Filmen und von frühem Zubettgehen handeln. Aber alle werden faszinierend sein, und alle werden die Protagonistin – also uns selbst – in ihrer Entwicklung unterstützen.

Ich hatte sechs langjährige Beziehungen (zumindest wenn man alles, was länger als ein Jahr hält, als langjährig bezeichnet) und bin von einer herumstotternden Dilettantin, einem ahnungslosen Elefanten im Porzellanladen zu der geworden, die ich heute bin: eine halbwegs ordentliche Dilettantin, die immer noch dazulernt. Immer Neues lernt.

Heute weiß ich, dass es besser ist, die eigenen Höchstleistungen nicht mit denen von Spitzenathleten in den Weltranglisten zu vergleichen. Sich zu vergleichen, nagt an der Seele. Solange ich weiterkomme, mich mit jeder Beziehung verbessere, bin ich glücklich. In meinen letzten Beziehungen habe ich es geschafft: kaum zu streiten, nicht zu schnüffeln und mich freundschaftlich und ohne Beleidigungen zu trennen. Für mich sind das persönliche Bestleistungen, und ich bin stolz darauf. Was sind Ihre persönlichen Bestleistungen? Welche Fortschritte haben Sie gemacht?

In jeder Beziehung habe ich unverzichtbare Lektionen gelernt, von denen einige gleich folgen werden. Ich wette, dass auch Sie aus Ihren Beziehungen etwas mitgenommen haben. Denken Sie einmal darüber nach. Lassen Sie uns mit Tom beginnen, dem Mann, mit dem ich zuletzt in einer festen Beziehung war, und uns von dort nach hinten durcharbeiten.

Tom

Eine Beziehung kann auch ohne erhobene Stimme geführt werden

In unserer gemeinsamen Zeit haben Tom und ich uns zweimal gestritten. Es waren die höflichsten Auseinandersetzungen, die ich je erlebt habe. Hätte uns jemand aus der Ferne beobachtet, hätte diese Person gedacht, wir würden gerade darüber diskutieren, ob wir bereits die Katze gefüttert haben oder ob Chips oder Flips besser schmecken.

Wir hatten Meinungsverschiedenheiten, aber sicher doch, nur sind diese nicht eskaliert, weil wir uns gegenseitig zugestehen konnten, verschiedener Meinung zu sein. Die Einsicht, dass es völlig in Ordnung ist, nicht jedes Mal die gleiche Meinung zu haben, hat eine magische Wirkung. Ich dachte immer, so etwas wie Harmonie wäre langweilig, aber das war es nicht. Es war schön, dass wir miteinander ein Team sein konnten.

Für mich war es eine bewusstseinsverändernde Einsicht, dass Beziehungen auch ohne frühmorgendliche Wortgefechte auskommen können.

Krisen machen kreativ
Nichts fördert die Kreativität derart wie eine Gefahr. Ich nahm den Schmerz, der auf seinen Seitensprung folgte, und machte daraus einen Raketentreibstoff. Unsere Trennung war wie der Big Bang, der Urknall für meine Karriere.

Dass mir die Sicherheit, die mir die Beziehung gegeben hatte, entrissen wurde, entfachte in meinem Bauch ein Feuer, es verpasste mir einen gewaltigen Tritt in den Allerwertesten und brachte Tempo in meine Karriere. Herzschmerz ist eine Energiequelle. Man kann sie nutzen, um nie für möglich Gehaltenes zu verwirklichen.

Ralph

Ich kann nicht mit jemandem zusammen sein, der den Boden als Mülleimer benutzt
Als ich Ralphs Schlafzimmer im Haus seiner Mutter zum ersten Mal sah, fielen mir die Augen aus dem Kopf, und mein Kiefer

klappte mit einem dumpfen Geräusch herunter wie bei einer Zeichentrickfigur. Es sah ganz danach aus, als hätte er alles, was er je besessen hatte, behalten.

Und so war es auch. Einmal mistete ich aus, weil ich es nicht länger ertragen konnte, und warf vier Müllsäcke hinaus, ohne dass ich ihn auch nur hätte fragen müssen, ob es sich um Abfall oder vielleicht doch um lieb gewonnene Schätze handelte.

Als wir zusammenzogen, dachte ich, ich könnte ihn umziehen, ihn ändern, aber weit gefehlt. Wenn jemand Messie auf Olympianiveau ist, wird er sich nicht ändern: Er ist dann so gut darin, dass er sein Land in dieser Disziplin vertreten könnte. Er ist so gut darin, dass er niemals wirklich schlecht ist.

Ich fand doch tatsächlich leere Lebensmittelverpackungen und Kassenzettel auf dem Boden unserer Wohnung. Er behauptete, sie seien aus seiner Hosentasche gefallen, aber die besorgniserregende Regelmäßigkeit dieser Vorkommnisse ließ mich an der Behauptung zweifeln. In Wahrheit ließ er den Müll nur auf den Boden fallen, damit ich ihn hinterher aufräumen konnte.

Heute sind ein annehmbares Sauberkeitsniveau und eine gerechte Aufteilung der Hausarbeit für mich ein Muss.

Hunde- und Landliebe gehören für mich dazu
Für die einen ist es das Abendessen im Nobu, für mich ist es ein Spaziergang zur Devil's Punch Bowl mit ein paar süßen Terriern. Uns hat das damals wirklich verbunden.

Seb

Sich Geld vom Partner zu leihen, ist keine sonderlich gute Idee
Ich pumpte Seb jeden Monat ohne Ausnahme um Geld an. Ich selbst war wild entschlossen, all mein verfügbares Einkommen für Sauvignon Blanc, Vogue-Menthol-Zigaretten, frittiertes Hühnchen und Taxis um zwei in der Früh auf den Kopf zu hauen, sodass mein Gehalt nie ausreiche. Er gab immer nach.

Aber mit der Zeit wurde es zur Belastung. Ich entwickelte eine Erwartungshaltung: Unterstütze mich. Gib mir.

Heute vermische ich Beziehungen und Finanzen nicht mehr miteinander. Inzwischen wird meinen Eltern die zweifelhafte Ehre zuteil, mir mit zinslosen Darlehen auszuhelfen.

Ich liebe Nerds
Früher dachte ich immer, mein Typ wären Skateboarder oder Surfer mit strandblondem Haar und einer harten Schale, aber in Wirklichkeit entflammen mich schlaue, witzige Männer, ja, sogar wenn sie mich belehren.

Weil ich aufgrund meiner Alkoholabhängigkeit und meiner immer zahlreicheren Ängste nicht einschlafen konnte, lagen Seb und ich oft im Bett und ich fragte: »Kannst du mir etwas Langweiliges über den Weltraum/die Fotografie/die Evolution aus dem Buch von Richard Dawkins erzählen, das du gerade liest?« Und schon berichtete er ausschweifend über unsere Galaxie und dass die Sonne einer von 200 Milliarden Sternen ist. Ich tat dann ein bisschen angeödet, war in Wirklichkeit aber elektrisiert.

Seine ruhige Stimme erlaubte es mir, in das dunkle Meer des Schlafs abzutauchen, meine Segel zu setzen, den Wind zu fangen und mich zum Mond gleiten zu lassen.

Die Sache mit dem Hundepfeifen-Politiker

»Für mich bist du schön«

November 2016
Seit zwei Monaten bin ich in einer stürmischen Beziehung mit Rob. Es ist eine dieser Beziehungen, in der alles Hals über Kopf geht. Rob und ich haben uns schon eine gemeinsame Zukunft ausgemalt: Wir werden in einem wirklich coolen umgebauten Schiffscontainer leben, der mit rustikalen Holzmöbeln ausstaffiert ist, die Rob mit eigenen Händen baut. Dann werden wir eine große Familie gründen und beide selbstständig von zu Hause aus arbeiten (keine Ahnung, wohin wir die besagten Kinder in unserem Schiffscontainer stecken wollen, aber das sind ja Nebensächlichkeiten). Ich war mir nicht sicher, was die Kinder betrifft, aber er hat mich davon überzeugt, indem er zugesagt hat, tatsächlich 50 Prozent der Arbeit zu übernehmen.

Mit der Zeit erkenne ich, dass Rob mich auf ganz subtile Weise herabsetzt. Einmal zog ich meinen Mantel an, und er forderte mich auf: »Nein, zieh den wieder aus. Der ist fürs Gassigehen okay, aber nicht fürs Restaurant.« Oder als wir einmal im Café des Naturhistorischen Museums saßen und er sagte: »Hat dir schon einmal jemand gesagt, dass du schön bist?« Ich wusste nicht, was ich darauf erwidern sollte. Äh, ja, das kam ehrlich gesagt schon vor. Aber hätte ich »Ja« gesagt, hätte es arrogant geklungen. Also sagte ich einfach: »Danke.« Und er legte nach: »Also, für mich bist du das jedenfalls.« Was sich … seltsam anfühlte.

Heute hat er sich dazu entschlossen, mir von jemandem zu erzählen, mit dem er vor mir ausgegangen ist: »Sie war die schönste Frau, mit der ich je zusammen war.« Ich frage ihn nicht danach, wie sie ausgesehen hat, oder vielmehr will ich überhaupt nichts über sie erfahren. Als ich sage, dass ich mir nicht sicher sei, ob mich das interessiere, sagt er: »Aber für mich bist du schön, und dein Inneres ist viel schöner als ihres.«

Dann erklärt er mir, dass er glaubt, dass man nicht wirklich kreativ sein kann, solange man keine Drogen nimmt (und das, obwohl er ganz genau weiß, dass mein Job kreativ ist und ich weder Drogen noch Alkohol anrühre).

Oha, ich weiß nun, was vor sich geht. Unter der Dusche regnet die Wahrheit auf mich nieder. Ich gehe mit einem Hundepfeifen-Politiker aus. Was das ist? Lassen Sie es mich Ihnen erklären. Ich habe ~~darüber im *New Yorker* gelesen~~ davon erfahren, als ich *Scandal* angesehen habe.

Bei der Hundepfeifen-Politik geht es um politische Aussagen, die klar, nicht beleidigend und unschuldig wirken, in denen aber eine versteckte Botschaft eingebettet ist. Für einen Bruchteil der Menschen fühlen sich solche Botschaften falsch, abseitig und verkehrt an. Aber wie bei einer Hundepfeife kann nicht jeder diese Botschaften hören, auch wenn sie da sind. Und genauso fühlte es sich mit Rob an.

Mir schwante, dass er ein heimlicher Selbstwertzerstörer war, aber meine Beispiele waren trivial und machten den Eindruck, als hätte ich ihn falsch verstanden. So als könnte er alles von sich weisen, wenn ich damit anfing, und ich wäre mir dann wie ein überreagierender Dummkopf vorgekommen.

Wahrscheinlich haben auch Sie schon einmal einen Rob gedatet. Es handelt sich bei ihnen um Männer (oder Frauen), die zuerst sagen, man sei die Beste, das Gelbe vom Ei, das Nonplusultra, aber dann, mit der Zeit, beginnen sie, einem Rückhandbälle zuzuspielen. Etwas, das zunächst wie ein Kompliment scheint, aber einen dann mit einem leichten Ziehen zurücklässt. Wie ein wohlgemeinter Ball, der ein bisschen zu heftig geworfen wird und eher auf das Gesicht als auf die Brust zielt.

Danach hörte ich auf, mit ihm auszugehen. Dieses Mal vertraute ich meinem Instinkt, ich brach unsere Verabredung ab und beendete unsere stürmische Beziehung am darauffolgenden Tag. Ich fühlte nichts als Erleichterung.

Heutzutage funktioniert mein Bauchgefühl normalerweise einwandfrei. Jetzt, wo ich mit dem Trinken aufgehört habe, kann ich klarer denken. Und besser meinen sechsten Sinn hören, den Babys und Kleinkinder hinsichtlich des Charakters anderer Menschen scheinbar intuitiv besitzen. (»Wuäääh! Nimm die grässliche Person weg! Wäääh!)

Diese Ahnung, dass jemand gut oder schlecht ist, scheint mystischer Natur, ist in Wirklichkeit aber rein rational erklärbar: Wir bekommen Tausende minimale Gesten und noch so subtile Veränderungen des Tonfalls unseres Gegenübers mit.

Lektionen, die ich wieder erlernt habe

1. Stürmische Beziehungen bringen nichts Gutes
   Dass ich mir mit Rob eine Zukunft ausgemalt habe, war der reinste Wahnsinn. In meinem Küchenschrank war eine Dose mit Keksen, die ich schon länger kannte als ihn. Und Konservendosen, die ich bereits Jahre länger kannte. Aber stürze ich Hals über Kopf in so eine Beziehung, werde ich blind und glaube, wir wären »füreinander bestimmt«.
   Solche heftigen Beziehungen entflammen schnell, brennen aber bald schon nieder. Werden fix zu Asche. In dem einen

Moment hat man es warm und kuschelig, im nächsten wird man in finstere Kälte gestoßen.

2. Wenn Sie jemals mit jemandem zusammen sind, der Ihnen das Gefühl gibt, ständig kleiner zu werden, dessen Komplimente immer einen Haken haben, der Selbstzweifel in Ihnen sät, dann sollten Sie so bald wie möglich die Reißleine ziehen. Und zwar nur einmal. Denn aus dem zweiten Mal wird ein drittes und ein viertes und so vergeht ein halbes Jahr und dann viele Jahre. Solche Menschen fühlen sich dadurch größer, dass sie einen kleinhalten. Und ich weiß zwar nicht, wie es Ihnen ergeht, aber ich möchte nie wieder kleingemacht werden.

Die Sache, bei der ich einfach nur gewinnen möchte

Einmal kam ich einem »Heureka!«-Moment recht nahe, als meine Freundin Holly so etwas sagte wie: »Ich wollte ihn nicht wirklich. Ich wollte nur gewinnen.«

Ich darauf: »Das ist es! Genau so geht es mir auch! Für mich ist Daten wie ein sportlicher Wettbewerb.«

Ich gewinne wirklich, wirklich gerne. Ich stamme aus einer extrem wettbewerbsorientierten Familie. Im Alter von vier Jahren wurde mir beigebracht, wie man Karten spielt. Ich mache mit, um zu gewinnen. Ich tue so, als wäre es okay, wenn ich verliere, aber in Wirklichkeit hasse ich es.

Ich möchte unbedingt gewinnen.

Alle Geschlechter werden dazu erzogen, einen Partner für sich zu »gewinnen«. Aber ich würde sagen, vor allem Frauen stehen unter einem dermaßen kolossalen Druck, einen Ehering zu ergattern, dass sie häufig aus dem Blick verlieren, ob sie ihren großen Gewinn überhaupt wollen. »Ich glaube, ich wollte gar nicht mal unbedingt mit Rick zusammenwohnen«, schreibt die US-amerikanische Comedienne Amy Schumer in ihrer Autobiografie *Inside Amy Schumer. Aus meinem Leben*, »aber ich wollte, dass er mit mir zusammenwohnte. Es macht so Spaß, eine Frau zu sein!«

Wenn wir mit unseren Freundinnen darüber reden, wie es uns mit einem neuen Freund/einer neuen Freundin ergeht, zählen wir unsere »Siege« auf. Er/sie möchte eine feste Beziehung, er/sie möchte, dass ich seine/ihre Familie kennenlerne. Oh, das sind gute Zeichen, werden unsere Freundinnen dann sagen. Ding, ding,

ding! Wir rocken es. Ich tue es wirklich ständig. Ich erwische mich dabei immer wieder mittendrin. Ohhhh.

Wir haben ein Auge auf den Preis geworfen, unser Blick ist auf die Ziellinie gerichtet, unser Kopf ist im Spiel, ohne wirklich darüber nachzudenken, ob wir das Rennen tatsächlich laufen möchten, ganz davon zu schweigen, ob wir wirklich im Ziel ankommen und die Trophäe einheimsen wollen.

Hier folgt eine kleine Geschichte, die dies anschaulich darstellt:

Ich versuche, einen Mann mit einem Glas zu fangen

März 2017

Eng umschlungen spüren José und ich dem postkoitalen Glimmen nach. Wir sind achtmal miteinander ausgegangen. Acht wunderbare Verabredungen, bei denen er mich dermaßen zum Lachen gebracht hat, dass ich weinen musste (indem er einen leicht überdrehten Salsa-Lehrer imitiert hat und die Art Menschen, die einem im Kino immer diese unbeantwortbaren Fragen stellen: »Wer ist das? ... Oh mein Gott, warum geht sie da rein? ... Wo ist das jetzt? ... Was ist in der Truhe, die er immer anguckt?«)

Als wir das erste Mal miteinander schlafen, zünde ich massenhaft Kerzen an. »Ich fühle mich, als ob du mich opfern wolltest«, sagte er. Wir waren lange an der schlammbraunen Themse spazieren, wir waren zusammen einkaufen und haben gemeinsam gekocht und haben einander maßvolle fünfhundertmal am Tag Nachrichten geschrieben.

Nächsten Monat geht er für ein halbes Jahr auf Reisen. Etwas, das ich von Beginn an wusste. Er hat es sogar auf sein Dating-Profil geschrieben. Trotzdem habe ich nach rechts gewischt. »Den da bitte, liebe App.« Aber bin ich nicht auf der Suche nach einer festen Beziehung? Doch der Kerl, für den ich mich entscheide, steht kurz davor, das Land zu verlassen. Das ist typisch für mich. Ich suche mir den Mann aus, der am allerwenigsten eine Beziehung möchte.

»Also, wie machen wir es, solange du unterwegs bist?«, frage ich ihn zögerlich, und er küsst das Inselmeer aus Sommersprossen auf meinem Rücken. »Hm, du könntest zu mir kommen?«, murmelt er schläfrig.

Fünf Minuten später habe ich ihn dazu gebracht zuzustimmen, dass ich ihn einmal im Monat besuchen komme. Gewonnen. Ich wage einen weiteren Vorstoß. Ich fixiere meine Augen auf den Korb, ich ziele und werfe den Ball.

»Also, sind wir dann fest zusammen? Vögelst du nicht mit anderen Frauen, solange du weg bist?«

Er windet sich aus meiner Umarmung. Ich bin der metaphorische Riese mit einem Glas, der versucht, einen Käfer einzufangen.

»Können wir einfach abwarten, wie sich die Dinge entwickeln?«, fragt er. »Eigentlich möchte ich im Moment niemand anderen vögeln. Aber ich bin eher jemand für den Augenblick, ich lebe lieber von Verabredung zu Verabredung. Ich mag dich wirklich gern und will dich wiedersehen, so viel steht fest, aber ich weiß nicht, wie ich dazu in zwei oder drei Monaten stehe.«

WAS?! Das genügt mir nicht. Auf gar keinen Fall, José! Wie kann er es wagen, sich nicht sicher zu sein. Er kennt mich doch jetzt. Er sollte es wissen. Ich liege neben ihm und brodle vor Zorn wie ein Kochtopf auf dem Herd, auf dem der Deckel klappert. Um sechs Uhr morgens schließlich gehe ich.

Ich schreibe ihm, dass wir eine Pause machen sollten. Er findet das okay und meint noch, er hätte unser Gespräch als intensiv empfunden. Es tötet aber unsere Ungezwungenheit. Unsere Neckereien verstummen. Für ein paar Wochen schreiben wir uns halbherzige Nachrichten. Wir versuchen, ein Treffen zu arrangieren, und bekommen es nicht hin. Als er zum Skifahren aufbricht, beginnt er, mich zu ignorieren.

Eine Woche später taucht er wieder auf – als wäre nie etwas gewesen.

»Hey Süße, wie geht's dir? Bin ich immer noch an allem schuld?« (Mir kam zu Ohren, dass dieses plötzliche Verschwinden und Wiederauftauchen in der Dating-Welt der 2010er-Jahre als »Submarining« bezeichnet wird.) Kurz triumphiere ich (ich habe gewonnen, es ist nicht im Sande verlaufen, weil er mir doch noch geschrieben hat) und ignoriere ihn. Die Romantik zwischen uns ist verpufft. (Heute sind wir befreundet.)

Zwei Wochen später, nachdem meine Siegesfreude abgeklungen ist, wird mir auf einen Schlag bewusst, dass ich noch nicht einmal wusste, ob ich das, was ich da vorgeschlagen hatte, überhaupt wollte. Wollte ich wirklich eine feste Beziehung mit einem Mann, der die kommenden sechs Monate außer Landes sein würde? Nope. Wollte ich wirklich jeden Monat dorthin fliegen, wo er sich gerade aufhielt? Nope. Es wäre ein absoluter Albtraum gewesen.

War das, was er vorgeschlagen hat, vernünftig? Im Moment leben und jede Verabredung nehmen, wie sie kommt, weil wir uns gerade einmal sechs Wochen lang kannten? Und wie.

Inzwischen wende ich seine »Mag ich ihn und möchte ich ihn wiedersehen?«-Philosophie auf alle neuen Beziehungen an. Anstatt einer gemeinsamen Zukunft vorauszugreifen, versuche ich, von Tag zu Tag, von Woche zu Woche zu leben. Und so wurde José ungeahnt zu meinem Beziehungsguru. Auf jeden Fall, José.

Beim Thema Achtsamkeit geht es darum, im Augenblick zu sein, zu erleben, was im Hier und Jetzt geschieht, und nicht darum, in die Zukunft zu schweifen und wegen dem, was geschehen könnte, den Kopf zu verlieren. Das hilft mir, bei Verstand zu bleiben. Also kann man das wohl achtsames Dating nennen.

Auch heute noch spüre ich das Verlangen, zu gewinnen, ein weiteres Exemplar einzuheimsen. »Komm schon unter mein Glas, Mann! Hör auf zu zappeln! Du entwischt mir nicht!« Dabei fühle ich mir aber wirklich auf den Zahn, ob ich mit ihm unter diesem Glas sein möchte. Möchte ich? Bin ich bereit? Oder geht es mir einzig um die Befriedigung einer weiteren Trophäe? Oder will ich ihn nur durch mein Glas betrachten?

Ziehe ich mein Ego und meinen Stolz ab und begebe mich wirklich tief in mein Inneres, stoße ich zumeist auf eine Überraschung. Meistens lautet die Antwort dann: »Nein.« Ich möchte ihn schon, aber nur für den Moment. Vielleicht bin ich für einen exklusiven Sexpartner bereit, nicht aber für Labels wie fester Freund/feste Freundin. Oder ich kann mir vorstellen, eine feste Freundin zu sein, nicht aber, dass wir zusammenziehen. Bei meinem Versuch, »zu gewinnen«, dränge ich oft auf eine Art der Verbindlichkeit, die ich eigentlich überhaupt nicht möchte.

Lektionen, die ich wieder erlernt habe

1. Damit aufzuhören, mit einem umgedrehten Glas um Männer herumzuscharwenzeln und mich locker zu machen.
2. Dass etwas, das einem in einem Moment wahnsinnig wichtig erscheint, schon vierzehn Tage später geradezu lachhaft unbedeutend sein kann. Wenn Sie Zweifel haben, tun Sie einfach nichts. Romantische Entscheidungen, die ich spontan treffe, sind wie schlechter Instantkaffee; heute lasse ich Entscheidungen Zeit zum Durchsickern.

Die Sache mit dem Heiraten (obwohl ich gar niemanden heiraten möchte)

Bühne auf für mich und einen Mann, mit dem ich in den Urlaub fahren werde, obwohl ich ihn nur zweimal getroffen habe. Und das finde ich noch nicht einmal seltsam. Ich finde es romantisch, wild und spontan. Carpe diem! YOLO! Ich bin Teil eines schnell wachsenden Trends – »Holidating«, davon habe ich in einer Zeitschrift gelesen.

Um Ihnen ein bisschen mehr Hintergrundinformationen an die Hand zu geben: Ich habe den Mann vor zehn Jahren in Amsterdam kennengelernt, wir verbrachten damals achtundvierzig Stunden zusammen und waren die meiste Zeit breit. Dann, viele Jahre später, traf ich ihn in London wieder, wo wir sturzbetrunken miteinander im Bett landeten (an nichts von dem, was nach Mitternacht geschah, kann ich mich erinnern).

Seitdem sind wir in Kontakt geblieben, und unsere Unterhaltungen ~~waren voller Anspielungen darauf, dass er wieder mit mir schlafen möchte~~ waren voll von neugierigen »Was wäre, wenn«-Fragen. Vor ein paar Wochen haben wir um 23:00 Uhr (die Uhrzeit, zu der die klügsten Entscheidungen getroffen werden) auf Facebook beschlossen, gemeinsam in den Urlaub zu fahren. Da wir endlich beide zeitgleich Singles sind ~~und er immer davon geträumt hat, wieder mit mir im zu Bett landen~~ und wir uns immer gefragt haben, wie es dem anderen wohl geht, fliegt er von San Francisco nach Irland, um mit mir einen Roadtrip zu machen.

Meine Freundinnen und Familie schauen ein bisschen misstrauisch, außer meiner Mutter, weil sie selbst eine unverbesserliche Liebessüchtige ist.

DAS IST SO WAS VON ROMANTISCH.

November 2017[13]

Das ist so was von bescheuert.

Ich stehe am Flughafen oder besser gesagt: Um meine Nerven zu beruhigen, laufe ich im Kreis und habe bemerkt, dass ich auf dem Flughafenteppich bereits Spiralen hinterlassen habe, weil ich so aufgeregt bin. Insgesamt kenne ich den Kerl gerade einmal zweieinhalb Tage, von denen ich größtenteils sturzbetrunken war. Und jetzt werde ich eine ganze Woche mit ihm verbringen.

Grinsend taucht er am Gate auf. Er ist größer und attraktiver, als ich ihn in Erinnerung hatte. Uff. Er macht einen ganz vernünftigen Eindruck. Nicht so, als hätte er da einen Koffer voller Messer, mit denen er mich aufschlitzen möchte. Okay, gehen wir's an.

Innerhalb von zwei Stunden benehmen wir uns wie ein richtiges Paar. Auf einem langen Spaziergang entlang der Steilküste, die vom Cushendall Beach zu der Ruine der mittelalterlichen Lady Church führt, wo umgekippte Grabsteine wie die Masten von gesunkenen Schiffen aus dem Gras ragen, halten wir Händchen. Man kann sich gut vorstellen, dass Möchtegern-Hexen hier nackt im Mondlicht tanzen, so wie in dem Horrorfilm *Der Hexenclub*.

Soweit ich mich erinnere, habe auch ich hier schon nackt getanzt, nachdem ich, wie so oft in Cushendall, Poitín getrunken hatte. Poitín ist ein irischer Schnaps, der »Potcheen« ausgesprochen

---

13 Die Namen, Details und Reisedaten wurden geändert, um die Anonymität zu wahren.

und aus Kartoffeln hergestellt wird, weil wir Iren KARTOFFELN eben ganz offensichtlich lieben.

Abends reden wir mit einem anderen Paar, das vor Kurzem geheiratet hat. Mein Instantfreund sagt, er sei noch nie verheiratet gewesen, aber jetzt, wo er mich getroffen hat, wer weiß, was geschieht. Alle drehen sich in meine Richtung und lachen. Meiner einen Hälfte gefällt es (der Liebessüchtigen), die andere findet es befremdlich (der Teil, der langsam Vernunft annimmt).

Wir kommen in einem Bed & Breakfast unter, das von einer witzigen, klugen Frau namens Anne geführt wird, die geradeheraus ist und die ich meine »zweite Mammy« nenne. Zu Beginn des Abends sagt sie: »Er ist toll! Sehr dynamisch! Ganz eindeutig verrückt nach dir.« Und am Ende meint sie: »Er ist ein bisschen viel, oder? Ich meine, er sagt jetzt schon, dass er dich liebt?« (Das »ich liebe dich« wurde mit all der Tiefe und dem Showbizz-Zahnfunkeln eines Gameshow-Moderators vorgebracht, eher für die Leute im Pub als für mich.)

Dennoch bin ich hocherfreut, dass dieser große, heiße, charismatische Amerikaner mich scheinbar jetzt schon heiraten möchte. Außerdem ist er ein Millionär und widerlegt den Witz, der gerne in meiner Familie gerissen wird: »Catherine hat wirklich einen Riecher für den ärmsten Mann in der Runde.«

Ich bestehe darauf, alle Rechnungen zu teilen. Am Ende zahle ich sogar mehr, weil ich möchte, dass er weiß, dass ich nicht an seinem Geld interessiert bin, was tatsächlich der Wahrheit entspricht. Auch wenn ich zugegebenermaßen erleichtert darüber bin, dass ich auf so etwas wie eine Rentenversicherung in Zukunft verzichten kann.

Ich interessiere mich mehr dafür, was er mir emotional zu bieten hat: ein lebenslanges Versprechen, das er mir auf dem Silbertablett serviert. »Ich liebe dein Gehirn«, sagt er später, als wir kuscheln. »Das wird mich selbst dann noch auf Zack halten, wenn wir achtzig sind und auf einer Parkbank sitzen.«

Während der nächsten drei Tage redet er andauernd von unserer Zukunft. Davon, dass er mich nach Louisiana mitnimmt, um mit mir die besten Chicken Wings der Welt zu essen. Davon, dass wir uns für einen Paarmassage-Kurs anmelden sollten. Davon, dass er mir beibringen wird, Ski zu fahren.

Bei folgender Unterhaltung kommen mir die ersten Zweifel: »Was hast du deinen Freunden über unseren Urlaub erzählt?«, frage ich. »Fanden sie es nicht auch ein bisschen seltsam? Meine Freundinnen dachten, ich wäre völlig durchgeknallt.«

Er lächelt. »Oh, ich habe ihnen einfach erzählt, dass es dein Traum sei, die Asche deines Vaters an den vier äußersten Zipfeln Irlands auszustreuen … und dass ich dich dabei begleite, um dir dabei zu helfen, den Traum wahrzumachen.«

Hä? Hat er sich wirklich als eine Art Asche verstreuenden Ritter in einem Mietwagen dargestellt?

Dann war da dieser Moment, als wir an einem reizenden, lächelnden Paar vorüberliefen und in diesem selbstgefälligen »Wir sind alle in Beziehungen«-Tonfall »Tag« sagten. Als wir an den beiden vorübergegangen waren, lästerte er: »Er hätte sich wirklich mehr Mühe mit seinem Äußeren geben können.« Ich darauf, halb im Spaß: »Bewertest du andere immer nach ihrem Äußeren?« Und er ganz ernst: »Äh, ja, du etwa nicht?«

Er erzählt mir davon, wie er einmal auf einer Jacht-Party (oder »Pardy«) war und feststellte, dass er der schönste Mann war und seine Freundin die am wenigsten attraktive Frau. Danach war ihm klar, dass es aus war. Mir fällt nichts ein, was ich darauf erwidern könnte. Mein Mund steht offen, ich bin völlig entgeistert. Ich widerstehe dem Drang, nach versteckten Kameras zu suchen, weil in mir der Eindruck wächst, ich würde von der Fernsehsendung *Pranked* hereingelegt.

Ich muss ihn bitten, damit aufzuhören, sich ständig über den Regen zu beschweren. »Wir sind in Irland, und es regnet hier nun mal oft, also komm damit klar.« Ich erzähle ihm, dass man in Irland elf Regenarten voneinander unterscheidet, von »Tröpfchen« über »Schietwetter« bis zu »eimerweise Regen« und dem apokalyptischen »Sturzregen«. Und wir haben es gerade mal mit ein paar Tröpfchen zu tun.

Eigentlich habe ich bereits aufgehört, ihn zu mögen, aber ich sträube mich dagegen, weil er für mich der menschgewordene Bindungswunsch ist. Der Ehemann, der aus San Francisco hergekommen ist, um mich zu erretten!

Nachdem er mir erzählt hat, dass er als Teenager lernen musste, was Mitgefühl ist, keimt in mir der Verdacht, er wäre vielleicht ein Soziopath. Aber ich bringe meine Zweifel zum Verstummen, weil ich im Liebestaumel nach San Francisco ziehen möchte! Und dann heiraten wir auf dem Gipfel des Half Dome im Yosemite-Nationalpark und lassen uns in einem der bunt gestrichenen Häuser im Viertel Twin Peaks nieder und gehen jeden Tag zu SoulCycle oder wandern (hier im Vereinigten Königreich gehen wir einfach nur spazieren, es ist so öde).

Langsam wächst in mir die Angst, er sei ein Casanova. Zweimal sehe ich, als ich von der Toilette zurückkomme, wie er gut aussehenden Frauen seine Visitenkarte zusteckt (angeblich für die Arbeit, aber ich kriege nie mit, dass er auch Männern seine Karte gibt). Ich verdränge meine Ängste, weil ich seinem Angebot nachkommen und die eine Hälfte des Jahres mit ihm in seinem Haus in Paris leben möchte.

Beim Mittagessen in einem Landhaus unterhalb eines Wasserfalls redet er ohne Umschweife von unserem Hochzeitstermin. Ich werde knallrot. Er rührt an einem meiner geheimsten Träume, na ja, so geheim ist er nun auch wieder nicht, was mir das Gefühl gibt, bloßgestellt zu sein, und mich obendrein unangenehm berührt. Es ist viel zu früh dafür. Als würde man einen flotten Dreier planen, bevor man überhaupt Händchen gehalten hat. (Dieser Reflex ist neu für mich. 2013 hätte ich nicht das Gefühl gehabt, es sei zu früh und hätte schon »Save the Date«-Karten verschickt.)

Nach nur drei Tagen unseres gemeinsamen Urlaubs, in dem er von allen Wundern Irlands enttäuscht ist (von den Dark Hedges, dem Giant's Causeway, dem Wasserfall im Glenariff Forest, Glenveagh Castle), würde ich mir lieber die Haare ausreißen, als noch mehr Zeit mit ihm zu verbringen. Ich werde schnippisch, rolle mit den Augen, ziehe die Nase kraus, gähne, wenn er mir zum hunderttausendsten Mal erzählt, dass er in Harvard studiert hat.

Ich schlage vor, dass wir den Abend getrennt verbringen, sodass jeder ein bisschen Zeit für sich hat. Ich gehe joggen und denke über meine widerstreitenden Gefühle nach: Ich möchte ihn wegschieben und an mich ziehen, mit ihm zusammen sein und ihn umbringen, ich schwanke zwischen Verlangen und Widerwillen. Es fühlt sich an, als wirbelten in meinem Kopf Öl und Wasser unversöhnlich umeinander. Alles andere als glücklich über die Zeit für sich, zieht er derweil in den Pub vor Ort. Er ruft seine Ex-Freundin an, und die beiden beschließen, dass sie es nochmals miteinander versuchen wollen.

Am nächsten Tag nach dem Mittagessen erzählt er mir von der Versöhnung, ich komme gerade vom Klo und sehe schon wieder, wie er einer weiteren Frau seine Visitenkarte rüberschiebt. Er erzählt mir, dass er die Woche, bevor er nach Irland flog, mit ihr verbracht hat. Sie tut mir mehr leid als ich mir selbst. Sie glaubt, er wäre auf einer schmerzhaften Reise, um Asche zu verstreuen, nicht dass er ~~Sex-Urlaub mit mir macht~~ einen Kurztrip unternimmt, um zu sehen, ob das mit uns Hand und Fuß haben könnte.

Seine Offenbarung lässt mich niedergeschlagen zurück. Was ist jetzt mit unserem Paarmassage-Kurs? Was mit den Wanderungen? Wer bringt mir jetzt das Skifahren bei?

»Vielleicht war die Zeit für uns einfach noch nicht reif«, sagt er. »Wir können es ja später noch einmal miteinander probieren.«

Mein neu entdeckter Selbstrespekt erhebt sich in meinem Inneren und stampft mit dem Fuß auf. »Äh, nein, nicht mit mir«, sage ich. »Meine Tür bleibt verschlossen.«

Er versucht, mich dennoch dazu zu überreden, die letzte Etappe mit ihm nach Dublin zu fahren. Ich lehne entschieden ab. »Du kannst deine Meinung immer noch ändern, wenn wir unterwegs sind«, bietet er großzügig an. »Auf keinen Fall«, antworte ich ohne zu zögern.

Während unserer letzten gemeinsamen Stunde im Auto lässt ihn das, was gerade geschehen ist, ganz offensichtlich völlig kalt: unsere Pseudotrennung nach unseren vier Tagen als Pseudopaar; diese völlig verkrampfte Autofahrt. Als stünde er auf der Bühne, singt er aus voller Brust Musicallieder. Ich fühle mich, als würde mich das Phantom der Oper höchstpersönlich nach Coleraine chauffieren. Inzwischen bin ich überzeugt davon, dass er ein Soziopath ist, unfähig, normal zu fühlen. Ich kann es kaum erwarten, endlich aus dem Auto zu steigen.

In den darauffolgenden Tagen erhole ich mich von meinem »Doch keine Chicken Wings in Louisiana«-Schock, indem ich meiner Zweitmutter Anne in ihrem Bed & Breakfast aushelfe. Auf den Felsen von Rathlin Island sonne ich mich neben den Seehunden, die mich zunächst kritisch beäugen, dann aber eindösen, nachdem sie festgestellt haben, dass ich in etwa so gefährlich bin wie ein Büschel Seetang. Ich wische Badezimmer nach Badezimmer, sitze abends am Feuer und höre den Heldengeschichten der Felskletterer zu, die bei Anne übernachten.

Mit Anne und ihrer Familie verbringe ich Zeit in ihrer warmen Küche am Ofen, kuschle mit ihren Hirtenhunden, habe das Empfinden, als würde ich dazugehören, obwohl das eigentlich nicht stimmt. So fühlt es sich an, geliebt zu werden: sanft, langsam, angenommen. Nicht verunsichernd und überwältigend, als würde man von einem Tornado in die Höhe gerissen und – unausweichlich – wieder fallen gelassen.

Online suche ich nach Antworten auf das, was gerade passiert ist, und stolpere über die äußerst reale Möglichkeit, mit einem Narzissten, wie er im Lehrbuch steht, unterwegs gewesen zu sein. Die wichtigsten Erkennungsmerkmale: völlig überzogene Liebesbekundungen und dann ganz plötzlich eine Hundertachtzigradwende, wenn sie einen hängen lassen und entwerten. Von einem melodramatischen Singen von Musicalliedern steht da zwar nichts, aber ich bin dennoch sicher, dass auch das zu den klassischen Erkennungszeichen zählt.

Ich denke darüber nach, warum ich so jemanden heiraten wollte. Was hat es damit auf sich? Er ging mir auf die Nerven, warum also wollte ich mein Leben mit jemandem verbringen, der mir auf die Nerven geht? Ein ganzes Leben mit jemandem, mit dem ich noch nicht einmal befreundet sein wollte?

Herzlichen Glückwunsch! Sie gewinnen ein ganzes Leben mit jemandem, den Sie nicht ausstehen können! Ihr Preis ist ein Mann, der Ihnen fünfzig Jahre lang erzählen wird, wie enttäuschend die Wunder von Irland doch sind, der die Nase über herzhaftes Pub-Essen rümpft und auf Yelp grimmig nach einem Michelin-Restaurant in Donegal sucht oder Ihnen zum fünften Mal den Jahresumsatz seiner Firma vorbetet.

Ihn heiraten zu wollen, wäre in etwa so, wie Chefin eines Unternehmens werden zu wollen und dort für immer zu arbeiten, obwohl ich weder die Firmenphilosophie noch die Mitarbeiter noch den Kaffee noch das Gebäude noch die Fahrt dorthin oder überhaupt irgendetwas daran mochte.

Heute ist mir bewusst, dass wir – also auch ich – so etwas immer wieder tun. Wir möchten Menschen heiraten, die wir in Wirklichkeit gar nicht heiraten wollen. Oder wir wollen heiraten, obwohl wir generell überhaupt nicht heiraten möchten.

Vor Kurzem saß ich zusammen mit drei hoch qualifizierten Singlefrauen an einer Geburtstagstafel. Wir alle waren Ende dreißig und redeten darüber, dass Sadie neulich dem Soho-House- und dem Groucho-Club beigetreten war. »Dort gibt es viele begehrte Junggesellen«, sagt Isabella und reibt sich freudig die Hände. »Wir machen dort Jagd auf Ehemänner.« Ich stelle mir vor, wie sie Kriegsbemalung auflegen, ihre Speere schwingen und geräuschlos auf Zehenspitzen über den Plüschteppich des Groucho Clubs schleichen.

Ich werfe ein: »Können wir uns nicht einfach darauf konzentrieren, glücklich zu sein und unser Leben zu leben, anstatt Ehegatten zu erlegen?«

»NEIN!«, sagt Isabella. »Ich war glücklich und habe mein Leben gelebt und jetzt möchte ich HEIRATEN.«

Aha, okay, verstanden. Das kenne ich, genau darum habe ich ja all das Obenstehende geschrieben. Auch jetzt noch geht es mir manchmal so, dabei ist es völlig irre. Da saßen wir also, eine Hedgefonds-Managerin, eine Einkäuferin für den Modesektor, eine Autorin und eine Fernsehmoderatorin, und sprachen darüber, dass wir Ehemänner jagen wollten. Können Sie sich eine vergleichbare Gruppe Männer vorstellen, die darüber redet, »Ehefrauen zu jagen«? Nein.

Lektionen, die ich wieder erlernt habe

1. Stürmische Beziehungen bringen nichts Gutes
   (Gut, ja, mir ist bewusst, dass ich das auf den vorangegangenen Seiten jetzt schon ein paarmal neu erlernt habe. Ich weiß, ich weiß, ruhig jetzt, Sie müssen nicht weiter davon sprechen ... Lassen Sie uns bitte das Thema wechseln, ja? ... Heiliger Strohsack, surft da drüben etwa ein Eichhörnchen? *Ruft's und macht sich aus dem Staub*)
2. Nur um des Heiratens willen zu heiraten, ist wahnsinnig Natürlich wollen wir heiraten, weil wir den Menschen getroffen haben, ohne den wir nicht mehr leben können. Wir befinden uns in einer Beziehung, die wir niemals beenden wollen. Das eine ergibt sich aus dem anderen. Und doch wünschen wir uns eine Hochzeit, bevor wir diese eine Person getroffen haben.
   Es ist bizarr, abstrakt und ergibt keinen Sinn. Daher habe ich mich dazu entschieden, damit, so gut ich kann, aufzuhören.

Die Sache mit der Einsamkeit

Januar 2018
Tag eins

Auf unserer Fahrt zum Hotel halte ich die Hand meiner Mutter. Wir holpern an Hunden vorbei, die die Straße entlanglaufen, als wäre es ihr Lebenszweck (in meinem Kopf läuft der Titelsong der Fernsehserie *Der kleine Vagabund*: »There's a voice that keeps on calling me, down the road, that's where I'll always beeeee«).

Warum sind die Hunde im Ausland so schlau, wohingegen britische Hunde dermaßen dämlich sind und bei jeder Gelegenheit blindlings auf die Straße rennen? Britische Hunde würden in der Wildnis definitiv nicht überleben; im Vergleich mit den Hunden hier, die in etwa so gerissen sind wie Survival-Experte Bear Grylls, haben sie die Outdoor-Skills von Mr. Bean.

Wir sehen ein rosarotes Schild mit der Aufschrift »Romeos Klempner«. »Klingt, als würde man mehr bekommen als das, wofür man bezahlt«, sage ich. »Ich denke, ich sollte auf der sicheren Seite sein«, sagt meine über sechzigjährige Mutter, und wir beginnen, dreckig zu lachen.

Ich bin glücklich mit meiner Entscheidung. Ich hätte nach Bali fliegen und ein Art Ex-Freund treffen und mit ihm und seinem Kumpel anbandeln können, aber ich habe mich dazu entschlossen, stattdessen mit meiner Mutter auf die Antilleninsel Antigua zu fliegen. Es ist genau das, was ich brauche. Voll Rock 'n' Roll. Wir beide teilen die exakt gleiche Vision für diesen Urlaub: sonnenbaden, essen, lesen. Außerdem liebe ich sie von ganzem Herzen. Sie sticht so ein paar heiße Typen locker aus.

Tag zwei
Nach vierundzwanzig Stunden ist mir irgendwie die Luft ausgegangen. Pffffft. Nirgendwo fühlt man sich wohl einsamer als in einer Ferienanlage, die auf Paare zugeschnitten ist.

Bereits jetzt musste ich drei Leute korrigieren: »Oh, nein, ich bin nicht mit meinem Mann hier.« Verwundert fragen sie dann: »Warum nicht?«, als hätte ich ihn vergessen und müsste los eilen, um ihn noch zu erwischen. »Weil ich nicht verheiratet bin.« Stille. Krampfhaft suchen sie nach einem anderen Thema.

Ich gehe an den Strand und sehe mir den Sonnenuntergang an. Die Sonne geizt mit ihrer Schönheit, versteckt sich hinter bewegungslosen lavendelfarbenen Wolken, die wie eine Luftstadt aussehen. In der Bucht springt ein Delfin aus dem Wasser, eine Krabbe flitzt verstohlen durch den Sand, als wäre sie ein Ladendieb auf der Flucht, während ein Mungo von Versteck zu Versteck über den Rasen springt.

An mir vorbei gehen Paare den Strand entlang. Ich betrachte sie. Hätte doch nur auch ich jemanden, mit dem ich das hier teilen kann.

Tag drei
Heute ist das Meer aufgepeitscht, wie weiße Pferde donnert die Gischt auf uns zu und bringt Touristen dazu, kreischend ihre Sachen zusammenzupacken, bevor die gicrigen Wellen sie mit sich reißen.

Mein Inneres ist genauso aufgewühlt. Die Menschen hier fragen mich immerzu, warum ich Single bin, warum so einsam, wo mein Mann ist, und ich fühle mich so langsam ziemlich gereizt.

Fairerweise sollte dem hinzugefügt werden, dass die meisten dieser Fragen von Männern vor Ort kommen, die mich aufreißen wollen. Dennoch übe ich mich in trotzigen Retourkutschen wie: »Ich bin nicht einsam, sondern allein, dazwischen gibt es einen Unterschied.« Oder: »Wo mein Ehemann steckt, wollen Sie wissen, aber wo ist eigentlich Ihre Ehefrau?«

Mein Singlestatus schmerzt inmitten dieses Ozeans an Paaren. Sogar die nervösen und wie Smaragde schimmernden Turteltauben hüpfen paarweise herum.

Das alles findet jedoch nur in meinem Kopf statt. Ich bin nicht allein, ich bin mit meiner Mutter hier und ich wollte es so. Rational weiß ich das, aber unter meiner Vernunft regt sich mein Unterbewusstes und imitiert die beschwipste Bridget Jones, die »All By Myself« singt.

Tag vier
An welchen Orten meine Mutter und ich im Urlaub sonnenbaden, spricht Bände über unser extro- beziehungsweise introvertiertes Wesen. Auf welcher Insel auch immer wir waren, hat sie sich jedes Mal beherzt darum bemüht, mit allen Anwesenden ins Gespräch zu kommen. (Einmal habe ich am Flughafen zu ihr gesagt: »Schau mal, da sind noch welche, mit denen du nicht geredet hast. Es ist noch Zeit, schnapp sie dir, Tiger!«)

Sie lässt sich am belebtesten Durchgang nieder, neben dem Pool, an dem jeder auf dem Weg zum Frühstück, Mittag- und Abendessen vorbeiläuft. Für sie ist es ein Kinderspiel, als würde sie Fische im Aquarium fangen. Ich hingegen laufe den Strand entlang, vorbei an den Menschen, die Volleyball spielen, an den Hütten, die gebatikte Häkelbikinis verkaufen, und schlage mein Lager hinter einem Busch auf. Als wäre ich eine Vogelbeobachterin, trage ich (im übertragenen Sinn) ein bisschen Laub auf meinem Kopf.

Heute Abend haben wir ein süßes Paar in seinen Sechzigern kennengelernt, die beiden haben diese strahlenden, perfekten amerikanischen Zähne, die wir Briten voller Staunen betrachten. Woher haben sie die bloß? Was tun sie nur dafür?

Sie fragen nicht sofort nach meinem Ehestand, als müssten sie ein Kästchen auf einem Fragebogen abhaken (Name? Ehestand?). Von meiner Mutter will ich wissen, ob die beiden sich nach meinem Liebesleben erkundigt haben, solange ich auf der Toilette war. Sie verneint.

Ein Hoch auf Gerry und Suzy aus Wisconsin. Sie haben mir meine Überzeugung zurückgegeben, dass mein Beziehungsstatus doch nicht das Interessanteste an mir ist.

Tag fünf

Am nächsten Morgen bin ich beim Aufwachen noch halb im Traum. Ich weiß nicht, was real ist, was nicht. Ich habe von der »Sie hat es alles«-Frau geträumt. Wahrscheinlich hat jeder so eine. Man ist mit ähnlichen Voraussetzungen gestartet, aber sie hat alles im richtigen Alter geschafft. Mit Ende zwanzig hat sie ihren Traumjob bekommen, dann kam die Traumhochzeit mit Pfauen, die durch den Garten eines Landhauses stolzierten. Anschließend folgten zwei perfekte Babys, ein Mädchen und ein Junge.

Sofort fühle ich mich einsam und traurig und abgehängt. Der frühe Morgen ist nicht die rationalste Zeit.

Eine meiner besten Freundinnen, eine Psychotherapeutin, hat mir einmal erzählt, dass sich die Zeit gleich nach dem Erwachen am besten für positive Visualisierungen eignet, weil die Tore zwischen Bewusstem und Unterbewusstem dann am weitesten geöffnet sind.

Diesen Moment zwischen Traumland und realer Welt habe ich kurz vor Liveauftritten im Fernsehen für mich genutzt, vor denen ich eine Heidenangst hatte. Es schien zu funktionieren, denn auch wenn ich den übergroßen Drang verspürte, vom Set wegzulaufen, zur Tür hinauszurennen und nie wieder stehen zu bleiben, nahm ich stattdessen einen tiefen Atemzug und ging aufs Set.

Es ist wirklich wichtig, dass ich etwas gegen dieses Gefühl unternehme, das sich in diesem halb wachen Zustand einstellt, das Gefühl, dass ich nie alles haben werde so wie sie und dass ich deswegen weniger wert bin. Ich möchte nicht, dass dieses Minderwertigkeitsgefühl in mein Unterbewusstes einsickert. Aber möchte ich denn überhaupt alles, dieses Komplettpaket?

Zunächst frage ich mich: Woher kommt das Gefühl? Zweifellos daher, dass ich momentan zu 90 Prozent von Paaren umgeben bin. Wobei auch ich schon mit festen Freunden im Urlaub war und obwohl ich das Kästchen »Paar« ankreuzen konnte, waren die Männer nicht die richtigen. Ich wusste, dass diese Beziehungen nur als Haltebucht dienten.

Betrachte ich die Dinge, wie sie sind oder verzerrt? Sehen all diese Paare glücklich aus? Ich schaue sie mir genau an, während ich mich mit einem Fink mit grün-silbrigem Gefieder unterhalte, der versucht, von meinem Orangensaft zu stehlen. Etwa die Hälfte sieht glücklich aus.

Aber stimmt es letztlich auch? Bin ich gezwungenermaßen Single oder weil ich es mir ausgesucht habe? So sehr ich es regelmäßig vergesse, habe doch tatsächlich ich die letzten drei meiner Techtelmechtel beendet.

Nachdem ich mein verknotetes Opfernarrativ entwirrt habe, fühle ich mich besser. Ich bin kein Opfer, ich bin aus freien Stücken allein.

Ich tauche zu den zitternden Regenbogenwaben am Grund des Swimmingpools und spüre, wie mein Gefühl des Mangels abgewaschen wird. Während ich meine Bahnen ziehe, komme ich wieder zu mir selbst.

Ich bin sicher, dass auch die »Sie-hat-es-alles«-Frau auf mein Leben blickt und sich Aspekte davon wünscht. Die Möglichkeit, in einem anderen Land zu leben, nur weil man Lust darauf hat. Die Freiheit, bis neun Uhr auszuschlafen, wenn einem danach ist. Keinen Stress mehr wegen kaputten Boilern, einem überschwemmten Keller oder was so ein eigenes Haus sonst noch mit sich bringt.

Was mir an babypudrigen Kuscheleinheiten, einem Haus zum Einrichten und der Sicherheit eines Lebenspartners fehlt, fehlt ihr an Freiheit und Leichtigkeit. Jede Lebensart bringt ihre Vor- und Nachteile.

Tag sechs
Das Meer wirkt, als wäre es von innen erleuchtet, als wären tausend zartblaue Glühbirnen an seinem Grund aufgestellt. Die Flut kommt. Mit jedem Mal strecken sich die hoffnungsvollen Wellen weiter den Strand hinauf, ihre Finger greifen durch den gekräuselten Sand, versuchen, das grasbewachsene Land zu erreichen. Dann werden sie zurückgezogen, bezwungen von der allmächtigen Anziehung des Mondes. Aber sie werden wiederkehren, es mit noch mehr Kraft und Entschlossenheit erneut versuchen.

Ich bewundere die unermüdlichen Wellen. Mir scheint, dass die Art, wie die Flut versucht, Land zu fassen, vergleichbar ist mit jeder Art menschlichen Strebens, ob es darum geht, vom Alkohol loszukommen, einen Abschluss zu schaffen, ein Haus zu bauen oder seinem eigenen Gehirn beizubringen, sich als Single glücklich zu fühlen.

Tag sieben
Ich sehe eine Frau, die ohne Partner zu Mittag isst. Oh! Ich frage mich, was ich über sie denke. Denke ich, sie wäre traurig, deprimiert und ungewollt, so wie andere in meiner Vorstellung über mich denken? Nein. Sie sieht glücklich aus, ruhig, unabhängig.

Dann taucht ein Mann auf und küsst sie von hinten auf die Stirn. Natürlich. Ich lache sarkastisch.

Ich sehe mich im Restaurant um und bemerke, dass mich niemand abschätzig ansieht. Es ist narzisstisch, zu glauben, dass mich alle anderen ansehen oder sich eine Meinung darüber bilden, warum ich wohl Single bin oder warum ich meinen Urlaub mit meiner Mutter verbringe.

Ich erinnere mich an einen dieser Momente, der meine Sicht auf die Welt unwiederbringlich verändert hat. Kennen Sie das auch, dass man meint, jemand, der einen anstarrt, denkt immer nur das Schlechteste von einem? Einmal kam ich nach dem Schwimmen aus der Sauna. Eine Frau, die draußen wartete, ließ ihren Blick von Kopf bis Fuß über mich schweifen.

Sie sieht mich an, weil ich mit meinen nassen Haaren und ohne Make-up abstoßend aussehe, war das, was ich dachte. »Ich bin so hässlich, dass es an Erregung öffentlichen Ärgernisses grenzt.«

Und dann öffnete sie ihren Mund und sagte: »Wow, schauen Sie sich einmal an! Wie lange muss ich in der Sauna bleiben, um so rauszukommen wie Sie?«

Wie deutlich so etwas doch zeigt, dass wir unsere negativen Vorannahmen, die nichts mit der Realität zu tun haben, auf andere projizieren. (In England sagt man dazu: »Unterstellungen lassen beide Seiten wie Idioten aussehen.«)

Oft denken Menschen, die einen anstarren, wahrscheinlich so etwas wie »Die Mütze gefällt mir« oder »Sie hat schöne Haare«. Warum starren Sie andere Menschen im öffentlichen Nahverkehr an? Weil sie derart widerwärtig aussehen, dass Sie Ihren Blick nicht abwenden können? Oder finden Sie etwas an Ihnen unwiderstehlich, ob das nun ihr Gesichtsausdruck ist oder die Art, wie sie zwei Kleidungsstücke mit Leopardenmuster kombinieren, oder wie ihr Gesicht aufleuchtet, wenn sie eine Geschichte erzählen? Genau. Hiermit schließe ich meine Beweisführung.

»Vielleicht glauben sie, wir wären ein Paar, vielleicht versuchen sie, das herauszubekommen und sind deswegen so neugierig«, sagt meine Mutter über die Menschen mit den Single/Verheiratet-Fragebögen. »Vielleicht denken sie, wir wären Lesben. Na, da hätte ich einen guten Fang gemacht. Ich muss wohl reich sein.«

Wann immer meine »Sie glauben, ich bin ein Single-Loser«-Paranoia in mir hochfährt, denke ich: Oh hallo, Narzissmus! Ja, du siehst heute hübsch aus. Und jetzt verzieh dich. Narzissmus gehört zum Menschsein dazu, niemand ist frei davon, was aber nicht bedeutet, dass wir uns von ihm überzeugen lassen müssen, jeder im Restaurant würde auf unseren Einzeltisch stieren. Weil das höchstwahrscheinlich nicht zutrifft. Wahrscheinlich gucken sie sich nur meinen Eisbecher an und überlegen, ob das eine Nachtischoption für sie sein könnte.

Es ist befreiend, wenn man sich bewusst wird, dass man für die anderen gar nicht so wichtig ist, wie man angenommen hat. Wenn man sich bewusst wird, dass es in Wirklichkeit niemanden schert, ob man Single ist.

Lektionen, die ich wieder erlernt habe

1. Manchmal scheint die ganze Welt vom Beziehungsstatus geradezu besessen zu sein. Aber in meinem Kopf mache ich das Ganze noch viel größer, als es tatsächlich ist. Ich stelle mir

vor, dass mich andere anstarren, wo sie doch in Wirklichkeit meinen Schokoeisbecher auskundschaften.

Außerdem: Wenn ich mir selbst dafür vergeben kann, meinem Liebesleben in der Vergangenheit zu viel Raum zugestanden zu haben, kann ich auch der übrigen Welt verzeihen. Denn alle haben die gleichen »Wie wir uns damals kennengelernt haben«-Geschichten gehört, die gleichen Filme angeschaut und wurden auf die gleiche Weise dressiert.

2. Beide Lebensarten bringen ihre Vorzüge, sowohl das Leben als Single als auch das in einer Beziehung. Wir spähen über den Zaun der anderen, wo wir im Gras, das immer grüner ist als unser eigenes, herumtollen wollen.

Die Sache mit dem Valentinstag

14. Februar 2018

Ich sehe zwei strahlende Mittzwanziger, vor Liebe hell von innen leuchtend, die vor einem Gebäude ein Selfie machen, wo sie, wie ich annehme, ihre erste gemeinsame Wohnung beziehen werden. Am liebsten würde ich sie auf die Straße schubsen.

Okay, nicht wirklich, ich bin schließlich keine Psychopathin. Aber ganz bestimmt möchte ich sie in diesen Zierteich in ihrem Vorgarten stoßen, damit ihre adretten Pea Coats, ihre schwarz gerahmten Brillen und kunstvoll zerzausten Haare nass werden.

Heute bin ich so was von wütend auf die Liebe. Der Valentinstag kann einen wirklich fertigmachen. Warum sind die zwei verliebt und ziehen zusammen, während ich mich noch immer sehne, noch immer suche, noch immer Single bin? Diese Ungerechtigkeit sticht mich wie die verfluchte Spindel aus dem Märchen.

Aber dann erinnere ich mich an etwas, das mich innehalten lässt. Ich war schon einmal an ihrer Stelle. Auch ich war Teil eines solchen Paars.

Mit zwei meiner festen Freunde habe ich bereits zusammengelebt, und beide Male waren wir die von innen leuchtenden Menschen, die Fotos vom ersten Mietvertrag gemacht haben, die fröhlich Umzugskartons ausgepackt haben, die ins Bett gefallen sind, die die Tür zur Welt zugemacht haben und sich gefühlt haben, als wäre es das jetzt, als wären wir angekommen, als wüssten wir jetzt, wie es läuft. Für uns war die Jagd vorbei.

Niemand kann je wissen, wie es läuft. Denn es ist so: Die brutale, wilde, herrliche Qual der Liebe zeigt sich darin, dass wir nie wissen können, ob jemand für immer unser ist. Dieses Nichtwissen treibt Menschen an den Rand ihrer geistigen Gesundheit und in das Schattenreich irrsinnigen Verhaltens. Sie bringen Peilsender an Autos an, engagieren Privatdetektive oder stürmen in der Erwartung, ihn oder sie mit heruntergelassenen Hosen vorzufinden, an der belustigten Sekretärin vorbei ins Büro. »Aha, ich wusste es!«, triumphieren sie in ihrer Erbärmlichkeit.

Wir alle würden uns damit den größten Gefallen erweisen, wenn wir den Drang, Bescheid wissen zu wollen, einfach fahren lassen könnten. Genügt das Heute, der Moment, dieser Ort uns nicht? Muss es aber, denn es ist alles, was wir wirklich haben. Ich weiß, es ist die unangenehmste Wahrheit. Sie ist grässlich und ich hasse sie. Aber indem wir sie akzeptieren, bewahren wir unsere geistige Gesundheit. Wir müssen akzeptieren, dass selbst ein einjähriger Mietvertrag keine Garantie dafür ist, dass das Glück so lange hält; dass ein Ehevertrag aufgelöst werden kann und dass dies in vier von zehn Fällen geschieht. Wir müssen akzeptieren, das selbst ein Baby, diese erstaunliche Verschmelzung unserer Zellen, diese fantastische Verbindung unserer beider DNA, diese Mischung aus unserer Nase und seinen Augen, unseres komischen kleinen Zehs und seines spitzen Haaransatzes, keine Garantie für irgendetwas ist. Im Reich der Liebe kann alles ungeschehen gemacht werden. So etwas wie eine Garantie auf ein Happy End gibt es nicht.

Ich betrachte das Paar noch einmal und fühle so etwas wie Bedauern für die beiden. Wahrscheinlich wissen sie es nicht. Sie sind noch zu jung, um es zu wissen. Sie haben die unerschütterliche Naivität, den grenzenlosen Optimismus, die »Bis dass der Tod uns scheidet«-Hoffnung der Jugend. Möglich, dass dieses behagliche

Sicherheitsgefühl mit den Jahren weniger wird, vielleicht fällt bei jedem stürmisch-wütenden Streit ein Stückchen davon ins Meer.

Ich hoffe, dass es nicht so ist. Ich hoffe, dass sie richtig liegen, dass ihre Liebe bleibt, überdauert und wächst. Ich wünsche ihnen, dass sie sich immer über den Abwasch einig werden, ein Leben voller Autofahrten ohne Streit, für beide Seiten befriedigenden Sex bis ans Ende ihrer Tage.

Habe ich mir gerade selbst ausgeredet, dieses glückliche Paar zu hassen? Scheint so. Aha. Vor meinem inneren Auge male ich ein Herz um sie herum, wünsche ihnen alles Glück der Welt und kümmere mich wieder um meine eigenen Angelegenheiten.

Später am selben Tag: Mir wird etwas bewusst. Ich war am Valentinstag noch nie nicht enttäuscht, selbst wenn ich in einer Beziehung lebte und dieses ganze herzförmige, nach Rosen duftende, rot glitzernde Tamtam bekam. Irgendetwas hat heute die innere Zwölfjährige in mir geweckt, das Kind, das bitter enttäuscht war, wenn der Postmann pfeifend vorüberging. Oder wenn in meiner Schultasche eine Karte auftauchte, die ich atemlos öffnete, nur um die unverkennbar elegante Handschrift meiner Mutter zu sehen, mit der sie etwas schrieb wie: »Rat mal, wer ich bin?« (Ich weiß, wer du bist! Seufz.)

Warum ist der Valentinstag so eine mordsmäßige Enttäuschung? Weil es sich anfühlt wie eine Parade (inklusive trottender Zirkusponys und musikalischer Untermalung), bei der es darum geht, zu zeigen, wer die Beliebteste ist. Es gibt immer jemanden im Büro, der einen riesigen Blumenstrauß bekommt, der selbst die Sonne blass aussehen lässt. Oder ein Bouquet geradezu aufdringlich roter Ballons. Oder einen glitzernden Verlobungsring von Tiffany.

Irgendwie habe ich mich jedes Mal betrogen gefühlt. Nicht wegen desjenigen, mit dem ich gerade zusammen war, oder dessen, was mir geschenkt wurde, sondern wegen des Pomps und der

Künstlichkeit des Tages. Selbst glückliche Paare stehen übertriebene Valentinstagabendessen durch, als wären sie Schauspieler auf einer Bühne. Mir ging es so. Jedem ging es schon mal so.

Ich weiß, dass mein heutiger Singlekummer nur kurz anhält, ein Sturzflug, von dem aus ich mich wieder in die Lüfte emporschwingen werde.

Lektionen, die ich wieder erlernt habe

1. Der Valentinstag ist eine dicke, fette Enttäuschung, selbst wenn man Teil einer Beziehung ist.
2. Es gibt kein sie vs. uns, es gibt nur uns.

Am Tag der Hochzeit von Prinz Harry und Meghan Markle war ich auf einer Party und redete mit vier verheirateten Frauen (eine davon ließ sich gerade scheiden) über die Hochzeitszeremonie. »Ich saß im Auto und hab mir das Ganze auf meinem Smartphone angesehen«, sagte die frisch Getrennte. »Diesen ganzen Mist, den sie einander versprochen haben, dass sie sich ewig lieben und ehren werden.«

Ich war schockiert. Doch die verheirateten Frauen nickten alle vielsagend. Sie sagten sogar: »Ja, stimmt, oder?«

Es machte mir klar, dass es kein sie vs. uns gibt, sondern nur uns. Jeder kämpft mit der Sehnsucht nach mehr, selbst diejenigen, die verheiratet sind; sogar die, die glücklich verheiratet sind. Und warum? Weil uns immer und immer wieder erzählt wurde, dass es magisch und mystisch sein müsse. Ein atemloses »Du vervollständigst mich« wie in *Jerry Maguire*.

Wir sollten Paaren lieber die Daumen drücken, als uns über sie zu ärgern, weil wir alle in einem Boot sitzen.

Dreizehn Dinge, die ich mir endlich abgewöhnt habe

Trotz all meiner Dorie-Momente gab es auch ein paar Erfolge. Und zwar in Form von Dingen, die ich endlich sein lassen kann. Und hier sind sie:

1. Seine Ex auf Instagram auschecken
Das ist nichts als der reinste Wahnsinn. Wann hören diese Paranoia und die Unsicherheit nur auf? Seiner Ex-Freundin hinterherzuspionieren, hat mich nie bestärkt. Irgendetwas an ihr scheint immer besser zu sein, ob es ihre Wimpern sind, ihre Taille oder ihre Karriere.

Wenn ich mich heute auch nur im Geringsten dazu verführt fühle, bewahre ich mir meine geistige Gesundheit, indem ich betreffende Ex-Freundin blockiere. Innerhalb von zwei Sekunden vergesse ich dann ihren User-Name, und die Möglichkeit, sie zu stalken, ist praktischerweise für alle Zeiten vom Tisch.

2. Nach den beiden blauen Häkchen schauen …
… die anzeigen, dass jemand meine Nachrichten auf WhatsApp gelesen hat. Gefolgt von einem Drachenei der Verdammnis, das ich mir selbst gelegt habe und das mir einredet, dass er sich nie wieder melden wird, weil er die Nachricht schon vor drei Stunden gelesen hat! (Ja, früher habe ich auch nachgeschaut, wann sie meine Nachricht angeguckt haben.)

Ich würde diese zwei Häkchen nur zu gern auf eine Rakete schnallen und sie in ein schwarzes Loch schicken, da sie sich auf unser psychisches Wohlbefinden derart negativ auswirken.

(In Wirklichkeit habe ich meine Millennial-Freundin gebeten, mir zu zeigen, wie man sie deaktiviert.)

3. Den Ausdruck »Ladenhüter« benutzen

Er sollte verbannt werden, und zwar für alle Ewigkeit, es sei denn, man spricht über Corned Beef, Karotten oder Bohnen und Schweinefleischwürstchen aus der Dose oder anderen Fraß, den niemand je kaufen sollte.

Auch »über den Zenith« sollte man einzig in Bezug auf die Sonne sagen, während »abgehalftert« wirklich nur auf Pferde zutrifft.

4. Keine Hilfe annehmen

Seien wir ehrlich: Es gibt Dinge am Singleleben, die scheiße sind und bedeuten, dass wir doppelt so viel tun müssen.

Dazu gehört, die Familie am Wochenende zu beherbergen. Ein Paar teilt die Aufgaben üblicherweise auf, aber da ich allein bin, muss ich die Wohnung putzen, die Bettwäsche waschen, die Betten beziehen, die Vorräte für alle Mahlzeiten einkaufen, das Essen zubereiten, nach dem Essen abspülen. Für einen allein ist das ein ganzer Haufen Arbeit. Und wenn mir jemand anbietet, mir beim Schnippeln, Putzen oder Bettenbeziehen zu helfen, sage ich in bester Märtyrer-Manier: »Nein, du bist mein Gast.«

Heute sage ich hingegen: »Ja, bitte. Vielen Dank.«

5. Schauen, ob er online ist

Und sich dann ausmalen, warum er online ist und mir nicht zurückschreibt. Und OMG, es ist ganz offensichtlich, dass er, wenn er online ist, aber mir nicht schreibt, einer ANDEREN FRAU schreibt. Das ist doch völlig überflüssig.

6. Nicht das Bett einfordern, das mir zusteht
Singles werden oft infantilisiert. Ich habe Geschichten von Singlefreundinnen gehört, die an Orten einquartiert wurden, die man Paaren niemals zum Übernachten anbieten würde: Betten in Form von Rennwagen oder Sofas in Wohnzimmern oder sogar auf dem Fußboden neben einem Kinderbett (seit wann sind Kinder Erwachsenen in Sachen Bett überlegen?). Singles brauchen genauso ihre Privatsphäre und ein richtiges Bett wie Paare. Wenn es wirklich keinen Platz für ein Gästebett gibt und ich mit der Schlafmöglichkeit nicht zufrieden bin, buche ich mir lieber ein Zimmer in einem Bed & Breakfast.

Es ist wie die US-amerikanische Bloggerin Karley Sciortino in ihrem Artikel »Wie wurde ich zum letzten Single meines Freundeskreis?« für die *Vogue* geschrieben hat: »Wenn ich meine Freunde treffe, läuft es meistens darauf hinaus, dass ich der einzige Single unter einer Schar von Paaren bin, die mich entweder so behandeln, als wäre ich zu ihrem Amüsement engagiert worden (›Erzähl uns doch eine lustige Tinder-Geschichte, Clown!‹), oder als wäre ich ihr Sorgenkind.« Karley Sciortino berichtet dann darüber, wie sie mit ihren Freunden gemeinsam Urlaub in einem Ferienhaus macht. »Es gibt drei Schlafzimmer und ein Ausziehsofa, und in diesem Jahr werde ich plötzlich auf das Sofa degradiert, damit die Paare ›Privatsphäre‹ haben. Mit Verlaub, aber brauchen alleinstehende Menschen etwa keine Privatsphäre?« #coupleprivilege

7. Verschnupft sein, weil ich keine Eins plus habe
Für die Hochzeit. Es wird nichts ändern, wenn ich meine Faust gen Himmel recke und das Hochzeitskomitee verfluche. Heutzutage: Lass. Ich. Es. Einfach. Los.

8. Doppelte Botschaften
Ihr/mein Telefon zeigt keine Reaktion. Er hat meine Nachricht bekommen. Er hat nicht vergessen, wie man liest. Er braucht keinen »Stups«. Wenn er nicht antwortet, kann er weiterziehen. Zurückweisungen sind der Schutz des Universums.

9. »Als ich das gesehen habe, musste ich an dich denken«-Botschaften versenden
Ich habe es nicht gesehen und an ihn gedacht. Ich habe ständig an ihn gedacht und benutze es nur als Ausrede, um ihm zu schreiben und ihm eine Antwort abzuringen.[14]

10. Meine Freundinnen bitten, meinen Nachrichtenverlauf zu interpretieren
Freundinnen, die den betreffenden Mann nie gesehen haben. »Was denkst du, *was das bedeutet?*«, fragte ich sie. Sie haben nicht den blassesten Dunst. Die Person, die es am ehesten wissen kann, bin ich selbst.

11. Dieser Gedanke: Ich will nur schauen, ob es ihm gut geht
Ich muss nicht nachsehen, ob es ihm gut geht. Meine Nachricht wird ihn nicht befreien, wenn er Opfer einer Entführung wurde. Er wird nicht zurückschreiben: »Nein, nein, mir geht's nicht gut! Deswegen habe ich nicht zurückgeschrieben, tut mir leid! Ich bin an einen Stuhl in Aserbaidschan gefesselt! Irgendwelche Mistkerle haben mich entführt, als ich von unserem Date nach Hause gelaufen bin, als ich wie Cary Grant um Laternenpfähle tanzte und ge-

---

14 Lassen Sie uns in Erinnerungen schwelgen! Vor zehn Jahren hätte ich ihm noch »versehentlich« eine Gruppennachricht zu Ostern geschickt oder ähnlichen Nonsens oder – na, so was! – ihn zu meiner Party eingeladen. Anfang der Zehnerjahre war es dann das »Poken« auf Facebook, häufig nach einer Flasche Wein um Mitternacht.

sungen habe: ›Isn't She lovely‹. Jetzt fordern sie 25 Pfund, bevor sie mich nach Hause fliegen lassen. Könntest du das Geld rüberschicken? Dann können wir unseren Pfad zur Ehe weiter beschreiten.«

Zum Glück habe ich gerade noch 25 Pfund auf meinem Konto. Ich überweise sie, dann geht es ihm endlich gut.

12. Denken, dass derjenige gewinnt, der die letzte Nachricht schickt
(Ich weiß, ich weiß. Irgendwie gewinnt derjenige schon. Aber ich versuche, eine richtige Erwachsene zu werden.)

13. Sagen, dass man »fast nie jemanden gern hat«
Früher sagte ich mit ernstem Blick zu meinen Freundinnen: »Ich weiß, dass er [bitte fügen Sie an dieser Stelle einen Grund dafür ein, warum der Mann ungeeignet, unratsam oder unerreichbar ist], aber ich habe ihn wirklich gern, und ich mag fast nie jemanden!« Daraufhin seufzten sie kaum merkbar: »Cath, Süße, das hast du allein im letzten Jahr dreimal über drei verschiedene Männer gesagt.«

Ja. Okay. Guter Punkt.

TEIL VII

Eine Therapie öffnet Türen in meinem Kopf

Ich entdecke neue Räume

Selbst nachdem ich meine Singlefreuden gehegt und gepflegt habe und auch nach den wiedererlernten Lektionen gibt es drei Dinge, gegen die ich immer wieder anrenne, an denen ich nicht vorbeikomme. *Wumms* Ich muss sie wirklich loswerden. *Wumms* »Warum zur Hölle steht das denn noch im Weg?« *Wumms* »Okay, um Himmels willen, ich hab's ja kapiert!«

1. Ich bin ein wandelnder Vaterkomplex und glaube, dass ich unbewusst auf Männer stehe, die mehr als nur eine flüchtige Ähnlichkeit mit meinem verstorbenen Vater haben.
Mehr als nur einmal habe ich gelesen, dass eine schwierige Elternbeziehung künftige Beziehungen beeinflussen kann, vor allem, wenn es um Frauen und ihre Väter geht.
Die US-amerikanische Psychologin Linda Nielsen sagte im *Telegraph*: »Wenn Sie hungrig in einen Supermarkt gehen, verlassen Sie ihn mit Junkfood. Sie nehmen sich, was im Regal steht, das, was ihnen jetzt ein gutes Gefühl gibt. Werden Frauen beim Heranwachsen nicht von ihrem Vater anerkannt und bestätigt, wachsen sie zu hungrigen Einkäuferinnen heran. Sie treffen dann in der Regel schlechte Entscheidungen.«
Fabelhaft. Wenn irgendjemand aufgrund eines Mangels an väterlicher Bestätigung[15] eine hungrige Einkäuferin geworden ist, bin das ich.

---

15 Wie jeder Mensch hatte auch mein Vater gute und schlechte Seiten. Er konnte sehr liebevoll sein. Ich erinnere mich, dass er mir oft zuzwinkerte, auf mich zeigte, mit der Zunge schnalzte und anerkennend sagte: »Na, du bist mir eine.«

2. Ich fühle mich immer wieder von Männern angezogen, die leicht desinteressiert wirken, und das trotz meines Wissens über das Thema »Belohnungsunsicherheit« (siehe Seite 66). Wenn sich jemand stark zu mir hingezogen fühlt, denke ich, etwas mit ihm kann nicht stimmen. Das tue ich wirklich. *Schlägt sich die Hand vors Gesicht*
3. Ich weiß, dass ich noch immer so bei einer Sieben liege, wenn Singlefreuden auf einer Skala von eins bis zehn verortet werden können. Was ich nicht verstehe, ist, warum ich es nicht auf eine Neun oder Zehn schaffe.

Nun ja, ich brauche wohl eine Therapie. Los geht's.

Ich begebe mich auf einen Express-Therapie-Workshop

Ich nehme die Dienste der erstklassigen Psychotherapeutin Hilda Burke in Anspruch, mit der ich bereits zusammengearbeitet habe. Sie sagt, unsere gemeinsamen Sitzungen seien aufgrund verschiedener Faktoren keine »echte Therapie«. Zum einen mache ich es für ein Buch und hoffentlich zum Gewinn der Leserinnen, nicht nur für meinen eigenen Nutzen. Zum anderen ist sie sich darüber bewusst, dass sie zitiert wird; insofern herrscht auf beiden Seiten eine gewisse Befangenheit. Und zuletzt haben wir nicht viel Zeit, weswegen sie den Prozess als »Express-Workshop« bezeichnet und nicht als wirkliche Therapie.

Sie sagt, wir würden an Themen rühren, über die ihre Klientinnen und Klienten normalerweise erst nach Monaten oder sogar Jahren sprechen. Ein bisschen sei es, als würden wir auf eine Höhlenforschungstour gehen, aber anstatt einen Tag über Grund zu trainieren und dann in mehreren Etappen nach und nach tiefer in die Erde vorzudringen, begeben wir uns gleich in die dunkelsten Winkel. Wir werden durch Tunnel kriechen, in denen wir nicht aufrecht stehen können, und uns an gewaltigen Untergrundklippen abseilen.

Es wird ein jäher Sprung in die Tiefe. Daher werde sie sich während der Sitzungen versichern, ob es mir gut geht. Und sie betont, ich müsse ihr nicht alles sagen oder mich komplett entblößen, zumal wir so schnell voranschreiten würden.

Die Sitzungen

Etwas, das ich nicht erwartet hätte, ist die Angst, die ich im Vorfeld spüre. In dem Moment, als ich Hilda Burkes hübsche, kunstvoll dekorierte Wohnung betrete, in der sich auch eine flauschige Katze befindet, die praktisch eine Fellkugel mit Augen ist, stehe ich kurz davor loszuheulen. Ich hatte angenommen, dass ich gerne über meine Gefühle sprechen würde, immerhin halte ich mich selbst für psychologisch äußerst versiert; ich hatte erwartet, dass ich das in meinem Stil angehen könnte. Haha. Eher nicht. Ich erzähle ihr von meiner Unsicherheit, und sie sagt, das sei ganz normal.

Noch eine Überraschung war, dass ich vor unseren Sitzungen dachte, ich hätte alles schon ganz genau unter die Lupe genommen. Dass ich alle Punkte verbunden, mir ein Bild gemacht hätte. Aber sie führte mich zu ein paar Türen in meinem Inneren, von deren Existenz ich nicht einmal wusste, ganz zu schweigen davon, dass mir das Rüstzeug gefehlt hätte, sie zu öffnen. Auch in die Ecken wohlbekannter Räume, von denen ich vermutet hatte, ich würde sie in- und auswendig kennen, warf sie Licht und zeigte mir Objekte, die ich nie zuvor gesehen hatte.

Das Beziehungsmodell der Eltern

Hilda Burke fragt mich, was ich durch die Beobachtung meiner Eltern über romantische Beziehungen gelernt habe. Ich sage, dass Konflikte normal sind, dass es in der Verantwortung der Frau liegt, das Interesse des Mannes aufrechtzuerhalten, dass Sex das einzige Mittel ist, mit dem Frauen Macht über Männer haben, und dass Single zu sein schrecklich traurig ist.

Bis dahin hatte ich keine Ahnung gehabt, dass ich diese vier Glaubenssätze verinnerlicht habe, aber es ergibt absolut Sinn, insofern sie bis vor Kurzem so ziemlich alle meine romantischen Beziehungen geprägt haben. Meine Liebschaften wurden von vier Wänden getragen: Streitereien, meiner Angst, ihn zu verlieren, einem starken Fokus auf Sex und meinen Schwierigkeiten, selbst toxische Beziehungen loszulassen.

Sie fragt mich auch, was in meiner Kindheit fehlte, und ich antworte wie aus der Pistole geschossen: »Stabilität und Sicherheit«. Warum? Wir sind oft umgezogen, bis zu meinem achtzehnten Lebensjahr haben wir in sechs verschiedenen Häusern gewohnt, darunter war auch ein einschneidender Umzug von Nordirland nach England. Ich bin auf fünf verschiedene Schulen gegangen und habe bis zum Alter von achtzehn mitbekommen, wie drei wichtige Beziehungen zerbrochen sind: die zwischen meiner Mutter und meinem Vater (als ich zehn war) und die mit ihren darauffolgenden, langjährigen Partnern.

Durch die Umzüge habe ich wertvolle Lektionen erlernt, zum Beispiel, wie man sich unter neuen Leuten und in einer neuen Umgebung zurechtfindet, wie man Freundschaften schließt und wie man wieder von vorn anfängt, aber zu der Zeit wollte ich einfach nur stillstehen.

Gegenteilige Reaktionen

Ich erzähle Hilda Burke, dass mein Bruder und ich auf dieses turbulente Aufwachsen genau gegenteilig reagierten. In unserer Familie gibt es diesen Witz, dass mein Bruder mit zwölf Jahren mit einem Haufen Geld in eine Bank ging und ein Konto eröffnen wollte, er aber abgewiesen wurde, weil er zu jung war. Er hat sich immer nach Sicherheit gesehnt und sie für sich geschaffen. Er trat in den Dienst bei der Royal Air Force – ein zweifelsohne strukturiertes und diszipliniertes Leben – und machte eine Ausbildung zum Piloten. Seine wunderbare Frau lernte er mit vierundzwanzig kennen und heiratete sie mit neunundzwanzig. Inzwischen haben sie zwei Kinder und besitzen ein großes Haus.

Ich hingegen habe genau das Gegenteil getan. Ich habe die Turbulenzen meiner Kindheit gelebt, habe mein Geld in die Luft geworfen, als wäre es Konfetti, bin in meinen Zwanzigern sechsmal umgezogen (um fair zu sein, sollte gesagt werden, dass ich darüber nicht immer Kontrolle hatte, da ich Mieterin war) und hatte keine Beziehung, die länger als drei Jahre hielt. Hilda Burke sagt, dass ihrer Erfahrung nach Männer die Muster von Familiendynamiken leichter durchbrechen können als Frauen. Oh.

Suche einen emotional nicht verfügbaren Partner

Ich erzähle Hilda Burke, dass ich mit Ausnahme zweier Männer dem immer gleichen Muster folge und mich zu Männern hingezogen fühle, die meinem Vater ähneln: charmante, attraktive, aber letzten Endes emotional nicht verfügbare Draufgänger. Sie sind zwar an mir interessiert, nicht aber daran, sich zu binden, wobei Letzteres nicht nur auf mich zutrifft. Es ist, als wäre ich ein menschlicher Metalldetektor für die bindungsgehemmtesten Männer in jedem Raum. Bzzzzz. »Hab ihn gefunden!«

Nachdem, was ich ihr über meinen Vater und Stiefvater (im Alter von elf bis fünfzehn) erzählt habe, kommt Hilda Burke zum Schluss, dass ich mir Männer suche, die »sich gewohnt anfühlen, sich wie ein Zuhause anfühlen, auch wenn dieses Zuhause nicht unbedingt wünschenswert ist«. Sie fragt mich, ob es auch ein Muster gibt, wenn ich mich nicht für einen Verehrer interessiere. Ich sage, dass mich starkes Interesse abstößt. Hilda Burke sagt, es sei kaum verwunderlich, dass starkes Interesse, Akzeptanz und Bestätigung auf mich abtörnend wirken, weil ich so etwas von keiner der Vaterfiguren in meinen prägenden Entwicklungsjahren erfahren habe. Daher fühlt es sich ungewohnt, ja sogar bedrohlich an.

Daraus ergibt sich, dass ich an einem Partner, der sich mit 80 bis 100 Prozent um mich bemüht, selbst wenn ich ihn anfangs mochte, Fehler finde, um mich von ihm lösen zu können. Wenn ein Mann hingegen 60 bis 79 Prozent Interesse an mir zeigt, beiße ich an. Dann werde ich das Emoji mit Augen in Herzform. Bei weniger als 60 Prozent springt mein Selbstwertgefühl an und ich haue ab, aber dieser Mangel an 21 bis 40 Prozent ist für mich wie Crack.

Meine Vorliebe für Männer, die meinem Vater ähneln, habe ich immer als Versuch betrachtet, meine väterliche Wunde zu schließen und die Hingabe zu bekommen, die er mir nie geben konnte. Hilda Burke sieht es ein bisschen anders. »Sie wählen Männer aus, die Sie erneut verwunden«, sagt sie. Das versetzt mir einen Schlag. Insofern wir alle unbewusst eine Blaupause unserer Eltern in unser Erwachsenenleben mitnehmen, scheint es nur zutreffend, dass »Partner« ein Anagramm von »parent« (»Eltern«) ist.

Als sie fragt, was ich mir von einem idealen Partner wünschen würde, antworte ich ohne zu zögern: »Stabilität und Sicherheit.« Erst ein paar Stunden später wird mir bewusst, dass ich genau das Gleiche auch in Bezug darauf gesagt habe, was mir in meiner Kindheit gefehlt hat. Mir wird ebenso klar, dass ich zwar auf der Suche nach diesen Dingen bin, sie mir ironischerweise aber Angst machen und mir die Laune nehmen.

Ich überrasche mich weiterhin damit, dass ich sage, ich wünsche mir, dass diese hypothetische Beziehung »eher auf Freundschaft als auf Sex basiert«. Was hab ich da eben von mir gegeben? Heiliger Strohsack. Ich wusste gar nicht, dass es das ist, was ich möchte! Bisher habe ich immer gesagt, dass Sex Beziehungen von Freundschaften unterscheidet und habe ihn daher als extrem wichtig auf ein Podest gestellt. Hilda Burke sorgt dafür, dass weitere unangenehme Wahrheiten aus mir heraussprudeln. Es ist beunruhigend, unheimlich und wichtig.

Unangenehme Wahrheiten

Wir reden über Toms Untreue. Ich entdecke, dass ich an etwas geglaubt habe, wovon ich überhaupt nichts wusste. Dass ich mir selbst dafür die Schuld gebe. Nachdem ich Hilda Burke erzählt habe, dass es sich wie ein zusätzlicher Schlag ins Gesicht angefühlt hat, von ihm verlassen zu werden, wo ich mich doch so sicher und angekommen fühlte, lege ich nach und sage, dass ich vielleicht dafür verantwortlich war, weil ich mich dermaßen entspannt habe, dass ich aufgehört habe, regelmäßig Make-up zu benutzen und häufiger Jogginghosen als Kleider trug.

»Vielleicht habe ich mich gehen lassen«, vermute ich, bevor mir ein »Ohhhhh« entfährt. Hilda Burke weist darauf hin, dass das ganz nach der Sprache klingt, die mein Vater benutzt hätte, direkt aus dem Wortschatz des irischen Patriarchats der Fünfziger- bis Siebzigerjahre, in denen er aufwuchs.

Mir war nicht bewusst gewesen, dass ich mich dafür verantwortlich gefühlt hatte. Auf rationaler Ebene weiß ich, dass das Unsinn ist, aber auf emotionaler Ebene muss ich ganz eindeutig noch etwas verarbeiten. Was wahrscheinlich darauf zurückzuführen ist, was ich als Kind »gelernt« habe: dass Frauen dafür Verantwortung tragen, dass die Aufmerksamkeit ihrer Männer nicht nachlässt.

Hilda Burke sagt, dass der Grund für diese kognitive Dissonanz, dieses Hin und Her, dieser Widerspruch darin liege, dass viele unserer Glaubenssätze, die wir als Kinder erlernt haben, auch später noch unbewusst in uns wirken. Wir wissen noch nicht einmal, dass sie da sind. »Das Unterbewusste befindet sich direkt unter unserem Bewusstsein, Letzteres liegt am Rand unseres Blickfelds, es ist wie etwas, das sich bewegt, etwas, das wir aus dem Augenwinkel wahrnehmen können«, erklärt sie. »Das Unbewusste hingegen befindet sich hinter Ihnen. Es ist Ihr blinder Fleck. Sie wissen nicht, dass es überhaupt existiert, selbst wenn es Ihnen sehr nahe ist.«

Mein Bewusstsein weiß, dass es ganz sicher nicht meine Schuld ist, wenn mich ein Partner betrügt, aber im toten Winkel meines Bewusstseins gibt es noch eine andere Überzeugung, eine, von der ich bis gerade eben noch nicht einmal wusste, dass sie überhaupt existiert.

Wir sprechen über das Muster meines Vaters, der Frauen immer wieder kurz vor ihrem vierzigsten Geburtstag verließ und sie gegen ein jüngeres Modell von Anfang dreißig eintauschte. Insgesamt hat er das viermal getan, bis er schließlich bei einer Frau landete, die nur ein paar Jahre älter war als ich. Ich erzähle davon, wie mein Vater einmal zu mir gesagt hat, dass Frauen ab fünfundzwanzig nachlassen und dass er über Frauen im Alter von vierzig in Begriffen wie »abgewrackt« und »hat die besten Jahre hinter sich« sprach.

Daher war die Vierzig in meinem inneren Kalender immer mit einem dicken »SCHEISSE!« versehen. Ich war fest davon überzeugt, dass ich mir davor einen Mann angeln müsste, bevor mein Kapital (mein Aussehen) dahinschwand oder sich erübrigt hätte. Während ich das so aufschreibe, scheint es mir selbst völlig lächerlich, dennoch existierte diese misogyne Ansicht jahrelang in meinem Kopf. Hilda Burke sagt, es sei nicht verwunderlich, dass ich deswegen mit schwerwiegenden Auswirkungen zu kämpfen habe, insofern mein Vater diese Dinge nicht nur sagte, sondern immer und immer wieder nach diesen Äußerungen handelte.

Sie weist auch darauf hin, dass mein Vater ein Nachzügler war, ein »Unfall«, und dass er sich von seiner über vierzigjährigen Mutter ungewollt und ungeliebt gefühlt hatte. Oh. Das führt mir vor Augen, dass seine Abneigung, sein Meiden und seine Herabsetzung von Frauen über vierzig vielleicht gar nicht mit den Frauen zu tun hatte, sondern mit seinem eigenen Kindheitstrauma. Mit einem Mal habe ich Mitgefühl für ihn. Es geht nicht nur um mich. Jeder hat sein ganz eigenes Päckchen zu tragen.

Und auch das Alter von fünfundvierzig erwähne ich mehrmals: »Heute kann ich mir gut vorstellen, erst nach fünfundvierzig einen Partner kennenzulernen.« Hilda Burke fragt mich, warum gerade fünfundvierzig, und mir wird bewusst, dass es das Alter ist, in dem meine Mutter meinen heutigen Stiefvater kennenlernte (der über die Maßen wunderbar ist und mich bedingungslos liebt).

Mir wird weiterhin bewusst, dass ich, obwohl ich jetzt definitiv glücklicher Single bin, noch immer sehr an der Überzeugung festhänge, dass ich irgendwann jemanden kennenlernen muss. Ich habe nur das Zeitlimit nach hinten verschoben. Jetzt schwebt nicht mehr die Vierzig über mir als das Alter, in dem sich meine Kutsche in einen Kürbis verwandelt und ich heimkehren und Schornsteine kehren muss oder so ähnlich, sondern ich habe fünf bis fünfzehn Jahre mehr Zeit. Aargh.

Dating-Sabbaticals

Stolz erzähle ich Hilda Burke von meinen Dating-Sabbaticals, von dem einen ganzen Jahr und mehreren kürzeren Phasen seitdem. Ich erzähle ihr, dass ich dann damit beginne, wenn ich spüre, dass mich die Panik überkommt, wenn ich merke, dass ich damit beginne, mein Handy zu bewachen, und in meinen Warte-Modus verfalle, wenn also die Liebessucht einmal mehr ihre Krallen in mich schlägt.

Ich erwarte, dass sie beeindruckt ist, aber stattdessen sagt sie: »Es ist also ein bisschen so, als würden Sie eine Flasche Wodka ausleeren?« Ähm. Schon möglich. Lautet die Lösung vielleicht, sich maßvoll zu verabreden und nicht völlig abstinent zu bleiben? Das bringt mich zum Nachdenken.

Sie fragt mich nach meinen Hoffnungen für das Buch, was ich den Leserinnen und Lesern mit auf den Weg geben möchte. »Ich möchte, dass sie sich auch als Singles vollständig fühlen, dass sie nicht ihre andere Hälfte vermissen und glauben, sie seien Versagerinnen oder Versager, nur weil sie solo sind.«

Sie fragt mich, wo ich mich auf einer Skala von eins bis zehn verorten würde, wenn es denn eine gäbe. »Wie überzeugt sind Sie selbst, dass sie sich vollständig und zufrieden fühlen?« Ich antworte, dass ich mich als eine Sieben einschätze. »Ich weiß es, und mein Bewusstsein glaubt fest daran, aber mein Unbewusstes führt wohl zu den fehlenden drei Punkten«, sage ich. »Und deswegen bin ich hier.«

Die Single-Zufriedenheit-Skala

Danach stellt Hilda Burke die wohl wichtigste Frage unserer gesamten Sitzung. »Was hält Sie davon ab, auf der Single-Zufriedenheit-Skala auf zehn Punkte zu kommen?«, hakt sie nach. »Was werden Sie Ihrer Meinung nach wohl verpassen, wenn Sie sich voll darauf einlassen?«

Sie sagt, dass Menschen an ihren Süchten hängen, seien es Essstörungen, Alkohol, Sex, Spiele oder Shopping, weil sie den Glauben verinnerlicht haben, dass sie etwas verpassen, wenn sie sie ganz aufgeben. »Bei Alkohol war es für Sie der Spaß«, sagt sie. »Was also ist es diesmal?«

Welche Verlustängste halten mich ab? Mir wird bewusst, dass ich, obwohl ich nicht wirklich sicher bin, ob ich biologische Kinder möchte, glaube, dass ich die Möglichkeit aufgeben muss, welche zu bekommen. Insofern meine Mutter sich jedes Mal riesig freut, wenn ich jemanden date, müsste ich mich auch davon verabschieden, es ihr recht zu machen.

Letztlich läuft es auf eine FOMOOM (fear of missing out on men) hinaus. Ich habe das Empfinden, dass, wenn ich mich zu sehr an mein Singleleben gewöhne, es so wäre, als ob ich auf einem Polstersofa festkleben würde. Als würde ich nie wieder von dort hochkommen. Dass jemand an mir vorübergeht, ich aber derart entspannt bin, Doritos futtere und *Santa Clarita Diet* schaue, dass ich ihn überhaupt nicht bemerke. Mir wird klar, dass ich mich fühle, als müsse ich immer aufrecht sitzen, ein bisschen angespannt, für den Fall, dass ich in Aktion treten muss. All das ist neu für mich. Ich hatte keine Ahnung, dass ich so gedacht oder empfunden habe.

Wenn ich mich also mit der Idee anfreunde, keine Kinder auf natürliche Weise zu bekommen und damit meine Mutter voraussichtlich enttäusche, und wenn ich mich von der Vorstellung verabschiede, dass mich mein weiches Sofa davon abhält, jemanden darüber hinaus wahrzunehmen, habe ich einen großen Fortschritt gemacht. Und was ist das Beste an den Sitzungen? Dass ich wirklich meinen Frieden schließen konnte mit der Möglichkeit einer Zukunft ohne Partner, dass ich mich dieser Zukunft gestellt und sie von allen Seiten betrachtet habe.

Jahrmarktsattraktionen

Am Ende erwartet mich eine weitere Offenbarung. Hilda Burke fragt mich, wie ich mich während meines Jahrs ohne Dating gefühlt habe. Meine Schultern sinken um zehn Zentimeter, ich strahle von innen, seufze und sage: »Großartig. So entspannt.« Sie fragt mich, warum, und ich sage, dass ich nicht das Gefühl hatte, mich anstrengen zu müssen, warten zu müssen, was daraus wird. Wenn ich jemanden date und es gut läuft, spüre ich ein richtiges Hoch. Aber die Sache hat auch eine Schattenseite. Wenn es nicht gut läuft, wenn ich von den Männern nicht bekomme, was ich will, fühle ich mich hungrig, beraubt, unvollständig. Das Gefühl, unvollständig zu sein, habe ich stärker, wenn ich Single bin und date, als wenn ich Single bin und nicht date.

Im Grunde fühlt sich Single zu sein und nicht zu daten so an, als würde ich lachend mit meinen Freundinnen über einen Jahrmarkt schlendern und Zuckerwatte essen. Single zu sein und zu daten fühlt sich hingegen an, als würde ich mich auf einem dieser Fahrgeschäfte anschnallen, das einen mit einem drohenden Tuk-Tuk-Tuk langsam nach oben zieht, um einen dann abrupt in die Tiefe fallen zu lassen, hin und her zu schaukeln und durchzuschütteln – und über all das hat man absolut keine Kontrolle. Nicht zu daten, ist vorhersehbar, es erdet einen, ist angenehm. Zu daten hingegen ist ein Auf und Ab und Hin und Her.

Wenn ich Single bin und nicht date, ist meine Stimmung nicht von den Launen meines Gegenübers, seinen Gefühlen oder seiner Geschwindigkeit beim Schreiben von Textnachrichten abhängig. Mir wird klar, dass ich lieber nicht date. Ganz leise explodiert etwas in meinem Kopf.

Nun hat es sicherlich auch Zeiten gegeben, in denen ich in einer Beziehung genauso zufrieden war wie als Single. Das geschah dann, wenn die Beziehung fortgeschritten war, schätzungsweise nach sechs Monaten, wenn ich mich verankert gefühlt habe, gefestigt, sicher. Auch wenn ich fünfzehn Jahre lang ständig in Beziehungen lebte, kann ich die Jahre, in denen sich dieser Zustand einstellte, an einer Hand abzählen.

Das heißt, ich habe mich über zehn Jahre nicht so gefühlt. Der wichtige Unterschied? Ich war nicht glücklicher, wenn ich in einer Beziehung lebte – noch nicht einmal in der Verankerungsphase –, als wenn ich Single war.

Es fühlt sich an, als wäre in meinem Kopf ein Flutlicht angeschaltet worden. Ich sage nicht, dass ich nie wieder Dates haben werde, natürlich werde ich das. Aber das Daten wird ein Mittel zum Zweck sein, ich will lernen, es maßvoll zu tun (mehr dazu später). Diese Gegenüberstellung meines Zufriedenheitsgefühls als Single mit dem, wenn ich in einer Beziehung war, hat mir verdeutlicht, dass ich für eine glückliche Zukunft keinen Ehemann brauche.

Die Tür zum »Für immer Single«-Raum in meinem Kopf ist für mich eine Offenbarung. Bis dahin war er ständig verrammelt, ein absolutes No-Go. Ich möchte ehrlich sein: Noch ist mir der »Irgendwann werde ich schon noch jemanden kennenlernen«-Raum lieber, aber ich beginne, mich im Singleraum umzusehen und dort zu verweilen. Es ist sehr friedlich dort, keine Bartstoppeln im Waschbecken, viel Platz im Bett und keine Schwiegereltern, bei denen ich mich beliebt machen muss.

Mir wird bewusst, dass es mir dort gefällt. Ich kann mir sogar vorstellen, dort zu leben.

Was ich aus der Therapie mitnehme

Wie wir das Beziehungsmodell unserer Eltern nachahmen

»Wir alle wiederholen Muster, aber uns diese bewusst zu machen, ist der Schlüssel dazu, uns aus ihnen zu befreien«, sagt Hilda Burke. »Wissen Sie erst einmal, was Sie da tun und warum, haben sie auch die Möglichkeit, sich davon zu lösen. Sie können sich sagen: ›Okay, das ist also die Art Mann, zu der ich mich hingezogen fühle, daher mein Verhalten.‹ Wenn Sie das nächste Mal wieder einen solchen Mann treffen, fühlen Sie sich vielleicht noch immer zu ihm hingezogen, aber Sie kennen Ihr Muster und stolpern nicht so blind in etwas hinein.«

Wir ahmen nicht nur ständig nach, sagt Hilda Burke. »Manchmal suchen wir uns auch romantische Beziehungen, die das genaue Gegenteil von der unserer Eltern sind, was aber ebenso ungesund sein kann. Es geht darum, seine eigene Wahl zu treffen, unabhängig davon, was die Eltern getan haben.«

Wie man das Singledasein genießen kann

»Zu Klienten, denen das Singleleben wie eine unglückliche Zeit des Wartens vorkommt, sage ich oft: ›Angenommen, Sie wüssten, dass Sie die eine Person innerhalb des Zeitrahmens treffen, den Sie sich wünschen. Dann stellen Sie sich vor, dass bis dahin aber noch zwei Jahre vor Ihnen liegen. Wie können Sie diese Zeit, diese zwei Jahre, als tolle Chance betrachten? Wie können Sie diese Zeit genießen?«

Nach einer kurzen Pause fährt sie fort: »Was mir häufig begegnet, ist, dass meine Klienten an ihrer Auffassung hängen, dass das Singledasein eine Art Fegefeuer ist. Mir schlägt manchmal viel Widerstand entgegen, als hätten sie das Gefühl, dass dann, wenn sie sich von der Vorstellung verabschieden, eine Beziehung wäre das bessere Lebensmodell, wenn sie das Singleleben zu sehr genießen, sie nie Teil einer Beziehung sein werden. Wenn sie dieses Gefühl des Mangels, der Lücke, des Sehnens nicht aufrechterhalten, verlieren sie die Fähigkeit, es zu ändern.«

Damit kann ich mich identifizieren. Es ähnelt meiner Überzeugung, ich wäre »faul«. Obwohl so viele Beweise für das Gegenteil sprechen, binde ich sie mir wie einen Heliumballon ans Handgelenk, auf dass er für immer fliegen mag. Warum? Ich habe das Gefühl, dass mich das dazu motiviert, nicht auf meinem Hintern sitzen zu bleiben und meinen Kram zu erledigen. Ich habe das Gefühl, dass ich ohne nie wieder irgendetwas tun werde. Als würde meine »Faulheit« zum Dauerzustand. Und genau deswegen versuche ich ständig, das Gegenteil zu beweisen.

Warum wir uns Partner aussuchen, die unseren Eltern ähneln

»Wir fühlen uns zu Bekanntem hingezogen, selbst wenn es sich dabei um ein Elternteil handelt, das nicht unser größter Fan war«, sagt Hilda Burke. »Wir denken, dass wir es jetzt, da wir erwachsen sind, ändern können, dass wir sie (oder eher noch ihre aktuellste

Verkörperung – den Partner, den wir uns ausgesucht haben) davon überzeugen können, dass wir in Wirklichkeit richtig toll sind. Es ist der Versuch, dieser Dynamik ein anderes Ende zu setzen, aber oft führt es nur dazu, dass wir wieder verwundet werden.«

Warum wir Menschen, die wir aus freien Stücken gewählt haben, nicht bestrafen sollten

»Wenn wir also einen kritischen, sich emotional zurückhaltenden Elternteil hatten, suchen wir oft einen Partner mit ähnlichen Eigenschaften«, sagt Hilda Burke. »Wenn wir dann herausfinden, dass wir das Ende nicht ändern können und dass wir die Zurückhaltung nicht in Verehrung umwandeln können, versuchen wir, ihn zu ändern.« Ein solcher Partner berührt etwas in uns, das bereits verletzt ist, und Streit ist eine Folge.

»Allerdings waren die Verletzungen bereits da. Sie stammen aus einer Zeit vor dem Partner«, sagt Hilda Burke. »Die negativen Eigenschaften unseres Partners sind tatsächlich das, wonach wir gesucht haben. Vielleicht werden Sie von Partnern angezogen, bei denen Sie all Ihre Tricks anwenden müssen, damit Sie sie für sich gewinnen. Sie haben sie sich ausgesucht, weil sie schwer zu beeindrucken sind. Dann, später, wird genau das die Sache, die Sie an ihnen ändern wollen. Die Verantwortung für seine Wahl zu übernehmen, ist wichtig.«

Warum es süchtig macht, nach Bestätigung zu suchen

»Wenn die Liebe eines Elternteils an Bedingungen geknüpft war, kann dies dazu führen, dass für uns die einzig attraktiven Partner die sind, denen wir hinterherjagen müssen. Wir erkennen, dass das Bestätigungsgefühl ein bewegliches Ziel ist, das wir nie ganz erreichen werden, und so streben wir auch als Erwachsene danach«, sagt sie. »Es ist ein Gefühl, das stark süchtig macht.«

Es ist nicht so, als würden uns die Partner, denen man hinterherjagen muss, nichts geben. »Sie füttern uns mit gerade ausreichend viel Aufmerksamkeit, sie werfen uns ein paar Krümel hin, die uns in Gang halten. Im Grunde folgen wir den Brotkrümeln, die sie ausstreuen, kommen aber nie am Lebkuchenhaus an.«

Diejenigen, die »zu eifrig« sind, die uns die exakten GPS-Daten und die Schlüssel fürs Lebkuchenhaus geben, wecken in uns nicht die Sehnsucht, die Bereitschaft, zu warten, die Hoffnung, die uns in unseren frühesten Jahren als Muster eingepflanzt wurden.

Über Trolle, die uns heimsuchen

Es passiert sehr oft, dass jemand von elterlichen Stimmen heimgesucht wird, so wie ich vom »Alte Jungfer«-Narrativ meines Vaters. »Wenn wir den inneren Troll hemmungslos ignorieren, ihn gar nicht erst zu Ende reden lassen, hat er meistens keine Macht über uns«, sagt Hilda Burke. Allerdings kommen die Trolle immer wieder zurück.

»Häufig bitte ich meine Klienten, zwei Stühle zu nehmen, um ihren negativen Stimmen zuzuhören und dann zu antworten. Je nach Stimme, ob die eigene oder die des Trolls, wechselt man den

Stuhl. Lässt man den Troll erst einmal alles sagen, was er loswerden möchte, wird er irgendwann müde und redet sich leer. Dann gewinnt Ihre stärkere, Ihre positivere Stimme.«

Hilda zitiert Chelsea Clinton, die unlängst von jemandem getrollt wurde, der sie zugleich mit einem Esel und einem Pferd verglich. Als Antwort darauf twitterte sie: »Danke, James! Esel sind für ihre Unabhängigkeit, Intelligenz und ihr Durchhaltevermögen bekannt und Pferde für ihre Schnelligkeit, ihre Aufmerksamkeit und ihr Erinnerungsvermögen. Das Kompliment schmeichelt mir, danke!« Und so nahm sie ihrem Troll mit Anmut und Intelligenz die Macht. Und genauso können wir das auch mit unseren Trollen machen.

Weitere Informationen zu Hilda Burkes Arbeit finden Sie unter: www.hildaburke.co.uk.

Ein Gespräch mit dem Iren in meinem Kopf

Ich beschließe, den misogynen Troll in mir heraufzubeschwören, wie Hilda Burke es vorgeschlagen hat, und mich mit ihm zu unterhalten. Damit er mich vollquasseln, tadeln und vernichten kann. Um ihn mit einem »Versuch's doch mal« auf seinen Platz zu verweisen und seine Sticheleien bewusst abzuwehren, anstatt aus dem Boxring wegzulaufen.

Insofern es sich bei ihm um einen Iren handelt, bin ich dafür, ihn, dem Klischee entsprechend, Paddy zu nennen. *Quelle surprise* (nicht): Paddy wurde in den Fünfzigerjahren geboren, und seine Überzeugungen wurden in den Siebzigerjahren gefestigt ... Na so was, das ist ja wie bei meinem Vater. Und, oh, was für eine weitere Überraschung, er spricht mit Ballymena-Akzent – auch wie mein Vater.

Paddy: »Wie ist es bei dir, Catherine? Du läufst doch nicht etwa Gefahr, bald zu heiraten?«

Ich: »Paddy, ich wünsche mir, dass du damit aufhörst, darüber zu reden. Ich habe dir bereits gesagt, dass es dafür keinerlei Anzeichen gibt. Und mir geht es übrigens super, ich lebe jetzt in Barcelona. Und habe ich dir von meinen Buchverträgen erzählt? Ich fange demnächst mit meinem dritten Buch an.«

Paddy: »Mädchen, ein Job wird dich nachts nicht warmhalten.«

Ich: »Doch, ich bin ziemlich sicher, dass mich mein Job warmhält, da ich damit Geld verdiene, womit ich mir ein Dach über dem Kopf leisten kann, außerdem Bettsocken, eine Zentralheizung und Gänsefederbettdecken.«

Paddy: »Ihr Karrierefrauen seid alle gleich, ihr seid viel zu spät dazu bereit, euren Job aufzugeben, und dann will euch keiner mehr! Die Friedhöfe in Belfast sind voll von Karrierefrauen wie du, die allein gestorben sind!«

Ich: »Ich bin recht sicher, dass die Friedhöfe auch voll mit verheirateten Frauen sind, da einem die Ehe bekanntlich nicht die Superkraft ewigen Lebens schenkt.«

Paddy: »Du bist zu schlau für dein eigenes Wohl. Mich würde es nicht überraschen, wenn du allein stirbst, bisschen klugscheißerisch biste, ne?«

Ich: »Okay, tut mir leid, dass ich jetzt auch noch klugscheißerischer bin. Aber zu heiraten ist keine Versicherung, um nicht am Ende doch allein zu sterben. 60 Prozent der Britinnen über fünfundachtzig sind verwitwet. Das ist zwar äußerst traurig, aber wahr.«

Paddy: »Und selbst wenn, immerhin hat sie davor jemand geliebt. Singles leben ein sehr einsames, liebloses Leben, so ist es doch.«

Ich: »Hm, aber mich lieben Dutzende Menschen. Ich stehe meiner Familie sehr nahe. Ich bekomme täglich meine Dosis an Liebe.«

Paddy: »Moment mal, wenn du schon von Familie redest, solltest du dich da nicht mal ranhalten? Wann wirst du fünfunddreißig? Danach ist es vorbei, weißt du.«

Ich: »Ich bin sogar schon achtunddreißig.«

Paddy: »Himmel, Arsch und Zwirn! Schätzchen, du solltest heiraten und dich schwängern lassen, und zwar pronto. Ich weiß nicht einmal, ob man in dem Alter überhaupt noch schwanger werden kann! Im Krankenhaus wird man dich ›geriatrische Mutter‹ nennen.«

Ich: »Eine Studie von 2004 hat herausgefunden, dass 82 Prozent der Frauen zwischen fünfunddreißig und neununddreißig innerhalb eines Jahres schwanger werden, Paddy. In der jüngeren Altersgruppe von Frauen zwischen siebenundzwanzig und vierunddreißig lag die Erfolgsrate bei 86 Prozent. Das legt also nahe, dass die Erfolgsaussichten zwischen dem Alter von siebenundzwanzig und dem von neununddreißig um nur vier Prozent sinken.«

Paddy: »Du Schwätzerin! Das kann nicht sein. Ich habe über diese Fünfunddreißig-Grenze gelesen. Danach besteht keine Hoffnung mehr, du verdammte Idiotin.«

Ich: »Die Geburtenrate der Frauen über vierzig hat inzwischen die von Frauen unter zwanzig überholt.«

Paddy: »Bitte sag mir, dass du vorhast, in naher Zukunft Kinder zu bekommen.«

Ich: »Um ehrlich zu sein, Paddy, ich bin mir nicht sicher. Vielleicht, wenn ich den richtigen Menschen treffe und die Umstände passen. Und wenn nicht, gibt mir auch das nicht das Gefühl, unvollständig zu sein. Ein kinderfreies Leben bietet jede Menge Vorteile.«

Paddy: »Aber wer wird sich um dich kümmern, wenn du Windeln trägst, sag mir das doch mal? Jetzt ist alles toll, du treibst dich in Spanien herum, aber was, wenn deine Hüfte kaputt ist und du nicht mehr gehen kannst?«

Ich: »Ich sag's nicht gerne, Paddy, aber ich bin ziemlich sicher, dass viele der alten Menschen, die in Seniorenheimen abgestellt wurden, tatsächlich Kinder haben. Und dennoch müssen sie das Geld vom Verkauf ihres Ferienhauses in Eastbourne für besagten Pflegeheimplatz ausgeben. Mir sind keine älteren Menschen bekannt, die in einem Luxus-Penthouse mit Pool auf dem Dach leben, deren erwachsene Kinder sich um sie kümmern, weil sie nicht arbeiten müssen und die daher zu Hause bleiben und tun können, was ihre altersschwachen Eltern von ihnen verlangen.«

Paddy: »Da hast du recht. Aber der hier ist gut: Ich habe gelesen, dass Frauen über vierzig eher von einem Terroristen umgebracht werden, als dass sie heiraten!«

Ich: »Oh, Paddy. Die *Newsweek* hat zwanzig Jahre, nachdem sie diese vermeintliche »Wahrheit« abgedruckt hat (die Tausende Frauen vor lauter Angst vor den Traualtar getrieben hat), endlich eine Entschuldigung und Rücknahme veröffentlicht. Eigentlich sagt die Überschrift der Stellungnahme alles:
›Vor zwanzig Jahren prophezeite die *Newsweek*, dass eine alleinstehende Vierzigjährige eher von einem Terroristen getötet würde als

zu heiraten – und warum wir damit falschlagen.‹ Der Artikel zeigte dann, dass US-Amerikanerinnen mit über vierzig in Wirklichkeit eine vierzigprozentige Heiratschance hatten.«

Paddy: »Okay, na gut … Aber trotzdem, bald will dich keiner mehr. Dein gutes Aussehen wird dahinwelken! Du wirst ein Ladenhüter sein.«

Ich: »Das ist auf so vielen Ebenen falsch, dass ich gar nicht weiß, wo ich anfangen soll. Erstens habe ich mehr zu bieten als mein gutes Aussehen. Und das Wort ›Ladenhüter‹ impliziert, dass ich etwas bin, das man konsumieren kann, und dass mich jeder Mann, der Geld hat, in einem Laden kaufen kann. Es gibt aber keinen Laden, in dem man mich kaufen kann. Genauso wenig wie alleinstehende Männer wie Hunde im Tierheim sind, die darauf warten und hoffen, von jemandem abgeholt zu werden.«

Paddy: »Aber Süße, wie zur Hölle willst du jetzt noch jemanden finden? Alle in deinem Alter müssen doch bereits verheiratet sein?«

Ich: »Da liegst du nun wirklich falsch, Paddy. Über die Hälfte der Briten in meinem Alter sind Singles. Seit den Siebzigerjahren hat sich da so einiges getan. Heute leben wir nicht mehr in kleinen Städtchen oder Dörfern mit nur begrenzten Möglichkeiten. Wir müssen nicht den- oder diejenige aus der Nachbarstraße heiraten, nur weil es keine Alternative gibt. Außerdem gibt es auch etwas, das sich Dating-App nennt, dort findet man Tausende Singles. Es ist, als hätte man sämtliche Telefonnummern von ihnen bei sich.«

Paddy: »Jesus, Maria und Josef. Klingt für mich ganz nach einem Werk des Teufels. Nun, wie auch immer. Doch selbst wenn du noch jemanden finden solltest und mit ihm ein Kind zeugst, gibt es nichts Traurigeres als eine alte Mutter, nicht wahr?«

Ich: »Paddy, wann hätte ich deiner Meinung nach denn ein Kind bekommen sollen?«

Paddy: »In deinen Zwanzigern! Natürlich! Wir bekamen unsere erste Tochter Nuala, da war meine Frau gerade zwanzig geworden. Am besten gehst du gleich los und suchst dir auf schnellstem Weg einen Mann.«

Ich: »Hätte ich in meinen Zwanzigern ein Kind zur Welt gebracht, wäre ich wahrscheinlich für lange Zeit im Gefängnis gelandet, weil ich es im Auto gelassen hätte, um in einen Nachtclub gehen zu können.«

Paddy: »Was redest du da? Bist du jetzt völlig übergeschnappt?«

Ich: »Ich war ein echter Satansbraten. In meinen Zwanzigern konnte ich kaum auf mich selbst aufpassen. Jetzt, wo ich keinen Alkohol mehr trinke, könnte ich wahrscheinlich eine gute Mutter sein, aber ich kann auch ein Leben ohne Kinder haben und damit schrecklich glücklich sein.«

Paddy: »Mach mal halblang, Süße. Hast du da gerade gesagt, dass du NICHT TRINKST? Oje. So etwas Absurdes habe ich ja noch nie gehört. Trink einen Tropfen mit mir, es wäre unhöflich abzulehnen!«

Ich: »Paddy, es tut mir aufrichtig leid, aber wir sind jetzt fertig. Mach's dann mal gut.«

Das Fazit: Das war wirklich kathartisch. Die Unterhaltung mit meinem verborgenen misogynen Troll hat mir vor Augen geführt, dass vieles von dem, was er mir entgegenbrüllt hat, aus einer lang vergangenen Zeit stammt und längst widerlegt ist.

Schon lustig: Als ich ihn erst einmal aus dem Halbdunkel gezerrt hatte, war er weniger bedrohlich. Nicht ganz so boshaft. Das hat ihm viel von seiner Macht genommen, derer ich mir davor gar nicht bewusst war. Jetzt muss ich mir Paddys Meinungen ebenso wenig zu Herzen nehmen wie die von jemandem, der sagt, Frauen solle man sehen, nicht hören, oder dass Männer die Kuh nicht kaufen, wenn sie die Milch gratis trinken können.

Es hat mich ihm gegenüber aber auch ein bisschen milder gestimmt. Auch wenn Paddy veraltete Ansichten und verquere Vorstellungen mit sich herumschleppt, kann ich ihm dafür verzeihen, da er in ganz und gar anderen Umständen aufgewachsen ist.

Glauben Sie jetzt aber nicht, dass es einfach war, ihm zu vergeben. Es ist, wie schon Cheryl Strayed sagte: Bei Vergebung handelt es sich nicht um den gut aussehenden Kerl an der Bar, sondern um den alten dickwanstigen Kerl, den man bergauf schleppen muss. Verzeihen ist eine Handlung, kein emotionaler Zustand, der einem auf wundersame Weise zustößt.

Obwohl ich Paddy vergeben habe, werde ich ihm sagen, er soll sich zurückhalten, wenn er es das nächste Mal wagt, mit seiner Schiebermütze über die Brüstung zu schielen.

Beziehungstypen und warum sie lebensverändernd sind

Nach unseren Therapiesitzungen schickt Hilda Burke mir einen Link zu einem Buch mit dem Titel *Warum wir uns immer in den Falschen verlieben*, das zwei US-Amerikaner, der Neurowissenschaftler Amir Levine und die Psychologin Rachel S. F. Heller, geschrieben haben. Na, das ist ja seltsam, denke ich. Sie ist jetzt schon die dritte Person innerhalb eines Monats, die mir das Buch empfiehlt, völlig unabhängig von den anderen. Das Universum[16] hätte das Buch ebenso gut verhext haben können, damit es sich aus der Buchhandlung direkt zu mir bewegt, oder es vermittels einer himmlischen Version von Amazon direkt durch mein Dachfenster liefern lassen.

Wie dem auch sei, am Ende beherzigte ich den Hinweis und las das verdammte Buch.

Und sie hatten völlig recht. Was in ihm stand, war lebensverändernd für mich. Es war wie die Auflösung am Ende eines Krimis, wenn man herausfindet, wer der Mörder war, und alles langsam einen Sinn ergibt. »Ach so, deswegen hat er … und daher hat sie … und das hat es also bedeutet, als …!« Ein paar falsche Fährten muss man immer ignorieren, und dann verwandelt sich die Geschichte plötzlich von einem nervenaufreibenden Rätsel mit verschiedenen, zufällig wirkenden Hinweisen in etwas, bei dem sich alles fein säuberlich an seinem Platz findet.

Wie sich herausstellt, weisen all meine liebessüchtigen Taten zumindest nicht darauf hin, dass ich eine bedürftige Spinnerin bin. Für die Sorte Verrückter, zu denen ich gehöre, gibt es einen NAMEN. Außerdem finde ich heraus, dass ein Fünftel der Bevölkerung das hat, was auch ich habe (von denen, wie ich annehme, viele dieses Buch lesen; hallo, ihr Lieben).

---

16 Ich bin nicht gläubig und gehe auch nicht davon aus, dass das Universum irgendetwas lenkt. Ich glaube, dass unser Leben den Gesetzen des Zufalls folgt, auch wenn dieser manchmal in Form einer glücklichen Fügung erscheint. Wenn das Universum aber eine Art Gottheit wäre, die Buchempfehlungen verteilt, würde es sich, da bin ich ziemlich sicher, bei dieser Gottheit um die Bürgerrechtlerin und Schriftstellerin Maya Angelou handeln, die in einem weißen Nachthemd auf einer Wolke sitzt.

Ich bin nicht verrückt, ich gehöre nur zum ängstlichen Beziehungstyp. Puuuh.

Der ängstliche Beziehungstyp erlebt das Daten häufig in Form von Höhenflügen und Abstürzen – euphorisch und niederschmetternd. »Kinder, die zum ängstlichen Beziehungstyp gehören, erleben großen Kummer, wenn ihre Mutter den Raum verlässt, weil sie sich nicht sicher sind, ob sie wieder zurückkommt«, erklärt Hilda Burke. »Kehrt dann die Mutter zurück, zeigen die Kinder oft keine Erleichterung oder Freude, da sie nicht darauf vertrauen können, dass ihre Mutter bleiben wird. Die Verbindung zwischen ihnen ist von Unsicherheit geprägt.«

Diese Dynamik wiederholt sich dann im Erwachsenenalter. »Wenn sich ein Verehrer mit einem Anruf verspätet, denkt der ängstliche Beziehungstyp: Vielleicht ruft er mich gar nicht mehr an, wohingegen ein sicherer Beziehungstyp denkt: Irgendwann wird er sich schon melden, und bis dahin macht er mit seiner Arbeit und seinem Leben weiter. Ein sicherer Beziehungstyp reagiert überrascht, wenn er verlassen wird, ein ängstlicher erwartet es.«

Ängstliche Beziehungstypen lassen Partnerschaften oft vorschnell in die Brüche gehen, merkt sie an. »Angenommen, jemand ruft nicht innerhalb von vierundzwanzig Stunden nach dem Date an, dann blockieren sie bereits seine/ihre Nummer. Ein sicherer Beziehungstyp geht davon aus: Ich habe ihn/sie nur zweimal getroffen, er/sie hat innerhalb von zwei Tagen nach unserer Verabredung Kontakt aufgenommen, und es ist schön, von ihm/ihr zu hören. Ängstliche Beziehungstypen stellen häufig unrealistisch hohe Erwartungen an ihre Verehrer, bei den sicheren Beziehungstypen sind die Erwartungen bodenständiger.«

Oh, und da ist noch mehr. Ich bin ein ängstlicher Beziehungstyp, der sich hauptsächlich zu Menschen der Sorte »vermeidender Beziehungstyp« hingezogen fühlt. Jupp. Die Beschreibung des vermeidenden Beziehungstyps zu lesen war so, als würde ich mir die Zutatenliste auf einer Müslischachtel mit dem Namen »Caths Exen« zu Gemüte führen, die einen Wirrwarr an Miniaturmännern enthielt (ohne Zuckerzusatz).

Vermeidende und ängstliche Beziehungstypen fühlen sich unwiderstehlich voneinander angezogen; es sind also nicht nur meine Ex-Freunde und ich. Auf der ganzen Welt erleben Menschen die gleiche ernüchternde »Hin und Her, Ja und Nein, ich will ihn, ich vermeide sie lieber«-Liebesgeschichte, das ultimative Antimärchen, wieder und wieder.

Ich habe das, was ich durch die Lektüre von *Warum wir uns immer in den Falschen verlieben* gelernt habe, in fünftausend Worten zusammengefasst, die allerdings nicht in das vorliegende Buch passen. Sie finden sich daher auf meinem Blog. Es gibt dort auch einen Test, mit dem Sie feststellen können, welcher Beziehungstyp Sie sind. Rufen Sie einfach »Attachment Styles« auf meinem Blog www.unexpectedjoy.co.uk auf.

Außerdem möchte ich Ihnen *Warum wir uns immer in den Falschen verlieben* nachdrücklich ans Herz legen. Es ist ohne Zweifel das erhellendste und sinnstiftendste Buch, das ich je über Beziehungspsychologie gelesen habe. Bringen Sie mich nicht dazu, Maya darum zu bitten, eine himmlische Drohne zu Ihrem Haus auszusenden.

Warum Schauspielen nichts bringt

Schauspielen ist ermüdend. Aus diesem Grund schoss Millionen von Frauen ein »JA« ins Hirn, als sie die zwischenzeitlich legendäre »Cool Girl«-Passage in Gillian Flynns Roman *Gone Girl* lasen.

Das Cool Girl ist der Traum eines jeden Mannes. Es stopft Hamburger in sich hinein und passt dennoch in Skinny Jeans; es mag Football, ist offen für einen Dreier und zockt vier Stunden lang Videospiele; es ist gleichermaßen begehrenswert und verständnisvoll. Wir können das Bild des Cool Girls nur so lange aufrechterhalten, bis die Illusion zerstört wird.

In der Verfilmung des Romans wird der »Ich waxe mir meine Pussy selbst«-Monolog von der britischen Schauspielerin Rosamund Pike gesprochen, die das Cool Girl wie die tote Haut einer Schlange abstreift. Herausfordernd betrachtet sie sich im Spiegel, während sie raucht und sich die Haare braun färbt. Fröhlich wirft sie dann Donuts, eine unvorteilhafte Lesebrille und formlose Tops in einen Einkaufswagen.

Ich meine, sie ist eine Psychopathin, klar, aber in diesem Moment konnte ich mich hart mit ihr identifizieren.

Handbücher funktionieren nicht

Wie die englische Autorin Dolly Alderton in ihrem Memoir *Alles, was ich weiß über die Liebe* so treffend schreibt: »Du solltest nie auf die Meinung irgendeiner unverschämten Selbsthilfe-Denkrichtung hören, die aus dem Mann einen Esel und aus dir eine Karotte macht.« Menschen sind weder Esel noch Karotten.

Es gibt da ein irisches Sprichwort, demzufolge ein Mann eine Frau jagt – bis sie ihn fängt. In meiner Kindheit habe ich es oft gehört. Es fasst das ganze Geschwätz, das man Frauen beibringt, herrlich zusammen. Dass wir dem Mann das Hinterherrennen überlassen sollen, während wir im Geheimen ein machiavellisches Komplott ausbrüten, um ihn zu verführen. Dass wir ein völlig unbeteiligtes Gesicht machen sollen, während wir sein Haar für unseren Liebeszauber benutzen und heimlich »Hochzeits-Inspirationsbücher« unter unsere Betten legen.

»Dating-Ratgeber« sind im Allgemeinen schamlose Wegbereiter für eine Liebessucht. Sie nutzen den Kummer aus, tun aber nichts, um die Quelle desselben zu behandeln. Sie nutzen das »Unvollkommene Single«-Elend aus, indem sie einem einen Siebentagekurs für »nur 59,95 Pfund!« andrehen, nachdem man erst einmal ihr E-Book verschlungen hat, von dem man sich einen Ausweg aus dem traurigen Singledasein erhofft hatte.

Im Großen und Ganzen gibt es zwei Lager. Wie man Gleichgültigkeit vortäuscht, um Interesse zu wecken (*Die Kunst, den Mann fürs Leben zu finden*; *Warum die nettesten Männer die schrecklichsten Frauen haben*), und wie man zu jemandem wird, der man nicht ist, um attraktiver zu wirken (*Die perfekte Masche*; *Frag einen Mann, wenn du mit Männern glücklich werden willst*).

Die Bücher haben so aussagestarke Titel wie *Ausgezickt! So bleibt er für immer* oder *Solving Single: How to Get the Ring, Not the Run Around* (etwa: »Die Singlelösung. Wie man an den Ring kommt, anstatt hingehalten zu werden). Einer der Ratgeber empfiehlt, »seinem Ehemann zu dienen« (*Ausgezickt!*), während ein anderer erklärt, ein Mann könne eine Frau, die ihm unbedingt gefallen wolle, einfach nicht respektieren (*Warum die nettesten Männer die schrecklichsten Frauen haben ...*). In einem Buch heißt es, man solle den Mann das Abendessen bezahlen lassen; ein anderes hingegen empfiehlt, man solle zeigen, dass man finanziell unabhängig ist.

Diese Ratgeber neigen dazu, beide Hälften der Menschheit mit ihren vereinfachenden Beschreibungen zu beleidigen und in eine Schublade zu stecken. Frauen werden in die Kategorien »verzweifelt« oder »bedürftig« verfrachtet, wohingegen Männer als der Feind betrachtet werden, der einen wie eine ausrangierte Xbox wegwirft, wenn man es wagt, seine Gefühle zu erwidern.

Eine weitere Dating-Ratgeber-Sensation ist die US-amerikanische Autorin Rachel Greenwald, die für den Feminismus das ist, was Godzilla für die Wolkenkratzer in New York war. Sie hat die Bücher *Fang den Mann! Das perfekte Programm für Frauen ab 35* und *Männerbeschaffungsmarketing. Mit der Harvard-Methode den Richtigen finden* geschrieben. Beide würde ich am liebsten verbrennen.

Sie erklärt ihren Leserinnen ernsthaft, sie sollten sich wie ein Produkt vermarkten, immer Push-up-BHs tragen und die Männersuche über ihren Job, ihre Freunde, Haustiere – über einfach alles – stellen. Aussagen wie, man solle nicht zu viel Haarspray benutzen, weil Männer lieber Haare mögen, die weich sind und keine, die sich wie Pappe anfühlen, oder dass man keinen knallroten Lippenstift tragen solle, weil man ja eine künftige Ehefrau sei und keine Prostituierte, nähren in mir den Verdacht, es könnte sich bei Greenwald um einen der Stepford-Frau-Roboter aus den Siebzigerjahren handeln, der sein Manuskript an einer Schreibmaschine verfasst und es dann mittels Zeitreisepost in die Neunzigerjahre verschickt hat.

Sie rät den Leserinnen auch, Freundinnen und Familienmitglieder fallen zu lassen, die die Suche nach dem Richtigen nicht unterstützen. Dann fährt sie mit ihrer Panikmache fort und erinnert daran, dass nach fünfunddreißig Alarmstufe Rot ist, wenn es ums Heiraten geht.

Ich bin keine gewalttätige Person, aber Rachel Greenwald würde ich wirklich zu gern eine auf die Nase hauen.

Keines dieser lächerlichen Bücher trifft den Kern der Sache. Sie festigen nur den Glauben, dass wir ohne Beziehung weniger wert sind und dass wir Unsinn wie diesen lesen müssen, um an einen Mann zu kommen.

Wenn Sie glücklicher Single sind und wissen, dass dieses Glück von Dauer ist, unabhängig davon, ob Dan/Pam, den/die sie zweimal getroffen haben, anruft oder nicht, dann müssen Sie rein gar nichts vorspielen. Wenn Ihr Kalender voller Verabredungen ist, müssen Sie nicht so tun, als wären sie viel beschäftigt. Wenn Sie finanziell unabhängig sind, müssen Sie nicht so tun, als wären sie es.

Was die Experten sagen

Diese Dating-Bücher sind ein großes Geschäft; mit dem Leid der Leserinnen spülen sie Millionen in die Kassen. Bei meiner Recherche konnte ich allerdings keinen einzigen psychologischen Experten finden, der sie gutheißt. Die Autoren von *Warum wir uns immer in den Falschen verlieben* können sie nicht ausstehen.

Esther Perel, die wahrscheinlich am meisten respektierte Beziehungstherapeutin der Welt, deren TED-Talks zwanzig Millionen Mal angeschaut wurden, schrieb kürzlich: »›Entspannt‹ oder ›cool‹ zu sein, ist kein Zeichen von emotionaler Reife oder Intelligenz … Vielmehr bringt es einen dazu, so zu tun, also würden einem verletzende Handlungen des Partners nichts ausmachen – was einer Beziehung echte Nähe und Verbundenheit raubt.« Sie fährt fort: »Wenn Sie sich auf eine Beziehung einlassen und meinen, Sie hätten bereits alles durchschaut, wird später Stress auf Sie zukommen. Ihre Verbindung wird dann auf unrealistischen Erwartungen aufgebaut sein, und Ihr Partner wird möglicherweise ablehnend reagieren, wenn Sie Ihr wahres Ich zeigen.«

Die Psychologin Jennifer Taitz macht deutlich, dass ein Spiel zu gewinnen nicht das Gleiche ist, wie eine liebevolle Beziehung zu entwickeln. »Gewinnen und lieben stehen im Widerspruch zueinander, da strategisches Handeln, wie es in vielen Büchern empfohlen wird, häufig arglistig und unauthentisch ist.« Und wozu rät sie stattdessen? »Ehrlichkeit und Verletzlichkeit.« Vielleicht helfen Ihnen diese Ratgeber dabei, dass mehr Männer anbeißen und sich für ein zweites Date mit Ihnen verabreden, aber letztlich helfen sie nicht auf der Suche nach etwas Verbindlichem. »Das Interesse von jemandem zu wecken – und echte Nähe zu schaffen –, sind schwierige Unterfangen.«

»Spielchen mögen kurzfristig Spaß machen, bringen einem langfristig aber nicht das, was man sich eigentlich erwünscht«, sagt Dr. Alex Korb. »Man muss nicht so tun, als wäre man jemand anderes. Authentisch zu sein bedeutet aber auch nicht, dass man all seine Fehler ausbreiten muss. Zeigen Sie sich von Ihrer besten Seite. Es ist nichts anderes als gute Eigenwerbung.«

Also, seien Sie Sie selbst, und seien Sie ehrlich in Bezug auf das, was Sie wollen. Auch wenn das nun nicht bedeutet, dass Sie bei Ihrem ersten Date im Hochzeitskleid/Frack aufkreuzen sollten, ist Authentizität noch immer die beste Basis für eine gesunde Beziehung.

Sie sind kein Seehund, der Kunststücke aufführt. Wenn Sie seine/ihre Aufmerksamkeit mit Tricks aufrechterhalten müssen, hatten sie sie von vornherein nicht. Stellen Sie sich nur einmal vor, wie anstrengend das auf lange Sicht wäre. Sie beginnen eine vertrauensvolle Beziehung, bei der man aufeinander zählen kann, und treten nicht einem Zirkus bei.

Wie ich versehentlich in *Die perfekte Masche* gerate

Der große Bestseller unter den Dating-Ratgebern, der sich an eine männliche Leserschaft richtet, ist *Die perfekte Masche*. Hier folgt nun eine Geschichte, die den Männern unter uns zeigen soll, dass dieser Blödsinn nicht funktioniert:

September 2005

Ich arbeite für die *Cosmopolitan* und würde buchstäblich zur Markteinführung einer Büroklammer gehen, wenn ich dort Drinks umsonst bekomme. Heute Abend bin ich mit einer Freundin auf dem Weg zur Präsentation eines Buchs mit dem Titel *Die perfekte Masche*, für das wir uns nicht im Geringsten interessieren. Aber es wird die ganze Nacht kostenlose Getränke geben, also: nichts wie hin! Kommt zu Mama, ihr Gratisdrinks.

Bei unserer Ankunft fällt uns der große Anteil unüblich aufmerksamer Männer auf. Einige haben komische Sachen an wie rote Blazer oder einen gelben Hut. Eigenartig. Für den Anfang holen wir uns je zwei Getränke.

Ein attraktiver Mann tritt auf mich zu und beginnt ein Gespräch. Okay, nett. Er redet allerdings nur mit abgewandtem Kopf mit mir. Wann immer ich mich so bewege, dass ich ihm beim Sprechen direkt ins Gesicht sehen kann, dreht er sich ein wenig, sodass das, was wir da vollführen, ein wenig aussieht wie ein Balztanz aus der Edwardischen Epoche. Als ich gerade auf eine Frage antworte, unterbricht er mich mitten im Satz und sagt: »Warte mal, ich muss los, mit jemandem reden.« Ich bleibe zurück, mein Mund steht offen und ich frage mich, was zur Hölle gerade geschehen ist.

Dann stehen wir plötzlich in einer Männerschar. Einer von ihnen sagt zu mir: »Hier ist es wirklich heiß, lass uns doch zum Fenster gehen.« Ähm, es ist zwar absolut nicht heiß, dennoch folge ich ihm überrumpelt. In einem unbeobachteten Moment winke ich meiner Freundin zu.

Jetzt kehrt mein edwardischer Tanzpartner zurück, allerdings hat mich sein plötzlicher Aufbruch abgetörnt, und ich zeige ihm die kalte Schulter. Dann bringt ein »Pssst« die Menge zum Verstummen. »Da ist Mystery«, höre ich einen Mann in meiner Nähe ehrfürchtig flüstern.

Er sieht aus wie eine Kreuzung aus einem weniger haarigen Russell Brand und dem Zauberkünstler Criss Angel. Er kommt zu uns herüber und beginnt zielstrebig eine Unterhaltung mit meiner Freundin, dabei ignoriert er meine Versuche, ins Gespräch einzusteigen, völlig. »Was will sie denn?«, fragt er meine Freundin und wedelt mit der Hand in meine Richtung, als wäre ich eine Fliege.

Schließlich dreht er sich um und betrachtet mich. Wir führen dann ein äußerst seltsames Gespräch, in dessen Verlauf er ein paar Zaubertricks aufführt, mich filmt und schließlich fragt: »Kann ich dir vertrauen?« – »Natürlich«, antworte ich erstaunt. Er gibt mir eine Plastiktüte und bittet mich, auf sie aufzupassen. Dann geht er weg. Ich werfe einen flüchtigen Blick ins Innere der Tüte. Darin: eine Spaßbrille und Perücken.

Meine Freundin und ich wollen weiterziehen. Als Mystery nach einer halben Stunde noch nicht zurück ist, gehe ich zu Neil Strauss, dem Autor von *Die Masche*, den ich vor einer halben Stunde als sehr sympathischen Mann kennengelernt habe. Ich übergebe ihm die Tüte.

Neil Strauss sieht die Tüte an, als wäre sie das Lustigste der Welt, und beginnt, zu lachen. Tatsächlich krümmt er sich vor Gelächter. »Es hat nicht funktioniert«, sagt er mit Lachtränen in den Augen.

»Was hat nicht funktioniert?«, frage ich. »Mystery hat dir die Tüte gegeben, damit du hierbleibst. Aber es hat nicht funktioniert.«

Da haben Sie's. Es wäre supereinfach gewesen, mich damals aufzureißen, und dennoch versagte ein ganzer Raum voll angeblich ausgebildeter »Pick-up-Artists«.

Ich habe seitdem herausgefunden, dass alle Taktiken, mit denen man versucht hat, mich abzuschleppen, aus dem *Maschen*-Buch stammen, wie »Peacocking« (Auffallen durch Styling), »aktives Desinteresse«, »Ziel erfassen« oder »Negging« (Manipulation durch Verunsicherung). Und dann gab es da ja auch noch diese Plastiktütenhalter-Strategie; die habe ich in dem Buch allerdings nicht gefunden.

Warum keiner dieser Tricks bei mir verfangen hat? Weil es gar nicht so kompliziert hätte sein müssen. Alles, was die Männer hätten tun müssen, wäre, mir zahlreiche Drinks auszugeben (denn genau diese Art Drinks mochte ich damals) und sich für mich zu interessieren.

Damit ist der Fall abgeschlossen. Spielchen funktionieren nicht.

TEIL VIII

Wer sind diese Singles überhaupt?

Bekannte Mythen mit Fakten widerlegt

Mythos
Singles sind einsam.
Realität
Sie haben mehr Freunde.

Ein neuer Partner verdrängt durchschnittlich zwei enge Freunde, belegen Forschungsergebnisse aus Oxford. Menschen in Beziehungen haben also weniger enge Freunde als Singles.

Wissenschaftliche Untersuchungen zeigen, dass Singles das Gegenteil von einsam sind, sagt Psychologin Bella DePaulo. »Singles haben mehr Freunde.« Trocken fügt sie hinzu, Verheiratete hätten »den einen«, während Singles »mehrere eine« hätten.

Mittlerweile kam eine Studie, in deren Rahmen 16 000 Deutsche befragt wurden, zu dem Ergebnis, dass Menschen, die allein leben, in Wirklichkeit weniger allein sind. Das überrascht mich nicht. Auch ich habe in der Vergangenheit meine Freundschaften und Familienbande schleifen lassen, wenn ich mich in eine Beziehung zurückgezogen habe. Wenn ich solo bin und vor allem, wenn ich allein lebe, bin ich tatsächlich sozialer.

Mythos
Singles sind egoistisch.
Realität
Sie geben der Gesellschaft mehr zurück.

In ihrem Buch *Ausgezickt!*, in dem Kapitel »Sie sind egoistisch«, holt Tracy McMillan zum Schlag gegen die sogenannte Selbstsucht von Singles aus. Wir denken über unsere Oberschenkel, unsere Outfits nach! »Sie denken über ihre Karriere, oder, wenn Sie keine haben, über die Möglichkeit einer Ausbildung zur Yogalehrerin nach«, schreibt sie. Wie können wir es nur wagen. Und da ist es wieder: Wir denken über unsere Karriere nach.

In Wirklichkeit, liebe Tracy, investieren Singles laut diverser Studien mehr in ihr soziales Netzwerk und ihre Stadt als ihre verheirateten Gegenstücke. Ein Bericht aus den USA von 2011 zeigt, dass 84 Prozent der alleinstehenden Frauen und 67 Prozent der alleinstehenden Männer ihren Eltern helfen, im Gegensatz zu 68 Prozent der verheirateten Frauen und 38 Prozent der verheirateten Männer.

»Singles unternehmen mehr als verheiratete Menschen, um mit ihren Geschwistern in Kontakt zu bleiben«, sagt DePaulo. »Singles kümmern sich öfter um ihre Eltern, unterstützen ihre Nachbarn und tragen zum sozialen Leben ihrer Stadt bei. Dahingegen bleiben Paare, die zusammenziehen oder heiraten, mehr für sich.«

Mythos
Singles sind Faulenzer.
Realität
Sie sind fitter als Verheiratete.

Eine US-amerikanische Studie hat herausgefunden, dass Singles durchschnittlich achtundvierzig Minuten mehr Sport treiben als Verheiratete. Verheiratete wiegen demnach über zwei Kilo mehr als Singles.

Darüber hinaus zeigen viele Untersuchungen, dass sich Singles insgesamt einer besseren Gesundheit erfreuen als Verheiratete. Eine Schweizer Studie mit sechzehn Jahren Laufzeit, bei der 11 000 Schweizerinnen und Schweizer befragt wurden, ergab, dass verheiratete Teilnehmer einen tendenziell schlechteren Allgemeinzustand angaben.

Manchmal machen Artikel mit der Überschrift »Verheiratete leben länger!« die Runde. Kritiker solcher Beiträge weisen jedoch darauf hin, dass verwitwete Menschen häufig zu den Singles gezählt werden. Außerdem könnte die tragische Neigung von Witwen, ihrem Ehemann bald zu folgen, die Zahlen verzerren.

Für Frauen könnte in der Tat gelten, dass es gesundheitlich vorteilhaft ist, niemals zu heiraten. Eine australische Studie, in der über 10 000 Frauen in ihren Siebzigern befragt wurden, fand heraus, dass Frauen, die ihr Leben lang Singles waren und keine Kinder hatten, im Vergleich mit ihren verheirateten/geschiedenen Altersgenossinnen mit größerer Wahrscheinlichkeit nicht rauchten, weniger Krankheiten und einen gesünderen BMI (Body-Mass-Index) hatten.

Mythos
Singles sind ständig auf der Jagd nach dem einen Partner.
Realität
In Wirklichkeit sind es nur 30 Prozent.

Nö. Wir versuchen nicht alle wie verrückt, unseren Singlestatus hinter uns zu lassen. Etwa 70 Prozent der Singles im Vereinten Königreich geben an, dass sie im vergangenen Jahr nichts unternommen haben, um einen Partner zu finden; unter den Frauen liegt der Anteil sogar bei 75 Prozent.

Vielleicht kommt es daher, dass wir zu sehr damit beschäftigt sind, Neues auszuprobieren – und weil wir wanderlustig sind. Um die 82 Prozent sagten, dass Single zu sein ihnen »die Möglichkeit gegeben hat, neue Lebenserfahrungen zu sammeln«, und 89 Prozent waren der Meinung, dass es »ihr Selbstbewusstsein gestärkt« habe, allein zu reisen.

Mythos
Singlefrauen sind gewissenlose Spermajägerinnen.
Realität
Nehmt euch nicht so wichtig, ihr Männer, die ihr das gerade denkt.

Der Mythos, alle Frauen über dreißig würden versuchen, jeden Mann, mit dem sie schlafen, unfreiwillig zum Vater ihres Kindes zu machen, geht mir gehörig auf den Keks. Erst neulich hatte ich ein amüsantes, durchaus körperliches Techtelmechtel mit jemandem, der völlig von dem Gedanken besessen war, ich würde »versehentlich« schwanger werden wollen und ihn so »in die Falle gehen lassen«.

Davon redete er pausenlos. Ich sagte ihm mehrmals, dass ich keinerlei Intention hätte, schwanger zu werden, aber es half nichts.

Bis ich ihm eines Tages folgende Retourkutsche in Form einer Textnachricht schickte, um ihn spüren zu lassen, wie sich so etwas für mich anfühlt:

»Lieber [Name unkenntlich gemacht]. Ich muss dir etwas mitteilen, möchte aber nicht, dass du es in den falschen Hals bekommst. Da du so oft und leidenschaftlich mit mir schläfst, keimt in mir der Verdacht, dass du mich schwängern und lebenslang an dich binden möchtest, um dir einen Teil meines zweifellos nicht geringen künftigen Einkommens zu sichern. Um jedweden Plan zu vereiteln, den du für meine Gebärmutter hegst, habe ich mir eine zweite Spirale einsetzen lassen. Ich hoffe, meine Offenheit verletzt dich nicht.«

Wahrscheinlich war es die beste Textnachricht, die ich je verschickt habe. Und, ja, ich schreibe mit ganzen Wörtern, Absätzen und korrekter Grammatik. Macht das nicht jeder?

Mythos
Singlefrauen sind traurig, Singlemänner glücklich.
Realität
Im Großen und Ganzen sind Singlefrauen glücklicher als Singlemänner.

Eine von Mintel durchgeführte Befragung über den Lebensstil von Singles fand heraus, dass 61 Prozent der alleinstehenden Frauen glückliche Singles sind, im Gegensatz zu 49 Prozent der Singlemänner. Was den Mythos widerlegt, dass Männer sich keine Beziehung wünschen. Eine Studie aus den USA wies nach, dass 63 Prozent der Männer, die zum Zeitpunkt der Befragung unverbindlichen Sex hatten, sich tatsächlich eine romantische Beziehung gewünscht hätten.

Mythos
Erfolgreiche, schlaue Frauen heiraten nicht.
Realität
Der Trend kehrt sich zwischenzeitlich um.

Bis vor Kurzem blieben höherverdienende und besser ausgebildete Frauen mit größter Wahrscheinlichkeit unverheiratet. Doch dieser Trend dreht sich mittlerweile um, da, wie erhellende Daten zeigen, Alpha-Weibchen sich heute mit Beta-Männchen zusammentun. »Die Universität Barcelona wertete kürzlich demografische Daten aus sechsundfünfzig Ländern aus, die zwischen 1968 und 2009 erhoben wurden«, schreibt Rebecca Traister in *All the Single Ladies*. »Man fand dabei heraus, dass sich das Heiratsverhalten der wachsenden Anzahl an Frauen mit einem höheren Bildungsabschluss angleicht, insofern mehr Frauen Männer mit niedrigerem Bildungsabschluss heiraten.«

Mythos
Singles sind wählerisch.
Realität
Sie sind wirklich wählerisch.

Das ist wohl die einzige der kursierenden Annahmen über Singles, die tatsächlich wahr ist. Wir sind wählerisch. Wir sind anspruchsvoll. Jupp, in dem Fall gibt es nichts zu leugnen. Da haben Sie mich voll erwischt ...

Es ist so wie die US-amerikanische Autorin, *Vogue*-Kolumnistin und Eheverweigerin Neith Boyce es vor langer Zeit, Anfang des 20. Jahrhunderts, schrieb: »Es stehen durchaus potenzielle Ehegatten zur Verfügung ... solange man keine besonderen Ansprüche hat.« Mann, das ist gut. Am liebsten möchte ich das sofort auf ein Kissen mit Blümchenmuster sticken.

Ich meine, ist es nicht klug, wählerisch zu sein? Es ist, wie der US-Blogger Tim Urban einmal auf der fabelhaften Homepage waitbutwhy.com geschrieben hat: »Wenn man sich für einen Lebenspartner entscheidet, entscheidet man sich für viele Dinge, beispielsweise für einen Partner, mit dem man sich die Kindererziehung teilt ... einen Essenspartner für 20 000 Mahlzeiten, einen Reisegefährten für über hundert Urlaube ... und jemanden, der einem etwa achtzehntausendmal von seinem Tag erzählt.«

Stimmt's? Da ist es doch gut, wählerisch zu sein.

Singlefürsprecherinnen

Nicht jede der hier folgenden Gallionsfiguren ist noch immer Single, aber die meisten von ihnen. Eine von ihnen ist fiktional: Ist mir aber egal. Der Grund, warum sie hier aufgeführt sind, ist, dass sie sich für das Positive an der Erfahrung, Single zu sein, aussprechen und die schrägen Ansichten über Singles aufs Korn nehmen.

Ich glaube nicht an eine Kluft sie vs. wir. Wenn eine meiner Singleheldinnen heiratet, bin ich deswegen nicht enttäuscht und streiche ihren Namen von der Liste. Ich denke: Freut mich für dich.

Freude am Singleleben zu finden, hat nichts damit zu tun, die Ehe oder verheiratete Menschen zu verachten, genauso wenig, wie Freude am Eheleben zu finden etwas damit zu tun hat, Singles herabzusetzen oder ihnen mitleidige Blicke zuzuwerfen.

Im Übrigen habe ich für dieses Kapitel auch nach bekannten alleinstehenden Männern gesucht. Eigentlich wollte ich halb Männer, halb Frauen. Aber es hat sich gezeigt, dass berühmte Männer keine zitierfähigen Aussagen darüber treffen, wie es ist, Single zu sein. Interessant, nicht wahr? Warum? Nun, vielleicht fragen Interviewer sie nicht danach. Wer weiß. Alles, was ich weiß, ist, dass ich einfach keine verfluchten Zitate finden konnte, obwohl ich stundenlang auf der Jagd danach war.

Cameron Diaz
»Es gibt viele Seelenverwandte. Meine Seele hat ganz verschiedene Facetten und braucht viele verschiedene Männer. Auch Freunde. Freunde können ebenfalls Seelenverwandte sein.«

Cher
»Meine Mutter sagte vor ein paar Jahren zu mir: ›Schätzchen, werde sesshaft und heirate einen reichen Mann.‹ Darauf ich: ›Mom, ich bin ein reicher Mann.‹«

Jane Austens Emma
»Ich verdiene immer nur die beste Behandlung, weil ich mich mit nichts anderem zufriedengebe.«

Amy Schumer in *Inside Amy Schumer. Aus meinem Leben*
»Eines Tages war meine Angst, unverheiratet alt zu werden, einfach verflogen. Mein Leben fühlte sich erfüllt an. Trotz der diversen Ehe-Versuche meiner Eltern hörte ich Geschichten von glücklichen zweiten Ehen, oder Geschichten von Leuten, die sich erst nach ihrem Fünfzigsten oder Sechzigsten begegneten, und ich wurde auf einmal ganz ruhig. Ich machte es mir gerade so richtig gemütlich in meinen dreißig. Ab und zu ging ich mit jemand aus, aber die Sache vereinnahmte mich nicht im Geringsten, wie sie es in meiner Jugend und zwischen zwanzig und dreißig getan hatte. Die Tage von Es ist drei Uhr morgens, und er hat mich heute nicht angerufen – was hat das zu bedeuten?! waren definitiv vorbei. Mir wurde klar, dass in meinem Leben nichts fehlte.«

Katy Perry
»Ich weiß, dass ich in einem modernen Märchen lebe, aber ich weiß auch, dass ich für ein Happy End keinen Märchenprinzen brauche. Für mein glückliches Ende kann ich selbst sorgen.«

January Jones
»Ob ich mir einen Partner wünsche? Vielleicht. Aber ich fühle mich weder unglücklich noch einsam. Es müsste schon jemand richtig Großartiges sein, damit ich bereit wäre, Platz für ihn zu machen. Jemand, der zu meinem Glück beiträgt, nicht jemand, der mir Glück nimmt.«

Salma Hayek
»Es ist schön, eine Beziehung zu haben, aber Frauen sind heute süchtig danach. Man kann eine Beziehung zu Gott haben. Mit der Natur. Mit Hunden. Zu sich selbst. Und ja, man kann auch eine Beziehung mit einem Mann haben, aber wenn es eine schlechte ist, ist es besser, eine Beziehung zu seinen Pflanzen zu pflegen.«

Taylor Swift
»Allein zu sein ist nicht das Gleiche, wie einsam zu sein. Ich tue gerne Dinge, um das Alleinsein zu zelebrieren. Ich kaufe mir eine Kerze, die gut riecht, dimme das Licht und mache mir eine Playlist mit ruhigen Liedern. Wenn man sich nicht aufführt, als wäre man von der Pest heimgesucht worden, wenn man an einem Freitagabend allein bleibt, sondern es vielmehr als Chance begreift, um eine gute Zeit allein zu haben, hat man am Ende keinen schlechten Tag.«

Jennifer Lawrence
»Ich bin kein einsamer Mensch. Ich fühle mich nie einsam ... Es ist nicht traurig, allein zu sein. Was ich wohl eigentlich sagen möchte: Mir fehlt nichts, wenn ich in keiner Beziehung bin. Ich habe nicht das Gefühl einer emotionalen Leere, die gefüllt werden müsste.«

Stevie Nicks von Fleetwood Mac
»Ich fühle mich nicht allein. Ich fühle mich sehr un-allein. So vieles regt mich an, begeistert mich. Ich kenne Frauen, die sagen: ›Ich möchte nicht allein alt werden.‹ Und ich dann so: ›Ach, das macht mir keine Angst …‹ Ich werde immer von Menschen umgeben sein.«

Diane Keaton
»Ich erinnere mich daran, dass ich, als ich jung war, den lächerlichen Glauben hatte, man würde jemanden finden, mit dem man bis zum Tod zusammenbleibt. Ich glaube nicht, dass mein Leben auch nur im Geringsten weniger wert ist, weil ich nicht verheiratet bin. Dieses Alte-Jungfer-Märchen ist Mist.«

Tina Fey
»Laut Autorin Sylvia Hewlett sollten Karrierefrauen nicht damit warten, Babys zu bekommen, weil unsere Fruchtbarkeit nach dem Alter von siebenundzwanzig drastisch abnimmt. Und Sylvia hat völlig recht damit; es hätte *sicher großartig* funktioniert, wenn ich mit siebenundzwanzig schwanger geworden wäre, als ich in Chicago über einer Biker-Bar gewohnt und ganze 12 000 US-Dollar im Jahr verdient habe.«

Tracy Emin, über ihre Ehe mit einem großen Stein in ihrem Garten in Frankreich, den sie von Herzen liebt
»Es ging darum, anders zu denken, mich nicht auf meinen Lorbeeren auszuruhen, nicht zu denken, dass ich eine Versagerin bin, weil ich nicht hatte, was andere haben … Ich bin nie dem Menschen begegnet, mit dem ich Kinder haben wollte. Ich habe nie meinen Seelenverwandten getroffen. Vielleicht treffe ich ihn noch. Aber wissen Sie was? Vielleicht bin ich so glücklich, weil ich keinen Feh-

ler gemacht habe. Und noch liegen dreißig Jahre vor mir, und alles ist möglich. Ich verschließe mich nicht, ich öffne mich nur nicht dem Unglück, das ist alles. Ich liebe meine eigene Gesellschaft, ich genieße sie wirklich.«

Gloria Steinem
»Wir werden zu den Männern, die wir heiraten wollten.«

TEIL IX

Das Märchen von der für alle Zeiten glücklichen Ehe

Ist mit einer Ehe wirklich alles besser?

Was soll denn dieser ganze Lärm? Sind das etwa all die Geschiedenen, die das gerade lesen und sich kaputtlachen? Oh, Hi! *Winkt* Ihr kennt die Wahrheit. Ihr wisst, dass nicht alles besser ist.

Aber ganz ehrlich, ich schwöre es bei Maya Angelou: Es gibt da draußen viele nicht verheiratete Menschen, die doch wirklich glauben, dass, sind sie erst einmal verheiratet, sie ihre realen, aber auch ihre, metaphorisch gesprochen, finanziellen Füße hochlegen können. Ich weiß! Aber so ist es nun einmal.

Manchmal gehöre selbst ich dazu. Neulich sagte ich zu meiner verheirateten Freundin Jen: »Ich glaube, es wäre einfacher, wenn ich einen Partner hätte. Wir würden uns dann den Essenseinkauf teilen, das Kochen, den Haushalt, die Rechnungen.«

Sie forderte mich auf, mich an die zwei Male zu erinnern, als ich mit einem Partner zusammenwohnte. »War es wirklich einfacher?«, fragte sie. »Weil, auch wenn mein Mann toll ist, fand ich es doch leichter, allein zu leben.« (Und dann fragte mich Jen, was mir am meisten fehle, und ich sagte: »Meine Zuneigung zeigen zu können.« Zugleich begann ich, ihren Oberschenkel und ihre Haare zu streicheln, wobei sie ein wenig verschreckt aussah.) Herrje. Na so was. Jen hatte völlig recht. Es war nicht einfacher. Überhaupt nicht. Selbst als ich mit einem Freund zusammenlebte, der seinen Beitrag im Haushalt leistete (der Erste), hatte ich nicht weniger Arbeit. Alles verdoppelte sich und wurde dann geteilt. Und als ich mit dem Freund eine Wohnung teilte, der mich wie seinen Haussklaven behandelte (der Zweite), hatte ich noch viel mehr zu tun, weil ich hinter ihm herräumen musste, seine Wäsche machte und so weiter.

Ich dachte, in einer Ehe wäre alles besser, allerdings haben solche Fantasien nichts mit der Realität des Zusammenlebens zu tun, die ich erfahren habe. Ich träume von Fußmassagen, die mir mein imaginärer Ehemann angedeihen lassen würde. In den Jahren des Zusammenwohnens ist so etwas allerdings nie geschehen, und außerdem kann ich Fußmassagen ohnehin nicht ausstehen.

Hätten Sie sich angeschaut, was ich in den sozialen Medien über mich und meine beiden festen Freunde gepostet habe, hätten sie eine ganz andere Geschichte zu sehen bekommen. Eine Version mit Rosaschleier, natürlich #nofilter! Wir, wie wir mit rosigen Wangen einen Berg erklimmen, wir beim vergnügten Gassigehen mit Hund, wir als Gastgeber einer gemütlichen Dinnerparty. Die erbitterten Auseinandersetzungen, weil keine Milch im Kühlschrank stand, oder die gemeinsamen Mahlzeiten in eisiger Stille oder die angespannten Autofahrten oder die Nächte in getrennten Schlafzimmern – von all dem hätten Sie nichts erfahren.

Daher ist ein Vergleich unserer realen Lebenssituation mit dem, was andere auf Facebook posten, so, als würde man Behind-the-Scenes-Versprecher dem glanzvollen Demomaterial der besten Momente gegenüberstellen.

Negative Momente bekommt man auf den Social-Media-Kanälen von Paaren nicht zu sehen. Daher fällt es so leicht, Beziehungen zu romantisieren. Die sozialen Medien sind zugekleistert mit lauter glücklichen Paaren. Auch ich habe dabei schon mitgemacht.

Und doch schafft keiner einen Ausgleich, in dem er oder sie von einem glücklichen Singleleben erzählt. Oder mir ist es irgendwie entgangen. In meinem Newsfeed finde ich keine Bilder von glücklichen Singles – und das, obwohl ich Stunden in den sozialen Medien verbringe.

»Wir glauben, dass das, was wir nicht haben, uns glücklich machen würde«, sagt Psychotherapeutin Hilda Burke. »Ich habe mit einer ganzen Reihe alleinstehender erfolgreicher Frauen gearbeitet, die um Mitte bis Ende dreißig waren. Sie alle wollten einen Partner, ein Baby, sie hörten ihre biologische Uhr ticken und hatten die Vorstellung gehabt, dass ihr Leben so viel einfacher wäre, hätten sie doch nur einen Ehemann. Es geschieht häufig, dass nach einer Sitzung mit einer Frau, die sich in diesem Dilemma befindet, ein Paar zu mir kommt und einer von beiden den Gedanken äußert, wie glücklich und unkompliziert sein/ihr Leben doch wäre, wäre er oder sie wieder Single.«

Neugierig geworden, fragte ich ein paar meiner Freundinnen, wie es wirklich ist, verheiratet zu sein. (Anmerkung: Bei all diesen Freundinnen handelt es sich um glücklich verheiratete Frauen, insofern gibt es unweigerlich eine Tendenz zu positiven Aussagen. Krisenanfällige Paare habe ich nicht gefragt, weil, na ja … *beißt die Zähne zusammen und zieht eine Grimasse*)

Wendy sagt: Unter uns gesprochen, eine Ehe ist harte Arbeit. Auch wenn ich mir keine Illusionen darüber mache, dass eine Scheidung sehr viel härter sein kann, denke ich, dass ich psychologisch nicht darauf vorbereitet war, konstant Dinge auszuhandeln und Kompromisse zu schließen.

Okay, es ist toll, zwei Einkommen zur Verfügung zu haben und sich ein schönes Haus kaufen zu können. Aber es bedeutet auch, dass man mit einem riesigen Fernseher leben und regelmäßig auf sein Recht bestehen muss, seine Schuhe behalten zu dürfen, nur weil er denkt, sie seien Plunder. Man wischt die Krümel von der Küchentheke, die er einfach niemals sieht, während er auf seinem gigantischen Fernseher Sport schaut und geflissentlich ignoriert, dass man da gerade wieder hinter ihm her putzt. Man muss den

Müll wenigstens halb so oft rausbringen wie er, sonst ist man eine schlechte Feministin.

Hat man einen Job, in dem man gleich viel wie er verdient, geht dies nur, solange man auf ehefrauliche Nettigkeiten wie das Abendessen auf dem Tisch oder ein Wochenende voll sorgfältig ausgewählter sozialer Aktivitäten verzichtet. Wenn er bedeutend mehr verdient, eröffnet einem dies die Möglichkeit, in schicken Restaurants zu essen und sich Langstreckenreisen zu gönnen, aber er wird immer dafür sorgen, dass klar ist, dass er für diese Dinge gearbeitet hat. Man vermisst die Abende, an denen man spät von der Arbeit nach Hause kam, ohne mit jemandem reden zu müssen. Man kann keine Cornflakes mehr zum Dinner essen. Man hat zwar jemanden, mit dem man seine Probleme teilen kann, allerdings weiß er auch am besten, wie man sie lösen soll. Man wird sich seine Probleme anhören und darüber erstaunt sein, wie schwer es ihm fällt, weniger zu trinken/sein Smartphone aus der Hand zu legen/seinen Eltern gegenüber die richtigen Worte zu finden. Er wird deine Probleme als frustrierender einstufen als seine eigenen.

Die Ehe ist also nicht nur eitel Sonnenschein. Allerdings könnte ich genauso gut einen ebenso langen Essay über die guten Seiten der Ehe schreiben. Und genau das ist der Punkt: Eine Ehe bedeutet viel Arbeit, aber wenn sie funktioniert, ist es das wert.

Nina sagt: Ich sorge dafür, dass meine Ehe glücklich bleibt, indem ich weiterhin so »solo« lebe, wie ich nur kann, um Streitereien zu minimieren:

1. Nichts wirkt so aphrodisierend, wie sich eine Weile nicht zu sehen. Sich gegenseitig zu vermissen, fühlt sich gut an – ob es sich dabei um einen Abend mit Freunden handelt (ohne ihn

oder sie) oder um Geschäftsreisen. Entgegen der Erwartung verbringen wir sogar Weihnachten getrennt. Wir geben einander Raum, ruhige Momente, Zeit allein.
2. Kauft euch das größte Bett, das ihr euch leisten könnt. Im Idealfall fühlt es sich noch immer so an, als würde man allein schlafen.
3. Streitet niemals mit leerem Magen. Fangt niemals ein Renovierungsprojekt an, ohne Snacks zur Hand zu haben. 99 Prozent aller Auseinandersetzungen können vermieden werden, wenn beide Personen satt sind.
4. Wenn dich nichts dazu bringen konnte, zu kochen, als du Single warst und du von Deliveroo-Mahlzeiten gelebt hast, ist es nicht sehr wahrscheinlich, dass aus dir plötzlich eine Köchin wird, wenn du heiratest. Bestell dein Essen weiterhin bei Deliveroo und sei nicht so streng mit dir selbst.
5. Engagiert eine Putzfrau. Haltet es mit eurem Haus wie in einer WG: Heuert eine unparteiische professionelle Reinigungskraft an, die *gerne* putzt.

Das Seltsame daran, verheiratet zu sein, ist, dass dein Partner plötzlich kritisiert, wie du bestimmte Dinge tust: die Spülmaschine einräumst, wie lange du wartest, bist du nach dem Essen die Teller wegstellst, warum du keine Ahnung hast, wo die Rentenbescheinigungen deiner letzten Arbeitgeber sind. Und man hat keine andere Erklärung und kann nichts darauf erwidern als »So habe ich das halt schon immer gemacht«.

Bei der Ehe geht es darum zu teilen. Das ist eine ziemlich große Sache und öffnet einem die Augen; auch beichtet man so manches Geheimnis. Man wirft alles in einen Topf und teilt eher nicht mehr auf in »dein Geld« oder »mein Geld«. Und finanziell kann sich das durchaus lohnen: Wirft man Erspartes zusammen, kann man sich möglicherweise etwas Großes kaufen, das man sich allein nicht hätte leisten können. Allerdings sollte man seine finanziellen Grenzen und seine Kaufgewohnheiten gut miteinander absprechen, vor allem, wenn der eine bedeutend mehr verdient als der andere oder einer von beiden Schulden hat.

Florence sagt: Ich bin gerade nach Hause gekommen, um festzustellen, dass mein Mann – während der heißesten Hitzewelle, die wir je erlebt haben – die Kühlschranktür offen gelassen hat. Es landete nicht nur unser gesamter Fischvorrat aus dem Tiefkühlfach in der Mülltonne, sondern auch das Eis am Stiel, von dem ich schon den ganzen Nachmittag geträumt hatte. Oh, und dann ist da noch der nasse Boden, den er gar nicht »bemerkt« hat. Ganz offensichtlich habe ich einen schlechten Tag und wolle wohl unbedingt meckern, sagt er zu mir, während ich im Fischsaft stehe und ihm vorwerfe, dass er unachtsam ist.

Solltest du erwarten, mit einem Mann zusammenzuziehen wäre so, als würdest du ein/einen Handwerker/Finanzberater/Sexmonster/Spinnentöter frei Haus bekommen, muss ich dich enttäuschen. Nur noch wenige Männer sind heutzutage auf diesem Niveau multitaskingfähig.

Bei uns bin ich für alles zuständig, was mit Elektrizität zu tun hat. Wenn unser Boiler kaputtgeht, repariere ich ihn. Ich kümmere mich um unsere Konten und Rechnungen. Ich befasse mich mit unserem Darlehen, rede mit dem Klempner und lasse ihm Notizzettel da, wenn der Elektriker etwas bei uns erledigen muss und ich nicht zu Hause bin.

Und hier die Vorteile: Es ist wunderbar, mit seinem besten Freund zusammenzuleben, jemanden zum Kuscheln zu haben, jemanden, der einem das Abendessen zubereitet (darin bin ich schlecht, er macht das super), jemanden, der einem versichert, dass man gut aussieht (auch wenn man weiß, dass es nicht stimmt), und mit dem man gemeinsam seinen Urlaub buchen kann.

Aber er hasst meine Fernsehvorlieben, und bei uns gilt die Regel, dass wir nicht zur gleichen Zeit in der Küche sein können, andernfalls wäre uns eine Scheidung sicher.

Wenn er verreist, vermisse ich ihn wie verrückt. Wenn er zurückkommt, weine ich dem männer-chaos-freien Leben hinterher, das ich für kurze Zeit hatte.

Jetzt fühle ich mich schlecht … Er ist gerade hereingekommen und hat sich wegen des Kühlschranks entschuldigt. Es ist ihm wohl passiert, weil er mir zum Feierabend einen schönen, kühlen Smoothie zubereiten wollte. Das hat er mir mit seinen großen blauen Augen erzählt. Vielleicht ist es doch nicht so schlecht, mit einem Mann zusammenzuleben.

Jen sagt: Heiraten ist ein Kinderspiel. Meine Hochzeit habe ich innerhalb von ein paar Monaten ganz entspannt selbst organisiert. Mein Kleid habe ich im ersten Laden gekauft, in den wir gegangen sind. Als ich sagte »Das ist es!«, war meine Mutter herbe enttäuscht.

Glücklich verheiratet zu sein hingegen, ist etwas vollkommen anderes.

Wir alle wissen, dass beinahe die Hälfte aller Ehen vor dem Scheidungsrichter endet, sich zu (ge)trauen, ist also offensichtlich keine Garantie für immerwährende Liebe. Und dennoch glauben manche Menschen, dass sie nach ihrer Hochzeit einen Gutschein für ein Happy End bekommen. Natürlich ist das völliger Unsinn.

Verheiratet zu sein, ist nicht nur rosarot mit Herzchen. So ist es tatsächlich sogar nur selten. Meistens geht es eher um nasse Handtücher auf dem Boden und abgeschnittene Fingernägel im Bett. An jeder glücklichen Beziehung muss gearbeitet werden. So etwas braucht Einsatz und Pflege. Geduld und Toleranz. Kompromisse und Diskussionen. Opfer und Ausdauer.

Sich mit jemandem zusammenzutun, kann einem finanziell nützen oder auch nicht. Es kann einen finanziell ebenso gut ruinieren. Vielleicht verliebst du dich in jemanden, der gerne das gesamte Kochen und Putzen übernimmt und dir das Frühstück und die Morgenzeitung ans Bett bringt. Oder du endest mit einem Faulpelz, der dir doppelt so viel Arbeit beschert und deinen Geburtstag vergisst.

Ich habe vor drei Jahren, damals noch in meinen Dreißigern, einen Mann geheiratet, den ich seit drei Jahren kannte. (Die ganzen Dreien sind reiner Zufall.) Ich wollte hauptsächlich wegen dem Fest heiraten und um herauszufinden, ob sich dadurch tatsächlich etwas ändern würde. Es hat sich nichts Wesentliches verändert.

Ich liebe meinen Mann sehr, was vor der Hochzeit aber ganz genauso der Fall war. Die Zeremonie hat unsere Beziehung nicht stärker gemacht. Wir sind es, die unsere Beziehungen stärker machen.

Mein Leben war nicht leer, bevor ich ihn kannte. Es war nur anders. Die meiste Zeit bin ich gern verheiratet. Aber ich war auch die meiste Zeit gern Single. Das eine ist nicht per se besser als das andere. Es gibt Vor- und Nachteile. Wie bei allem kommt es darauf an, was man daraus macht. Also versuche, das Beste aus dem zu machen, was du hast, solange du es hast.

Und dann lebten sie glücklich – für eine Weile

Es gibt da ein Märchen, das sich hartnäckig hält, die niemals enden wollende Illusion, dass verheiratete Menschen glücklicher sind als Singles.
Und das führt zu der folgenden Unterhaltung:

1. Eine gutmeinende verheiratete Person versucht, mich von meinem Singledasein zu heilen, indem sie: (Nichtzutreffendes bitte streichen) mir sagt, ich solle weniger wählerisch sein, meine Füße stillhalten, nicht in andere Länder ziehen oder mit einem ihrer Freunde ausgehen (mit dem ich nicht ausgehen möchte).
2. Ich lächle, bedanke mich und erwidere, dass es mir gut geht.
3. Erwähnte Person neigt mitfühlend ihren Kopf und meint: »Ich möchte doch nur, dass du glücklich bist.«

Würde ich für jede dieser Unterhaltungen ein Pfund bekommen, hätte ich … Okay, nur so um die neun Pfund. Aber trotzdem. Ich kenne nicht auch nur einen Single, der diese »Ich möchte doch nur, dass du glücklich bist«-Unterhaltung nicht mehrfach über sich ergehen lassen musste.

Dabei zeigen wissenschaftliche Untersuchungen, dass verheiratete Menschen überhaupt nicht um Längen glücklicher sind. Ich befürchte, es gibt für diese gesamtgesellschaftliche Wahnvorstellung null komma null Beweise. Ich habe nachgesehen. Sorry, liebes Ehe-Märchen-Komitee, eure Behauptungen sind nichts anderes als Luftschlösser.

Was hingegen der Realität entspricht, ist, dass sowohl Paare als auch Singles glauben, dass sie ein Lebensgefährte glücklicher macht. Eine Studie von 2012, die 20 000 Erwachsene in vierundzwanzig Ländern befragte, fand heraus, dass 45 Prozent der Singles denken, dass es sie glücklicher machen würde, einen Partner zu finden. Während beinahe zwei Drittel der verheirateten Menschen oder Menschen in einer langjährigen Partnerschaft angaben, ihr Partner sei die wichtigste Quelle für das Glück in ihrem Leben.

Dennoch wäre es richtiger, wenn »Und sie lebten glücklich bis an ihr Ende« eher »Und sie lebten glücklich – für eine Weile« heißen würde.

Einmal war ich bei einem Zahnarzt, um mir meine Zähne bleichen zu lassen, was damit endete, dass mir irgend so ein Scharlatan, der auf dem Weg zum Behandlungsstuhl die ganze Zeit lachte, die Zähne »gleich machte« (man sah keinen Unterschied zu vorher). Ganz ähnlich ergeht es auch verheirateten Paaren, die sich auf dem identischen Glücksniveau wie vor ihrer Hochzeit wiederfinden, wenn sich das Konfetti einmal gelegt hat.

Ehemals Psychologieprofessorin an der University of California, benutzt Bella DePaulo Grafiken, um diesen Effekt auch in ihrem TEDx Talk »What No One Ever Told You About People Who Are Single« zu veranschaulichen.

Ein paar Studenten wurden gebeten einzuschätzen, wie glücklich sie in der Zukunft wohl sein würden – egal ob alleinstehend oder verheiratet. Erwartungsgemäß waren ihre Annahmen für das Eheglück astronomisch gut, auf Senkrechtstarterniveau euphorisch. Viel weiter unten auf der Grafik war die triste Erwartung ihres Glücksniveaus als Singles.

Danach packt DePaulo in ihrem Talk die harten Fakten über das Langzeitglück von Singles aus, das viel besser abschneidet, als die Studenten es eingeschätzt haben. Dann zeigt sie, was in Wirklichkeit geschieht, wenn Menschen heiraten – die realen Erkenntnisse, keine märchenhaften Vorstellungen. Tatsächlich steigt vor und nach der Hochzeit das Glückslevel ein wenig an, es gibt einen kleinen Glücksausschlag; auf beiden Seiten hält er etwa ein Jahr an.

Dann passiert jedoch etwas Unerwartetes. Das Glückslevel der Verheirateten pendelt sich wieder auf dem gleichen Niveau ein, auf dem es sich befand, als sie Singles waren. Sehen Sie? Die Dinge bleiben, wie sie waren. Vielleicht machen eher die Vorfreude und die Folgezeit einer Hochzeit glücklich, weniger die Ehe selbst.

Auch die größte Studie zum Thema Ehe- vs. Singleglück, die je durchgeführt wurde und die über 24 000 Menschen in einem Zeitraum von fünfzehn Jahren betrachtete, kam zu dem Ergebnis, dass das Glück vor und nach einer Hochzeit nur minimal ansteigt. »Die Studie zeigte, dass eine Ehe das Lebensglück der Menschen durchschnittlich um ein Prozent erhöhte«, so Jennifer Taitz.

Die Angst vor der Alternative

Zu zweit ist man glücklicher. Dieses Märchen hat man uns so lange eingetrichtert, dass wir, befinden wir uns erst einmal in einer Beziehung, daran festklammern, als wäre sie ein Rettungsboot. Im Rahmen einer beunruhigenden Studie wurden 20 000 erwachsene Menschen befragt, und ein Viertel der in einer Beziehung lebenden Befragten gab an, nichts würde sie glücklicher machen, als einen neuen Partner zu finden.

Ein Viertel hat das angekreuzt!

Diese Leute sollten eindeutig lieber Singles sein. Was mich wirklich, wirklich traurig macht. Die Angst vor dem Singleleben hält so viele Menschen gefangen.

Zusammenfassend lässt sich also sagen: Es ist gegenüber Verheirateten nicht besser, aber auch nicht schlechter, Single zu sein (die kurzfristige Glückssteigerung nach der Hochzeit mal ausgenommen). Im Großen und Ganzen sind alleinstehende Menschen nicht weniger glücklich. Freude am Leben zu haben, hat also sehr wenig damit zu tun, ob sich am Finger ein Ring befindet.

Glück in der Ehe ist allein eine Sache des Zufalls.

JANE AUSTEN

Berühmte Frauen, die spät heirateten

Eine US-amerikanische Studie fand heraus, dass eine Ehe viel wahrscheinlicher hält, wenn man sie erst schließt, wenn man schon fünfundzwanzig oder älter ist. In Großbritannien hat sich die Anzahl an Frauen, die mit Ende dreißig/Anfang vierzig heiraten, in den vergangenen zehn Jahren verdoppelt.

Charlotte Brontë, die mit achtunddreißig das Jawort gab, schrieb in einem Brief an eine Freundin das Folgende: »Über das Leben weiß ich heute mehr als früher. Ich denke, es werden viele falsche Vorstellungen propagiert … Für meinen Teil kann ich nur mit größerer Aufrichtigkeit und deutlicherem Nachdruck sagen, was ich in der Theorie längst wusste: Warte …«

Helen Mirren verehelichte sich mit einundfünfzig. »Ich habe Taylor erst viel später geheiratet und es hat ausgezeichnet funktioniert … Geben Sie Ihrem Partner immer die Freiheit und die Unterstützung, seinen Zielen nachzugehen.«

Mariella Frostrup sagte kürzlich, sie sei froh, dass sie ihren Ehemann erst getroffen habe, als sie schon beinahe vierzig war. Weil unsere Lebenserwartung immer höher werde, habe sie »den einschüchternden Zeitraum so auf eine etwas übersichtlichere Länge verkürzen« können.

Julianna Margulies heiratete mit einundvierzig. »Ich bin sehr froh, dass ich den Mut hatte, Nein zu sagen, als ich nicht wollte, und Ja zu sagen, als ich wollte, dass ich auf den Richtigen gewartet habe und wir jetzt eine kleine Familie haben.«

Gründe, warum ich wahrscheinlich nicht heiraten sollte

1. Meine Anfälligkeit für Alltagsverdrossenheit
Obwohl ich mit Tom sehr glücklich war, überkam mich, als wir zusammenwohnten, jedes Mal, wenn wir uns nach einem Arbeitstag zum Abendessen hinsetzten, große Traurigkeit. Ich fühlte mich melancholisch, als wäre es das jetzt gewesen. Mir war zum Heulen zumute. Als würde mein Herz von einer Faust ausgewrungen. Und ich wusste nicht, warum. Heute denke ich, dass ich weiß, was los war.

Es hat sich angefühlt, als würde meine Welt kleiner werden, wie in einem verrückten Traum kamen die Wände auf mich zu. Der Himmel war nicht mehr zum Greifen nahe. Ich hatte ihn bekommen, lebte mit ihm zusammen, also lebte ich jetzt doch meinen Traum, oder?

Nur wurde ich bei dem Gedanken daran, dass mein restliches Leben auch so sein würde, von Kummer überrollt. Ich + er + Abendessen für alle Zeiten. Wie ein Kind, das sein gesamtes Taschengeld dafür ausgibt, um auf dem Jahrmarkt Enten zu angeln und sich, wenn es dann endlich den begehrten Teddybären bekommt, fragt: »Oh, möchte ich den überhaupt?«

Später am Abend kuschelten wir, und unsere Körper passten ineinander wie stapelbare Schüsseln. In solchen Momenten konnte ich meine Verdrossenheit loslassen, aber sie kam wieder und wieder.

Auch als ich mit meinem Freund Ralph zusammenlebte, ging es mir so. Und ich fand heraus, warum. Weder Tom noch Ralph reisten gerne. Es interessierte sie nicht die Bohne, aus Belgien/England rauszukommen. Keiner von beiden wollte an einem anderen Ort sein als dem, wo wir damals wohnten. Mich jedoch ließ das ungemein unruhig werden, denn in meinen Adern fließt das Blut einer Herumtreiberin.

2. Ich wäre lieber Delilah

Erinnern Sie sich noch an die »Du bist eine alte Jungfer«-Predigt, die mir mein Vater mit dreiunddreißig hielt? Im Lauf derselben sagte er noch zu mir: »Du wirst wie Delilah Dingalong enden!« (Der Name ist frei erfunden, um die Identität der Person zu schützen.)

Ich erinnere mich daran, dass diese Bemerkung lange nach unserem Streit immer wieder in mir nachhallte. Die Sache war nur die: Verglich ich das Leben von Delilah Dingalong (die Ex meines Vaters) mit dem ihrer Gegenspielerin (die damalige Ehefrau meines Vaters), war mir Delilahs Dasein viel lieber. Sie aß oft Brötchen im Bett, verbrachte ganze Abende damit, bei Kerzenschein Bücher zu lesen, und sie lebte in einer ländlichen Idylle, wie sie auf Anzeigen für das »magische Irland« zu sehen ist.

Dahingegen war die Frau meines Vaters so etwas wie seine Dienstmagd: kochen, putzen, Wäsche waschen, obsessives Training im Fitnessstudio (sonst zog er sie damit auf, dass sie fett würde), Computerspiele mit ihm spielen, sich wie eine Puppe zurechtmachen, wenn sie zum Essen ausgingen.

Vor die Wahl gestellt, wollte ich nicht die Dienstmagd-Frau sein, sondern Brötchen-im-Bett-Delilah.

3. Ich bin gern allein

»Allein« und »einsam« sind zwei ganz unterschiedliche Paar Schuhe. »Allein« ist ein Ort, an den ich gehe, wenn ich mich wirklich ausruhen möchte. Ein Ort zum Durchatmen, wo ich tun kann, wonach mir der Sinn steht. Zum Arbeiten muss ich allein sein; wenn es nicht still ist, kann ich nicht hören, was ich schreiben möchte. »Einsam« fühle ich mich nur äußerst selten. Ich kann mich drei Tage am Stück zurückziehen, bevor ich mich nach Gesellschaft sehne. Gut möglich, dass ich eines Tages ein Gesicht auf einen Volleyball male und ihn Wilson nenne.

Beziehungen, in denen ich mich ungehört, ungeliebt und ungeschätzt fühlte, zählen hingegen zu den Zeiten, in denen ich mich entsetzlich einsam fühlte. Man kann in einem Raum voller Menschen einsam sein. In einem Bett mit jemandem, der nur ein paar Zentimeter entfernt liegt. In einem Hochzeitskleid kurz vor der Trauung. »Einsam« zu sein, ist ein Bewusstseinszustand, wohingegen »allein« zu sein nur den Umständen geschuldet ist.

Im Großteil meiner glücklichsten Kindheitserinnerungen war ich allein. Oft fuhren wir nach Donegal, in eine einsame Hütte, gelegen auf halber Höhe eines Bergs. Es gab dort keine Elektrizität, also aßen wir bei Kerzenlicht und schnitten Torf, den wir zum Heizen verbrannten. Es gab kein fließendes Wasser aus einem Wasserhahn, also duschten wir unter einem Wasserfall. Wir lasen Bücher und spielten Gin Rummy und schliefen in gigantischen Stockbetten aus Holz (»Ich will das obere Bett!«) unter einem Dachfenster mit Blick auf unzählige Sterne. Es war himmlisch.

Mein Bruder und ich rannten um acht Uhr morgens aus der Tür und kamen nur zum Essen zurück; glücklich und mit Lungen voller frischer Luft. In unserem Reich der Schafe spielten wir »König und Königin«. Und dann, während mein Bruder mit Säbeln aus Ästen kämpfte und sich ausgefeilte *Star-Wars*-Geschichten ausdachte, stahl ich mich davon, um mit den Millionen von stecknadelkopfgroßen Babyfröschen zu spielen, die im mit Butterblumen gesprenkelten Moor saßen. Ein Moor, das versuchte, einem die

Gummistiefel zu stehlen, wenn man einen Moment nicht aufpasste. Oder wir rutschten den Berg hinunter und besuchten Daisy, den Nachbarsesel, von dem ich ganz besessen war.

Und dann wurde ich größer, und man brachte mir bei, dass allein zu sein traurig wäre und das Glück in der Zweisamkeit läge.

4. Ich lebe lieber allein
Ich muss nie auf eine Textnachricht oder einen Anruf mit der Frage »Was gibt's zum Abendessen?« reagieren, als wäre ich dafür zuständig. Wer hat mich zur Bürgermeisterin des Abendessens ernannt? Ich kann mich nicht daran erinnern, für das Amt kandidiert zu haben. Außerdem ist es mir wirklich lieber, wenn ich mich nur um mein eigenes Chaos kümmern muss. Da ich von einer Brotkrümel fürchtenden Mutter aufgezogen wurde (»Woher kommen die ganzen Krümel?« war wahrscheinlich der am häufigsten geäußerte Satz meiner Kindheit), bin ich heute penibler als die gewöhnliche Durchschnittsbürgerin, wenn es um meine Behausung geht. Am Ende erledige ich Hausarbeiten, für die ich eigentlich nicht zuständig bin, weil sie in der Ecke piepen wie ein Pokémon, dass nur darauf wartet, gefangen zu werden. Ich muss es erledigen, sonst nervt es mich gehörig.

Es ist so entspannend, nach Hause zu kommen, die Tür hinter mir zuzuziehen und meine eigene kleine Nische für mich zu haben. Und da ist niemand, der mir erzählt, dass da zu viele Kerzen oder Kissen wären, oder der Ihnen erzählt, dass da zu viele Xbox-Konsolen und Samurai-Schwerter oder Schallplatten und Fahrradteile oder Vintage-Reiseposter und Nudelmaschinen wären – was immer auf Sie zutrifft.

Alain de Botton sagt, dass es Menschen gibt, die für das Zusammenleben einfach nicht gemacht sind, und ich habe da so den Verdacht, dass ich einer dieser Menschen sein könnte.

5. Vielleicht hindert mich die Ehe an Dingen, die ich tun möchte
In den vergangenen Jahren habe ich drei Dinge getan, die bisher die absoluten Höhepunkte meiner Existenz auf diesem Planeten waren. Diese sind: in Brügge arbeiten, mein erstes Buch schreiben und meine gegenwärtige Lebenssituation (in Barcelona wohnen).

Ich bin nicht sicher, ob auch nur eines davon Realität geworden wäre, wäre ich verheiratet gewesen. Hätte ich mich in ein anderes Land verziehen können? Hätte ich mir in einer Beziehung zwölfstündige Schreibphasen zugestehen können? Zweifelhaft. Aber ich konnte es, und habe jede einzelne Minute genossen.

Ich hätte Kompromisse machen müssen. Rücksicht auf die Gefühle meines Partners nehmen müssen. Ich hätte ihm das Manuskript von *Vom unerwarteten Vergnügen, nüchtern zu sein* zum Lesen geben und auf sein Feedback hören müssen, ob er damit einverstanden wäre, dass ich Einzelheiten über volltrunkene One-Night-Stands offenlege. Ich hätte nicht für sieben Monate in einem fremden Land sein können, hätte er das nicht gewollt.

Ich meine, für drei Wochen oder so hätte ich schon nach Brügge fahren können, oder ich hätte eine etwas abgemilderte, weniger authentische Version meines Buchs schreiben können, aber, Mannomann, wäre das unbefriedigend gewesen. Denn das, was ich bei all meinen Vorhaben wollte, war, den Stier bei den Hörnern zu packen. Als Single konnte ich meine eigenen Entscheidungen treffen, ohne mich um die Gefühle eines anderen zu kümmern.

Paulo Coelho schrieb einmal: »Stress, Angst und Depressionen entstehen, wenn wir leben, um andere zufriedenzustellen.«

Ich stelle mich selbst zufrieden. Ich entscheide, wann ich eine Party verlasse, ich entscheide, was ich am Wochenende unternehmen und wen ich treffen möchte, und all das, ohne mich mit jemandem absprechen zu müssen. Es ist wunderbar.

6. Ich bin eher Team Welpe als Team Baby
Gib mir einen Welpen und ich werde ihn vollsäuseln, eine Million Fotos von ihm machen und versuchen, ihn zu entführen. Gib mir ein Baby und ich werde es, solange es die Höflichkeit gebietet, ängstlich halten, in etwa so, als würde ich eine Atombombe in meinen Armen wiegen, und dann gebe ich es wieder zurück.

Kleinkinder? Unbedingt! Man kann Kissenburgen bauen und Zaubertricks vorführen, bei denen man einfach nur etwas hinter seinem Rücken versteckt und sie dennoch denken, man hätte magische Kräfte. Kleinkinder sind ein Riesenspaß.

Aber Babys? Ich verstehe es einfach nicht. Ich bin keine Glucke, ich steh nicht auf sie, ich verliere beim Anblick eines Miniatur-Turnschuhs nicht den Verstand wie andere Frauen. Wenn ich einen erstklassigen Mann finden würde und wir so viel Geld hätten, dass wir andere dafür bezahlen könnten, auf das Kind aufzupassen, und ich jeden Tag für ein paar Stunden den Raum hätte, mein eigenes Ding zu machen, könnte ich vielleicht Mutter werden. Andernfalls eher nicht.

Heute habe ich ein supersüßes Mädchen gesehen, das zappelnd wie eine Robbe auf dem Rücken geschwommen ist. Da dachte ich, wie schön es doch wäre, wenn ich sie ansehen und sagen könnte: »Die gehört zu mir.« Dann wurde mir jedoch bewusst, dass ein Herz, das sich aus dem Körper löst, herumläuft und damit anfängt, wie eine glitschige Robbe herumzuschwimmen, auch eine unglaubliche Unsicherheit mit sich bringen würde. Denn was wäre, wenn dieser Robbe etwas zustieße? Ich bin nicht sicher, ob ich damit umgehen könnte.

7. Der Gedanke an gemeinsame Finanzen raubt mir den Verstand
Als ich eine schwachköpfige Mittzwanzigerin war (das gilt nicht für alle Menschen in ihren Zwanzigern, nur für mich), dachte ich, zu heiraten wäre so, als würde man eine Kreditkarte bekommen,

für die man nie Rückzahlungen machen muss. »Geld umsonst! Was ihm gehört, gehört auch mir, stimmt's? Und er darf dafür alle meine Rimmel-Make-up-Döschen mit den zerbrochenen Deckeln mitbenutzen. Klasse!«

Wieder einmal ging ich von der falschen Annahme aus, dass mich eine Hochzeit zu einem anderen Menschen machen würde. So wie damals, als ich dachte, ich wolle eine »große Hochzeit«, dabei aber völlig übersah, dass mir ein Tanz vor hundert Menschen wahrscheinlich eine Herzattacke beschert hätte.

In den vergangenen fünf Jahren habe ich die Kosten immer genau in der Mitte geteilt, unabhängig davon, wie viel mein Partner verdient. Einmal geriet ich in die unangenehme Situation, dass mir ein Freund mit einem teuren Kleid eine Freude machen wollte, aber ich fühlte mich dadurch in seiner Schuld und daher nicht wohl damit.

Würde ich einen gut betuchten Mann heiraten, und würden wir unsere Finanzen zusammenlegen, könnte ich vielleicht tatsächlich in einem großen Haus leben, meinen Urlaub in Aspen verbringen und vielleicht würde er mich sogar mit Spa-Tagen verwöhnen. Allerdings würden diese Spa-Tage Verpflichtungs- und Schuldgefühle in mir auslösen.

Früher dachte ich, ein besser verdienender Mann wäre erstrebenswert. Dann könnte ich den ganzen Tag in einem Seidenkleid auf einer Chaiselongue herumlümmeln und Zuckermandeln essen. In Wirklichkeit würde ich jedoch, selbst wenn ich die Option hätte, lieber arbeiten und für mich persönlich aufkommen. Das Schreiben bringt mich zum Leuchten wie eine Laterne; nach ein paar Tagen, ohne zu arbeiten, fühle ich Dunkelheit in mir aufsteigen.

Ali Wongs Netflix-Show *Baby Cobra* wurde nicht nur phänomenal bekannt, weil sie eine geniale Comedienne ist, sondern auch, weil sie das sagte, was Millionen Frauen dachten: dass sie sich schwängern ließ, weil sie nicht mehr arbeiten wollte.

Die Freundin einer Freundin erzählte mir einmal, dass sie schwanger wurde, weil sie eine »Auszeit« von ihrem fordernden Job wollte (alle Mütter, die das lesen, werden über den Gedanken, Mutter zu sein wäre eine »Auszeit«, hämisch lachen).

Viele Singlefrauen träumen davon, wie sie zu Hause liegen, ihren dicken Bauch liebkosen und nicht mehr arbeiten müssen. Ich bin überzeugt, dass auch viele Männer davon träumen, eine reiche Erbin zu heiraten und den ganzen Tag »Grand Theft Auto« spielen zu können.

Aber wollen Sie das wirklich? Stellen Sie sich vor, Sie müssten Ihren Partner um Geld bitten. Oder dass Sie sich für ein Paar Schuhe, das Sie sich gekauft haben, rechtfertigen müssten. Das könnte ich nicht! Ich würde es hassen.

Ich bin so daran gewöhnt, mein eigenes, schlecht verwaltetes Geld zu besitzen. So wie mein zwanzigjähriges Ich wusste, dass es einen Bankautomaten auf zwei Beinen wollte, weiß ich heute in meinen Dreißigern, dass ich in Wirklichkeit kein Geld bei ihm abheben würde.

Inzwischen habe ich außerdem mitbekommen, wie schmerzhaft die Gütertrennung für ein paar meiner Freundinnen war, die eine Scheidung durchmachten.

Keine Ahnung, wie es sein wird, sollte ich jemals heiraten. Was ich jedoch weiß, ist, dass es nicht immer erfreulich ist, seine Finanzen in einen Topf zu werfen. Außerdem habe ich ja einmal einen Millionär gedatet – und der war ein Egomane. Also, passt auf, was ihr euch wünscht, Amigos.

Gründe, die dafürsprechen, zu heiraten

1. Weil ich nicht allein sterben möchte
Ich sage es nicht gern, aber es könnte passieren, dass er vor Ihnen stirbt. Dann bleiben Sie zurück und müssen irgendwann später allein sterben.

Es ist auch kein guter Grund, um Kinder zu bekommen. Altenheime sind voll mit Menschen, die Kinder haben, die sich eigentlich um sie kümmern sollten. Stellen Sie sich nur einmal vor, wie gemein es wäre, wenn Sie, nachdem Sie achtzehn, ach was, eher wohl dreißig Jahre damit beschäftigt waren, die Kinder großzuziehen, von Ihrer Brut im »Tal des Glücks« abgeladen werden, sobald Sie Windeln brauchen.[17]

2. Für die finanzielle Sicherheit
Durch eine Ehe kann man in finanzieller Hinsicht definitiv gewinnen. Oder über den Tisch gezogen werden. Was, wenn Ihr Partner seine Arbeit verliert, dann müssen Sie für ihn und für sich aufkommen, mit nur einem Gehalt, richtig? Was, wenn sich herausstellt, dass er ein völliger Finanztrottel ist, der massenweise Kreditkartenschulden angehäuft hat? Und wenn alles den Bach runtergeht, wie es bei 42 Prozent britischer Ehen tragischerweise der Fall ist, wird die Scheidung dermaßen teuer, dass es einem die Tränen in die Augen treibt. Eine durchschnittliche Scheidung kostet 70 000 Pfund.

---

[17] Andererseits, sollte das geschehen, könnte ich endlich meine eins a auswendig gelernte irre King-Lear-Rede anbringen: »Wie es schärfer nage, als Schlangenzahn, ein undankbares Kind.«

~~3. Weil es in unserer Gesellschaft erwartet wird~~

Wenn Sie einzig heiraten möchten, um sich wie eine richtige Erwachsene zu fühlen, wie ein offiziell abgesegneter Mensch, sollten Sie es definitiv bleiben lassen.

Folgendes wurde mir vor Kurzem klar: Etwas von dem, was ich am meisten an Beziehungen mag, ist, dass ich sagen kann: »Aber natürlich habe ich einen festen Freund.« Oder dass ich mit ihm die Straße entlangspazieren kann und mich von seinem liebevollen Blick bestätigt fühle.

Etwas nur deswegen zu tun, weil es gesellschaftlich erwartet wird, ist ein sicherer Weg, um auf dem Sterbebett zu sagen: »Hätte ich doch nur …« Joan Didion sagte einmal: »Uns von den Erwartungen anderer zu befreien, wieder auf uns selbst zu hören – darin liegt die große, einzigartige Kraft des Selbstrespekts.« Zum Teufel damit, was die anderen denken; hören wir wieder auf uns selbst.

4. Weil Sie ihn über alles lieben …

… und Sie sich nicht vorstellen können, je wieder ohne ihn zu leben. Das ist der einzig wirklich gute Grund.

Wenn man ihn auch heiraten würde, wenn man niemand anderem davon erzählen könnte, wenn man ihn auch ohne Ring heiraten würde, wenn man ihn auch in einem leeren Raum mit einem Müllsack als Kleid heiraten würde – dann sollte man es auch tun.

Sollte ich jemals jemanden kennenlernen, auf den das zutrifft, werde ich ihn höchstwahrscheinlich zum Mann nehmen.

TEIL X

Warum man es sich bis ins kleinste Detail ausmalen sollte

Ein unfertiges Bild

Solange du nichts tust, wird nichts passieren.

MAYA ANGELOU

Ich kann mich noch daran erinnern, wie ich mich bei meiner Freundin Kate darüber beklagte, dass mir meine bessere Hälfte fehle. Kate, der Yoda unter meinen Freundinnen, sagte: »Aber Cath, zwei unvollständige Menschen ergeben keine gesunde Beziehung. Das funktioniert nur mit zwei vollständigen Personen.« Die implizierte Botschaft wirkte wie ein Eimer eiskaltes Wasser auf einen Betrunkenen.

Ich war in der Tat unvollständig. Mir wurde klar, dass ich wie ein Bild war, das nur zur Hälfte mit Farben ausgemalt worden war. Um einige Bereiche hatte ich mich gar nicht erst bemüht, da ich dachte, jemand anderes würde auftauchen und wir würden uns vermischen und überschneiden und seine Farben würde meine leeren Stücke füllen.

Ich glaube, dass es vielen von uns so geht. Der Mann, der nicht gelernt hat, zu kochen oder Wäsche zu waschen; die Frau, die glaubt, ihr künftiger Ehemann werde ihre immer mehr ausufernde Shopping-Sucht bremsen; derjenige, der glaubt, er würde ordentlicher werden, wenn er mit einer anderen Person zusammenlebt; diejenige, die erst auf Reisen gehen möchte, wenn jemand in ihrem Leben ist, mit dem sie es gemeinsam tun kann; derjenige, der sich einredet, fit zu werden, sobald er einen Laufpartner gefunden hat.

Bewusst oder unbewusst halten wir uns selbst davon ab, vollständig zu sein. Wundert es da noch, dass wir uns unvollständig fühlen?

Mich dem zu stellen, dass ich mich wie ein halb fertig gemaltes Bild fühlte, war schwer, aber ein wichtiger Schritt bei der Genesung von meiner Liebessucht.

Alte Einstellung: »Ich nehme Fahrstunden, wenn ich aufs Land ziehe/Kinder plane.«
Neue Einstellung: »Ich werde sofort Fahrstunden nehmen.«

Als ich achtzehn wurde, gaben mir meine Mutter und mein Stiefvater 500 Pfund und sagten: »Hier hast du Geld für deinen Führerschein.« Also verprasste ich es für Nächte im Club, kurze Kleider, Cider und Zigaretten. Mit dem Geld konnte ich mir ein Jahr lang viele Kater leisten. Was für ein Gewinn.

Dann, mit dreiundzwanzig, zog ich nach London und verspürte kein Bedürfnis nach einem Auto. Ich verspürte auch keinen Wunsch danach, da man sich beim Fahren nicht betrinken darf und man sich abschätzige Blicke einhandelte, wenn man weintrinkend nach heißen Männern auf dem Gehweg Ausschau hielt.

Inzwischen trinke ich keinen Alkohol mehr, brauche keine knalligen Minioutfits mehr für Clubnächte und mache meine Lebensziele nicht mehr an Hirngespinsten fest wie »Sobald ich ihn kennenlerne, fange ich mit XY an«. Und darum lerne ich jetzt, Auto zu fahren, was sich unglaublich befriedigend anfühlt. Nun gut, ich bin zwar eine furchtbar schlechte Fahrerin und habe erst gestern versucht, auf einem Fahrradweg zu fahren, um meinem Navy treu zu folgen. Außerdem steige ich noch ständig auf der falschen Seite des Autos ein, aber ich mache Fortschritte.

Alte Einstellung: »Ich warte auf meinen künftigen Freund, er kann dann das Bild aufhängen.«
Neue Einstellung: »Ich hänge es selbst auf.«

So etwas wie »blaue« oder »rosafarbene« Aufgaben gibt es nicht, nur Aufgaben. Und neulich ist mir klar geworden, dass man wirklich keinen Penis braucht, um ein Bild aufzuhängen oder ein Backup zu erstellen oder um Möbel zusammenzubauen. Alles, was man tatsächlich benötigt, ist ein Gehirn, ein paar Werkzeuge, die idealerweise keine pinkfarbenen Miniaturausführungen sind, und vielleicht YouTube. Und so ähnlich verhält es sich auch beim Knöpfeannähen oder Bügeln – eine Vagina ist dafür nicht notwendig. Und Brüste sind ebenfalls nicht erforderlich, um einen Auflauf zuzubereiten, oder Östrogen, um ein Haus »heimelig« einzurichten.

Herauszufinden, dass ich zum Öffnen eines Erdbeermarmeladenglases, dessen Deckel eindeutig von einem Fabrikroboter mit Terminator-Kräften aufgeschraubt worden war, nur ein Gummiband (und keinen Mann) suchen muss, war ein bestärkendes Gefühl.

Vielleicht ist Ihnen das sonnenklar und war es schon immer, aber für mich war es eine Offenbarung. Aufgaben haben keine geschlechtsspezifischen Farben.

Alte Einstellung: »Wenn ich ihn treffe, fange ich an, zu sparen.«
Neue Einstellung: »Ich sorge für mein künftiges Ich vor.«

Mein gesamtes Leben schon werde ich von meinen ganz eigenen vier apokalyptischen Reitern heimgesucht: Angst, Alkohol, Liebessucht und Geld.

Die ersten beiden sehe ich inzwischen nur noch als winzige Punkte im Rückspiegel auf der Straße hinter mir. Den dritten Reiter zähme ich direkt hier, auf diesen Seiten. Aber Geld ist noch immer etwas, das mich in Panik versetzt.

In den *Herr der Ringe*-Filmen gibt es eine Szene, in der die Hobbits von einem der gnadenlosen Ringgeister gejagt werden und sich in einer Kuhle unter den Wurzeln eines Baums verstecken, sich dort zusammenkauern.

Genauso fühle ich mich im Grunde bezogen auf Geld. »Versteck dich! Sei still! Wenn ich keinen Laut von mir gebe, wird er mich nicht finden!« Während das bedrohliche Geld-Pferd über mir aufstampft und mit den Hufen scharrt und schnaubt.

Neben dieser Furcht gibt es aber auch noch meinen leichtfertigen Umgang mit Geld, wobei ich in etwa rufe: »Wooohooo! Das sind ja Spaßgutscheine![18] Lasst sie uns ausgeben! Oh, es ist alles weg. Aargh.« Und so weiter und so fort, bis ins Unendliche.

Im Prinzip bin ich wie Leonardo DiCaprio in *The Wolf of Wall Street*, der von seiner Jacht aus ruft »Hey Leute, schaut mal, was ich in meiner Tasche gefunden habe!« und dann Geldscheine hervorzieht und sie den Fremden unter ihm zuwirft, als würde er Vögeln Samenkörner hinstreuen.

Mein Stiefvater und ich haben einen Running Gag: Ein paar Tage nachdem ich mein Honorar erhalten habe, fragt er mich: »Hast du es schon geschafft, das ganze Geld loszuwerden?« Darauf antworte ich: »Noch nicht ganz, aber FAST.« Und er dann: »Du schaffst das schon, ich glaube an dich.«

Also, so viel zu den Spaßgutscheinen. Das Geld brennt mir ein Loch in die Tasche. Nur bin ich keine Multimillionärin, tatsächlich verdiene ich etwa ein Viertel von dem, was viele meiner Freundinnen verdienen (Anwältinnen und Wirtschaftsprüferinnen …

---

18 Als Spaßgutscheine bezeichnet Leonardo DiCaprio in *The Wolf of Wall Street* seine Geldscheine. (Anm. d. Ü.)

und noch mehr Anwältinnen und Wirtschaftsprüferinnen). Das funktioniert für mich also nicht wirklich. Ich habe es letztes Jahr aber geschafft, viermal Urlaub zu machen, zumindest wenn man Kurztrips mitrechnete, und bin also eindeutig weit entfernt davon, mittellos zu sein.

Dem Horizont hinterherzujagen und Fotos von Regenbögen zu schießen, ist etwas, was ich liebe, aber Fotos von Regenbögen werden von der Bank nicht als legales Zahlungsmittel akzeptiert. Ich besitze sehr viele Bücher, aber außer wenn ich mir ein Märchenhaus daraus bauen möchte, um darin so zu leben wie die kleine alte Frau, die in einem Schuh lebt,[19] brauche ich einen Alternativplan, der dafür sorgt, dass ich mir ein Dach über dem Kopf, Pfefferminztee und Yogastunden leisten kann.

Ich bin achtunddreißig und habe es erst jetzt geschafft, meine allgegenwärtigen Schulden zu tilgen und mit dem Sparen anzufangen. Früher dachte ich immer, mein künftiger Kavalier würde sich um meinen ganzen Finanzkram kümmern, wir würden gemeinsam sparen und das Problem wäre behoben. *Staubt sich die Hände ab*

Inzwischen ist mir bewusst geworden, dass die Verantwortung bei mir liegt. Es ist meine Sache. Das schulde ich meinem zukünftigen Ich. So wie auch kein anderer mein Alkoholproblem beheben konnte als ich, kann niemand meine Probleme mit dem Geld lösen – außer ich selbst.

---

19 *There was an Old Woman Who Lived in a Shoe* ist ein bekannter englischer Kinderreim. (Anm. d. Ü.)

Hinweis: Für Singles sind finanzielle Probleme sehr real

Vor diesem Hintergrund sollte auch darauf hingewiesen werden, dass finanzielle Probleme für Singles überaus real und nicht nur Einbildung sind. In Großbritannien geben Singles durchschnittlich 1800 Pfund mehr für Haushaltsausgaben aus als Paare. Eine andere Studie schätzt, dass der Durchschnittssingle im Lauf seines Lebens 266 000 Pfund mehr für seine Lebenshaltungskosten berappen muss.

Auch für unseren Urlaub bezahlen wir beinahe doppelt so viel wie Paare, da wir uns die Zimmerkosten nicht teilen können. Diese zusätzlichen Kosten führen dazu, dass Paare durchschnittlich 6000 Pfund auf der hohen Kante haben, Singles hingegen nur 2000 Pfund.

Die Mehrheit der Singles sagt, dass, wenn sie plötzlich arbeitslos würden, ihre Ersparnisse innerhalb von zwei Wochen aufgebraucht wären. (Ich weiß zwar nicht, wie sie innerhalb von zwei Wochen 2000 Pfund durchbringen, aber, hey, was soll's.) Und das ist eine beängstigende Situation. Zwei Wochen von potenzieller Obdachlosigkeit entfernt. Wuah.

Menschen, die heiraten und verheiratet bleiben, haben 77 Prozent mehr Eigenkapital pro Person als Singles, besagen wissenschaftliche Untersuchungen der Ohio State University. Nur 36 Prozent der Singles im Vereinten Königreich geben an, sich finanziell abgesichert zu fühlen, verglichen mit 52 Prozent derer, die in einer Beziehung leben.

Also, es ist real, ich bilde mir das nicht nur ein.

Auf der anderen Seite jedoch verdienen Singles sehr viel mehr. Wirklich SEHR VIEL MEHR. Eine US-amerikanische Studie mit dem Titel »Knot Yet« fand heraus, dass hoch qualifizierte Frauen, die erst in ihren Dreißigern heiraten, durchschnittlich 18 000 US-Dollar mehr verdienen als Frauen, die in ihren Zwanzigern geheiratet haben.

Alte Einstellung: »Wohneigentum kaufe ich, wenn ich ihn treffe.«
Neue Einstellung: »Ich versuche, sobald wie möglich zu kaufen.«

Auf ähnliche Weise habe ich mir auch eingeredet, dass es keinen Sinn macht, eine Immobilie zu kaufen, solange ich Single bin. Und damit bin ich weit davon entfernt, allein zu sein. Ein Drittel aller alleinstehenden Mieter in Großbritannien denkt, sie könnten es sich erst dann leisten zu kaufen, wenn sie einen Partner haben.

Ich dachte, Hypotheken wären etwas, das man nur als Paar aufnimmt. Das bedeutet jedoch, dass ich mein gesamtes Erwachsenenleben Geld aus dem Mietfenster geworfen habe. Es ergibt keinen Sinn. Jetzt habe ich vor, allein zu kaufen.

Es war schon immer eine beliebte Strategie (vor allem von Frauen) vor dem Zusammenziehen oder der Ehe Notfallfluchtgeld zur Seite zu legen: »Im Fall einer Trennung schlachte ich das Sparschwein.« Zwischenzeitlich legt man nicht mehr nur ein geheimes Konto an (oder, wie es auf Jiddisch heißt, ein »Knipple«), sondern besorgt sich einen geheimen Unterschlupf. Heutzutage kauft und unterhält man eigene Immobilien, sollte die Beziehung den Bach runtergehen. Freunde von mir haben erzählt, dass sie ihre Immobilien als Absicherung behalten, ganz gleich welche Vermählung oder wie viele Babys die Zukunft bringt. Immobilienbesitz ist Macht.

Es macht absolut Sinn und ist vielleicht etwas, worauf jeder setzen sollte, egal ob Mann oder Frau, ob eher wohlhabender oder ärmer. Selbst wenn Sie sich nur eine winzige Wohnung in der Provinz oder einen Parkplatz in London (ich wahrscheinlich, wenn ich endlich eine Hypothek beantrage und ausgelacht werde) leisten können, ist das immer noch besser, als wenn Sie Ihr Geld für Miete zum Fenster rauswerfen.

Vielleicht müssen Sie dafür staatliche Förderung beantragen oder Ihre Familie fragen. Eine gemeinsame Hypothek aufzunehmen, muss nicht zwangsläufig als Paar geschehen. Sie können sich mit so ziemlich jedem zusammentun.

Einen eigenen Unterschlupf zu haben, ist die Immobilienbesitzversion eines Schutzraums. Eine gemeinsame Hypothek mag sich zu Beginn anfühlen, als hätte man eine hohe Abfindung erhalten. Später jedoch kann sie sich in etwas verwandeln, das eher Fesseln gleicht. Ich kenne Paare, die nach ihrer Trennung monatelange zusammenleben mussten, während sie darauf warteten, dass sie ihr Haus verkaufen konnten. Keiner der beiden konnte es sich leisten, sowohl für die Hypothekenrückzahlungen als auch für die Miete aufzukommen.

Aber Moment mal: Sie sind nicht allein

Dieses ganze muntere Ausmalen mit Farben bedeutet aber nicht, dass sie alles allein machen müssen. Sie sind nicht Atlas, der die Welt auf seinem Rücken trug. Es mag unangenehm sein, seine Eltern um ein Darlehen zu bitten oder seinen Bruder, ob er beim Umzug helfen kann, aber eigentlich ist das Quatsch. Sie tun nur das, was verheiratete Menschen die ganze Zeit tun: um Hilfe bitten.

Einmal sagte ich zu meinem Stiefvater, dass ich mich als alleinstehende Person manchmal fühle, als gäbe es niemanden, bei dem ich mich anlehnen kann, wenn die Kacke am Dampfen ist. »Aber du hast jemanden«, sagte er. »Du hast uns. Lehn dich an.«

Das hat für mich alles verändert. Heute lehne ich mich auch mal bei anderen an und atme dabei tief ein und aus.

Das Wiegenlied vom Dinge-geregelt-Kriegen

Als ich anfing, Fahrstunden zu nehmen, einfache Handwerkerarbeiten selbst zu erledigen und damit begann, zu sparen und nach Wohnungen zum Kauf Ausschau zu halten, beruhigte sich meine manische Suche nach »dem einen« und schlief schließlich ein, als hätte ich ihr ein Wiegenlied vorgesungen. Die Fähigkeit, allein zu sein, für mich selbst sorgen zu können, schien Teil des Gegenmittels gegen meine Männer-Mangel-Panik.

Wir alle schieben das Erwachsenwerden gern auf die lange Bank, denken, wir kümmern uns später darum. Allerdings erhöht das den Druck, uns eine Beziehung zu suchen. Und diesmal sind wir ganz allein dafür verantwortlich. In diesem Fall bringt es nichts, mit dem Finger auf Filme, Märchen oder die Gesellschaft zu zeigen.

Ich glaube, dass unser Verlangen nach einer Beziehung verworren ist wie ein Ball aus verschiedenen Wollfäden und dass unser Verlangen nach Sicherheit und einem Topf mit Gold am Ende des Arbeitsleben-Regenbogens damit zu tun hat.

Es hat sich ungemein gut angefühlt, all diese Erwachsenen-Dinge zu tun. Ich habe mich ruhiger gefühlt. Weil ich angefangen habe, mir meine eigene Sicherheit zu schaffen, und nicht mehr auf der Dating-App Hinge danach gesucht habe. Mein Ziel lautet jetzt daher, alle Farben aufzutragen. In jede Ecke, in jedes schwierige Zipfelchen, jeden Zentimeter des Himmels. Ich kann es nur empfehlen. Wenn Sie sich auch ohne ihn an Ihrer Seite vollständig fühlen, wird ein Partner zur Wahl, nicht zur Notwendigkeit.

Wenn wir alles täten, wozu wir imstande sind, würden wir uns wahrlich in Erstaunen versetzen.

THOMAS EDISON

TEIL XI

Wie man in Maßen datet

Verantwortungsvolles Dating

Okay, also, realistischerweise entsagen wir den Menschen, die wir attraktiv finden, nicht gänzlich, schließen unsere Schenkel für immer oder hängen unseren Glücksschlüpfer für alle Ewigkeit an den Nagel.

Sie kennen doch sicherlich diese kleinen Hinweise in der Werbung oder auf den Etiketten von alkoholischen Getränken, die dazu auffordern: »Trinken Sie verantwortungsvoll.« Ich persönlich habe das nie getan, werde es niemals tun, es wird einfach niemals geschehen. Außerdem hasse ich diese Etiketten, weil sie – ach so subtil – den Konsumenten die Schuld in die Schuhe schieben, wenn sie sich betrinken, und nicht dem Alkohol: »Wir haben Ihnen gesagt, Sie sollten verantwortungsvoll trinken! Sie haben unser Luxusprodukt missbraucht!«

Ich schweife ab. Wir reden nicht übers Trinken, sondern über Dating, und im Gegensatz zu einem »Trinken Sie verantwortungsvoll« ist ein »Daten Sie verantwortungsvoll« sehr viel leichter zu erreichen. Uns hat bisher einfach nur nie jemand gesagt, wie wir es angehen sollen. Vor allem in diesem neuen Reich des Informationsüberflusses, auch als Internet bekannt.

Als ich einer Freundin von diesem Buch erzählte, sagte sie: »Aber du hast gedatet, das heißt doch, dass du kein glücklicher Single bist.« Hä? Nicht so voreilig, Fräulein. Immer mit der Ruhe.

Natürlich bin ich glücklich. Ich war mit vielen guten Partien verabredet, für die ich mich aber nicht erwärmen konnte, denn die Sache ist: Ich möchte nur mit demjenigen zusammenkommen, ohne den ich nicht leben kann. (Und wenn das bedeutet, dass ich mit überhaupt niemandem zusammenkomme, ist das für mich heute völlig in Ordnung.)

Es gibt nicht nur zwei Kästchen zum Ankreuzen:

☐ Glücklicher Single, der nicht datet

☐ Unglücklicher Single, der datet

Nein. Die Welt ist nicht schwarz-weiß. Es gibt nicht nur zwei Türen, hinter denen man leben kann. Es stehen Millionen Türen zur Auswahl. Glücklicher Single und auf der Suche nach einer sinnstiftenden Beziehung – so etwas kann nebeneinander bestehen. Diese Dinge schließen sich nicht gegenseitig aus.

Aber heute wissen wir, dass wir ebenso gut ohne Beziehung glücklich sein können. Solange man also keinen bemerkenswerten Fisch angelt, ist es vielleicht besser, die anderen wieder zurück in den Dating-Pool zu werfen: »Bis dann, mein Freund.«

Die Tür, hinter der ich heute lebe, heißt »Glückliche Singlefrau, die manchmal, wenn ihr danach ist, datet«. Mein Ausgangszustand ist glücklich, unabhängig davon, was bei meinen Verabredungen rauskommt. Wenn ein Kerl heute ein Date absagt, bin ich eher erleichtert als verzweifelt. Ein abgesagtes Date hat auch seine Vorteile. Ich kann es mir sparen, eine Stunde lang Make-up aufzulegen und meine Haare zu richten (was ich vor einem Date zugegebenermaßen immer mache), sondern kann stattdessen zum Yoga gehen und ordentlich schwitzen.

Wenn sich etwas nach ein paar Monaten verläuft, bin ich schon ein paar Tage niedergeschlagen, aber dann gelange ich wieder zu meinem glücklichen Ausgangszustand. Und das ist etwas völlig Neues für mich.

Ich habe beschlossen, mir eine Strategie zuzulegen, die es mir erlaubt, zu daten, ohne mich dabei zu sehr zu verausgaben. Dafür habe ich viel gelesen, mich mit viel Expertenwissen auseinandergesetzt und selbst herumprobiert. Jetzt kann ich in die Dating-Welt eintauchen, ohne dabei den Kopf zu verlieren. Ohne ganz aus dem Häuschen zu sein, mich zu verlaufen und dann in der Dunkelheit festzustecken.

Im Folgenden möchte ich Ihnen die Werkzeuge an die Hand geben, die ich benutzt habe. Wer weiß, vielleicht helfen sie auch Ihnen, den Durchblick, Ihren Humor und Ihr Selbstwertgefühl zu behalten. Vielleicht wird zu daten so eher zu etwas Lustigem und nicht zu einer Pflichtübung. Vielleicht gelingt es Ihnen, sich nicht mehr so zu fühlen, als hätten Sie sich auf einem Fahrgeschäft angeschnallt, das Sie so gnadenlos durch die Luft wirbelt wie ein Riese, der mit einer Maus spielt.

Vielleicht schaffen Sie es, einen Mann kennenzulernen, ohne den »Privat«-Modus auf Ihrem Computer einzuschalten und ihn nachts auf LinkedIn zu stalken. Vielleicht gelingt es Ihnen, eine Frau kennenzulernen, ohne ganz zufällig in ihrem Lieblingscafé aufzukreuzen, »weil es Ihnen dort so gut gefällt«. (Tut es nicht. Raus mit Ihnen!)

Wenn Sie so weit sind, können Sie gern mit mir hinter meiner »Glückliche Singlefrau, die manchmal datet«-Tür leben. Es ist wirklich schön dort.

Das Gegenüber als Menschen betrachten, nicht als potenziellen Ehemann

Wir treffen einen Menschen, einen potenziellen Freund, nicht eine/n künftige/n Ehemann/-frau. Wir sind nicht auf einem Treffen für eine arrangierte Hochzeit. Wir müssen ihn/sie nicht heiraten. Oder ihn/sie dazu bekommen, uns heiraten zu wollen. Wir müssen den anderen noch nicht einmal attraktiv finden oder ihn dazu kriegen, uns attraktiv zu finden. Wenn dieser Mensch später doch noch ein potenzieller Partner wird, dann schön, aber wenn nicht, ist es auch keine große Sache.

Meine Freundin Laurie sagte kürzlich: »Warum mache ich mir eigentlich nie Gedanken über mögliche Freunde? Ich mache mir keine Sorgen darüber, ob sie mich mögen oder nicht, ich denke einfach nur, wenn es sein soll, wird es sein. Letzte Woche habe ich mich mit einer Frau zum Kaffeetrinken verabredet, und auch wenn es wirklich nett war, ist zwischen uns kein freundschaftlicher Funke übergesprungen, und weder ich noch sie haben das nur im Geringsten persönlich genommen. Wir haben schlicht nicht zueinandergepasst.

Warum trifft es mich dann bis ins Mark, wenn ich einen Mann treffe und es geschieht das Gleiche, wir also einfach nicht zusammenpassen? Warum denke ich in einer solchen Situation, mit mir würde grundsätzlich etwas nicht stimmen?«

Ist es nicht so? Mir jedenfalls geht es wie Laurie. Möchte mich jemand nicht daten, fasse ich es oft als persönlichen Affront auf, als Zeichen dafür, dass etwas mit mir nicht stimmt, eine Botschaft, dass ich nicht geliebt werden kann. Aber das kommt nur daher, dass ich die Männer, mit denen ich mich verabrede, in meinem Kopf bereits zu meinem künftigen Ehemann gemacht habe.

Heute übe ich mich daher darin, Dates als Kennenlernen eines potenziellen neuen Freundes zu betrachten, mit dem ich Kaffee trinken/spazieren gehen/was auch immer tun kann. So stutze ich die enormen Erwartungen, schneide sie auf handhabbarere Größe zurück. Eigentlich ist es ganz einfach: Es hat nichts damit zu tun, dass ich/er unzureichend bin/ist, sondern wir haben ganz einfach nicht zusammengepasst.

Den Druck aufgrund des Alters rausnehmen

Die Anfang Zwanzigjährige, die sich nicht darum geschert hat, ob eine Verabredung zu einem zweiten Date führte, kann sich in eine angespannte Mittdreißigerin verwandeln, die meint, dies sei ihre letzte Chance auf einen Partner.

Wenn wir in unseren Dreißigern oder später daten, fühlt es sich an, als stünde mehr auf dem Spiel. Als würden wir all unsere Jetons auf eine Zahl setzen. Es ist unglaublich nervenaufreibend. Aargh. *Wendet sich ab, während die Kugel auf ihren Platz rasselt*

So ist es aber nur, weil wir dem Gefühl die Macht dazu geben. Überdenken Sie es noch einmal. Sie setzen besser auf eine »Wochen-Zahl« als auf eine »Das-ganze-Leben-Zahl«. Es gibt keine gigantische Eieruhr, durch die der Sand bedenklich schnell hindurchläuft.

Nun, es existiert schon so eine Uhr, aber es befinden sich darin wohl eher vierzig Jahre Sand – nicht drei Jahre. Wir hören nicht auf, attraktiv zu sein oder interessant oder verabredungswürdig, nur weil wir ein bestimmtes Alter erreichen.

Raum im Kopf

Denken Sie auch an den Rat von Hilda Burke. Wenn Ihnen der Gedanke hilft »Mir bleiben noch fünf Jahre, bis ich panisch werde«, wenn Ihnen das Freiraum verschafft, Luft zum Atmen, dann denken Sie ihn. In unserem Metier gibt es kein Richtig oder Falsch. Es ist damit vergleichbar, dass manche Menschen lieber sagen »Ich trinke dieses Jahr keinen Alkohol« als »Ich trinke nie wieder Alkohol«. Tun Sie, was Ihnen hilft. Setzen Sie sich Ihre eigenen Regeln.

Wenn es Ihnen wichtiger ist, sich nicht festzulegen, als den gesellschaftlichen Erwartungen zu entsprechen, sollten Sie sich ins Gedächtnis rufen, dass Sie sich genau dafür entschieden haben.

Von ängstlich zu beflügelt

Trotz meiner neuen Perspektive bleiben Dates weiterhin so aufwühlend wie eine schwarze Skipiste hinabzurasen, vor allem, wenn man keinen Alkohol trinkt. Einen der besten Ratschläge habe ich von meiner Freundin Sam Purser-Barriff bekommen. Sie ist Psychotherapeutin und schlug vor, ich solle meine Angst in Begeisterung ummünzen: »Sag lieber: ›Ich bin gespannt, aufgekratzt oder aufgeregt‹, anstatt: ›Ich bin gestresst.‹ Die Sache ist die, wenn das Herz wie wild schlägt, die Hände feucht werden und die Gedanken rasen, ist es praktisch unmöglich, sich zu beruhigen. Es klappt einfach nicht. Aus dem ›nervös‹ ein ›aufgeregt‹ zu machen, aus einem ›überreizt‹ ein ›angeregt‹, kann man hingegen schaffen.«

Und die Aufregung wird Ihnen tatsächlich dabei helfen, das Date zu überstehen. »Das Stresshormon Cortisol ist ein Symptom von Angst, aber auch von Aufregung«, berichtete der britische Neurowissenschaftler Dr. Ian Robertson gegenüber dem *Telegraph*. »Das gleiche Hormon kann sich unterschiedlich auf uns auswirken, je nachdem, in welchem Kontext es ausgeschüttet wird. Wenn Sie ängstlich sind, wird das Cortisol Ihre Leistungsfähigkeit beeinträchtigen, sind Sie hingegen freudig erregt, befördert es, wie wir heute wissen, Ihre Handlungsfähigkeit«, erklärte Robertson weiter, der Autor von *The Stress Test: How Pressure Can Make You Stronger and Sharper*.

Wenn meine Knie heute vor Schlottern quasi aneinanderschlagen, versuche ich nicht, meinen Körper in einen Zen-Zustand zu versetzen, sondern sage mir, dass ich »angezündet« bin, nicht »ängstlich«. Dadurch konnte ich meine besorgte Haut öfter retten, als ich aufzählen kann.

Das sozialphobische Totemtier

Haben Sie Philip Pullmans *His Dark Materials*-Trilogie gelesen? Sie ist ein Meisterwerk. Darin haben die Figuren einen »Dæmon«, der dem entspricht, was in anderen Kulturen »Totemtier« genannt wird und viel über den Charakter des Menschen aussagt. Man sollte sich also in Acht nehmen, wenn jemand, der extrem nett zu sein scheint, eine fauchende Hyäne als Dæmon hat. Oder wenn jemand kühl erscheint, aber sein Dæmon ein quietschvergnügter Labradoodle ist, kann man sicher davon ausgehen, dass die Person sich noch öffnen wird.

Was ich damit sagen will, ist, dass es mir geholfen hat, meiner Angst die Gestalt eines Dæmons zu geben; eine Verlängerung meiner selbst. In *Das Chimp Paradox* empfiehlt der Autor und Psychiater Steve Peters zu diesem Zweck einen Schimpansen; meine Angst fühlt sich jedoch eher wie ein gefangener Vogel an.

Wahrscheinlich ist es eine Blaumeise. Wenn ich spüre, dass sie anfängt, in meinem Inneren zu flattern und durchzudrehen, wenn ihr kleines Vogelherz zu schlagen beginnt wie auf einer winzigen Trommel, rede ich beruhigend auf sie ein, so wie man ein echtes Tier beruhigen würde.

Auch meine Freundinnen tun es. Jess sagt, ihr sozialphobisches Totemtier sei ein Hase, der im Scheinwerferlicht erstarrt.

Meine Panik von mir loszulösen und sie mir als Tier vorzustellen, ist mir wirklich eine Hilfe.

Angst ist zumeist unsichtbar

Was Sie sehen, entspricht nicht unbedingt dem, wie ich mich fühle. Es gibt nur wenige Menschen in meinem Leben, die erkennen können, wenn mich etwas nervös macht. In etwa 99,9 Prozent der Fälle ist meine Nervosität völlig unsichtbar, und ich wette darauf, dass es bei Ihnen ganz genauso ist.

Ist es Ihnen jemals passiert, dass Sie einem Kollegen zu einer tollen Präsentation gratuliert haben und er gesagt hat: »Oh, danke, ich war so *nervös* ...«? Oder haben Sie schon einmal herausgefunden, dass jemand, der so cool wirkt wie eine Gurke, sehr zu Ihrer Überraschung ebenfalls unter sozialen Ängsten leidet? Ja, genau. Denken Sie darüber einmal nach. Sie konnten die Angst der anderen nicht sehen, was nahelegt, dass die anderen auch die Ihre nicht wahrnehmen können.

Um noch einmal auf Jess zurückzukommen: An ihr zeigt sich perfekt, dass sozialphobische Menschen äußerlich lebhaft, ausgelassen und ganz offen wirken können.

Solange man nicht darin geschult ist, die subtilen Anzeichen von Angst zu erkennen, würde man nie auf die Idee kommen, dass sie ängstlich ist. Sie bringt ganze Gruppen damit zum Lachen, wenn sie sagt, sie habe vor ihrem Umzug von Australien nach Großbritannien noch nie ein Scone oder einen Heizkörper gesehen. Oder dass sie dachte, beim Schulausflug würden sie von einer echten Märchenkutsche mit Schimmeln mit pinkem Federschmuck abgeholt, weil sie nicht wusste, dass das Wort »coach« neben Kutsche auch Bus bedeuten kann.

Auch wenn Sie mich kennenlernen würden, kämen Sie wahrscheinlich nicht auf die Idee, dass ich unter sozialen Ängsten leide. Andere sagen, ich würde entspannt, ruhig und selbstbewusst wirken. Wir Sorgenkinder verstecken unsere Ängste gut, sogar meisterlich; da wir uns täglich darin üben, sind wir geschickt in der Kunst der Verschleierung.

Visualisierungen vor dem ersten Kaffee

Erinnern Sie sich noch daran, als wir darüber gesprochen haben, dass der frühe Morgen die beste Zeit für positive Visualisierungen ist (S. 230)? Man geht davon aus, dass die Tore zwischen Unterbewusstem und Bewusstem dann am weitesten geöffnet sind. Irrationale Ängste und Glaubenssätze haben sich in unserem Unterbewussten eingenistet und sorgen für Phobien, Süchte, Ängste und all den anderen Spaß.

Den folgenden Tipp habe ich ebenfalls von meiner Psychotherapeuten-Freundin Sam Purser-Barriff. »Früh am Morgen, wenn wir noch nicht vollständig da sind, ist unser Gehirn empfänglicher für Veränderungen der Nervenbahnen«, erzählte sie mir.

Wenn Sie sich ein paar Tage vor einem Date gleich nach dem Aufwachen vorstellen, wie Sie die Verabredung mit Charme und Leichtigkeit über die Bühne bringen, sollte diese positive Sicht nach und nach in ihrer unterbewussten »Aber was, wenn er mich hasst«-Zone ankommen. So wird die Nervenbahn, die für Ihre Erwartungen vor dem Date zuständig ist, tatsächlich verändert.

Spitzensportler nutzen ständig positive Visualisierungen. Die Vorstellung davon, wie man einen guten Pass spielt oder weit springt oder was auch immer, aktiviert die gleichen Hirnareale, wie wenn man es tatsächlich tut, was bedeutet, dass Ihr Gehirn auf Erfolg ausgerichtet ist.

Dabei reserviere ich die Visualisierungstaktik jedoch für die nahe Zukunft, damit das, was demnächst ansteht (das Date), gut läuft, und reise nicht fünf Jahre in eine völlig hypothetische, unsichere Zukunft.

Mit Antworten abwarten

Wenn Sie, wie ich, das Gefühl haben, der andere sei nun am Ball, nachdem Sie Ihre Nachricht abgeschickt haben, und wenn Sie dann Ihren Schläger bereithalten und auf und ab hüpfen und darauf warten, dass der Ball zu Ihnen zurückgespielt wird, versuchen Sie es doch einmal damit: Behalten Sie den Ball eine Weile.

Wenn Sie, wie ich, das Gefühl haben, den »Warteort« zu betreten, wann immer Sie einer Antwort entgegenfiebern, dann bleiben Sie auf Ihrer Nachricht ein paar Stunden sitzen.

Nicht wie beim Spielchenspielen. Sie wissen ja bereits, dass ich davon nichts halte; einfach nur, damit Sie sich selbst eine Pause verschaffen können. Nicht, damit Sie ihn zum Schwitzen bringen, sondern einfach nur, damit Sie bei Verstand bleiben.

Setzen Sie sich, dehnen Sie sich ein bisschen, gönnen Sie sich eine Orange zur Halbzeitpause und dann spielen Sie den Ball zurück, wann immer Sie sich bereit fühlen.

Auch von Apps, mit denen man sein Smartphone sperren kann, bin ich großer Fan. Sie hindern mich daran, ständig nachzuschauen und zu warten. Ich nutze den »Light Lock« (vor dem »Full Lock«, bei dem man wirklich für einige Stunden keinen Zugang mehr zu seinem Smartphone hat, habe ich zu großen Respekt) für ein paar Stunden.

Der durchschnittliche Brite checkt sein Handy hundertfünfzigmal am Tag. Nicht nur Sie oder ich sind verrückt, alle drehen durch, aber Sie können dennoch entscheiden, wie Sie mit Ihrer Fixierung auf Ihr Smartphone umgehen wollen.

Der völlig durchgeknallte Bechdel-Test

Vom Bechdel-Test haben Sie bereits auf Seite 53 gehört, aber jetzt wende ich ihn nicht auf Filme, sondern stattdessen auf meine Gedanken und Unterhaltungen an. Ich messe, wie viel ich über den Mann der Stunde nachdenke, beziehungsweise wie oft ich über ihn spreche. Sollte dies übermäßig häufig der Fall sein, werde ich mich mit einem »UNGENÜGEND« im völlig durchgeknallten Bechdel-Test benoten.

Wenn ich mehr als die Hälfte meiner Zeit an mein Objekt der Begierde denke oder über ihn rede, sollte ich mir definitiv neue Interessen zulegen. Dann sollte ich wohl besser Zeitung lesen und über die Fortschritte der Raumfahrt staunen, Spanisch lernen oder eine Freundin anrufen und mich erkundigen, wie es ihr geht.

Wie würde ich mich bei einer Freundin verhalten?

Wenn ich beginne, mich hineinzusteigern, stelle ich mir immer diese Frage: »Angenommen, eine meiner Freundinnen würde sich so verhalten, wie würde ich dann reagieren?« Würde es mir etwas ausmachen, wenn sich eine Freundin mit ihrer Antwort auf eine meiner Textnachrichten zwölf Stunden Zeit lässt?

Würde ich mich fragen, ob mich die Freundin insgeheim vielleicht doch nicht mag oder eine neue, bessere Freundin kennengelernt hat? Würde ich ihr eine melodramatische Nachricht schicken, in der steht: »Es scheint, als wärst du nicht sonderlich an mir interessiert, lassen wir es also lieber sein.«

Nein, nein und nochmals NEIN. Dieser Vergleich zeigt mir, wenn ich mich verrückt verhalte. Wie diese Zahntabletten, die man zerkaut und die dann die Plaque pink leuchten lassen.

Mir mein Liebesleben als Minzbonbon nach dem Abendessen vorstellen

Wie all meine Freundinnen bestätigen können, war mein Liebesleben stets der Hauptgang jeder Unterhaltung, die wir führten. Ich verbrachte Stunden damit, sie mit meinen Ausführungen zu unserem Textnachrichtwechsel zu Tode zu langweilen, oder nötigte sie, sich Bilder von Kerlen anzusehen. Oder ich befragte sie wegen irgendwelcher Zwickmühlen oder bescherte ihnen einen Bericht meines letzten Liebesdramas bis ins kleinste Detail.

Natürlich spreche ich mit meinen Freundinnen auch heute noch über mein Beziehungsleben, aber es ist jetzt eher eine Nebensache, nicht mehr das Hauptereignis. Wenn ich mit meiner Freundin Kate zum Lunch verabredet bin, bringt sie mich oft zur Tür und sagt: »Oh, ich habe ganz vergessen, dich zu fragen, wie es mit WiewarnochgleichseinName läuft. Seht ihr euch noch?« Und dann gebe ich ihr beim Hinausgehen kurz den Stand der Dinge durch. So wie man nach dem Abendessen auf dem Weg aus dem Restaurant ein Minzbonbon zerkaut.

Das hat zweierlei zur Folge. Zum einen nimmt es den Druck von mir, weil nur wenige Menschen tatsächlich wissen, wo ich aufs Daten bezogen stehe. Und außerdem macht es mich für andere viel interessanter.

Auf ähnliche Weise habe ich auch meinen Fragenkatalog erweitert, der zur Anwendung kommt, wenn ich jemanden außerhalb der Arbeitswelt kennenlerne. Früher lautete er: »Wo lebst du, was machst du und bist du mit jemandem liiert?«

Kürzlich wohnte ich fünf Monate lang mit einem Mitbewohner zusammen, bis ich ihn fragte: »Was läuft bei dir so, gibt es da jemanden?« Es war eine Nebensache. Wir hatten davor wichtigere Dinge, über die wir sprechen konnten.

Eine neue Trapezstange für mein Gehirn

Mein Gehirn ist wie ein Trapezkünstler. Wenn ich ihm nur eine Trapezstange zur Verfügung stelle, bleibt es auf ihr sitzen. Um es von der Dating-Stange zu bekommen, braucht es eine neue Stange, zu der es sich hinaufschwingen kann.

Stecke ich gerade in einem schwierigen Dating-Dilemma, fühle ich mich daher tausendmal besser, wenn ich mich ins Schreiben eines neuen Kapitels stürzen kann oder wenn ich jemandem helfen kann oder wenn ich meine Bücher nach Farbe ins Regal sortiere. Man kann von seinem Gehirn nicht einfach erwarten, dass es aufhört, wenn man ihm keine neue Trapezstange zur Verfügung stellt. »Los geht's, Meister, schwing dich auf die Stange da drüben.«

Übrigens habe ich an verschiedenen Stellen gelesen, dass es hilfreich sein soll, mehrere Personen gleichzeitig zu daten, sollte man anfällig dafür sein, sich auf den gegenwärtigen Schwarm zu sehr zu fixieren. Die Idee dahinter ist, dass man nicht zu obsessiv wird, sich nicht zu stark hineinsteigert und so bei geistiger Gesundheit bleibt. Na ja.

Für mich klingt das so, als würde man Cupcakes und Biskuit und Käsekuchen essen, um seine Schwärmerei für Käsekuchen im Griff zu behalten. Man bleibt bei der Droge, bekommt sie jetzt aber von verschiedenen Menschen. Sicher, dass das funktioniert?

Für mich funktioniert so etwas nicht. Ich bin nicht dafür gemacht und bin dann nicht mit meinem Herzen bei der Sache. Außerdem glaube ich, dass es besser ist, seinem Gehirn Trapezstangen zu geben, die nichts mit Dating zu tun haben, als viele kleine Dating-Stangen, wie man sie auf einer App wie »Happn« findet.

Nicht daten, als wäre es mein Job

Vor Kurzem habe ich mir die romantische Komödie *The Big Sick* angesehen, in der eine der Figuren sagt: »Willst du nicht auch eine Beziehung, damit dich endlich alle in Ruhe lassen?« Ja. Das trifft den Nagel auf den Kopf. Single zu sein, kann ermüdend sein, weil man das Gefühl hat, ständig auf der Stelle zu treten.

Dabei wurde mir jedoch erst neulich bewusst, dass wir selbst diesen Stress mitverursachen. Wir entscheiden uns dafür. Dabei ist es nichts, was wir uns antun müssen.

Wir müssen nicht wöchentlich neue Dates vereinbaren, wenn es uns müde macht. So verliert man am Daten den Spaß und es fühlt sich eher an wie ein Job oder eine Wohnungssuche. Im Gegensatz zu einem Brotverdienst und einem Dach über dem Kopf sind wir auf einen Partner nicht angewiesen. Eine Beziehung ist eine schöne Zugabe, keine Notwendigkeit.

Verabreden Sie sich nur noch einmal im Monat für ein Date, wenn das eher Ihrem Tempo entspricht. Sie müssen nicht bei der Dating-App Inner Circle mitmachen. Müssen Sie wirklich nicht. Also, wenn ich nicht daten will ... dann date ich ganz einfach nicht.

Wer anderen etwas Gutes tut ...

Manchmal bin ich wirklich dazu verführt, mich darauf zu verlassen, dass zu daten (wenn ich es gerade wieder tue) meine Laune hebt. Wenn ich mich aber darauf verlasse, stehe ich bald schon wieder dort, wo ich begonnen habe, und glaube, eine romantische Verbindung sei Quell all meines Glücks.

Eine sechswöchige Studie mit 500 Menschen kam zu einem überraschenden Resultat. Wenn wir anderen etwas Gutes tun, wirkt sich das auf unser eigenes Wohlbefinden positiver aus, als wenn wir uns einen Tag freinehmen. Die Laune derjenigen, die sich selbst etwas gönnten, verbesserte sich tatsächlich nicht.

Das Fazit der Studie: »Menschen, die ihre Stimmung heben wollen, mögen glauben, ein Tag im Spa, ein Einkaufsbummel oder ein üppiges Dessert würde ihnen helfen, dabei wäre es weit vielversprechender, wenn sie stattdessen jemand anderem etwas Gutes tun.«

Ich liebe, was Eleanor Roosevelt einmal gesagt hat: »Da du mehr Freude daran hast, anderen Freude zu bereiten, solltest du viel über das Glück nachdenken, das du geben kannst.«

Wenn ich mich wegen etwas wie einer Abfuhr schlecht fühle, suche ich heute nicht mehr in einer Dating-App (durch die die Abfuhr ursprünglich überhaupt erst zustande kam) nach Ablenkung. Meistens tue ich etwas für mich (wie mir eine Massage zu gönnen), aber dann tue ich etwas für jemand anderen. Ich bringe meiner verkaterten Mitbewohnerin einen Smoothie ans Bett oder schreibe meiner Nichte eine Nachricht von der Einhorn-Königin (die real ist, kapiert?!) oder erledige etwas für eine Freundin, die gerade viel um die Ohren hat, oder schicke jemandem, der mir beim Umzug geholfen hat, eine Rose.

Das Sprichwort mit dem Traktor

Früher habe ich mich nach Liebe von meinem Vater gesehnt, der genau das Gegenteil dessen war, was ich mir wünschte, der meinen Bruder und mich »seine kleinen Erwachsenen« nannte und oft sagte, er hätte nie Kinder gewollt. Eine nahe Verwandte meinte einmal: »Es gibt da ein irisches Sprichwort über einen Traktor. Es geht so: Bitten Sie niemanden um einen Traktor, der keinen Traktor hat. Es macht keinen Sinn, ihn zu fragen, ob man den Traktor leihen könnte, weil er keinen hat, den er hergeben kann.«

Genial, nicht wahr? Heute wende ich das Sprichwort auf alle Männer an. Wenn jemand etwas nicht hat (den Wunsch nach einer festen Beziehung oder den, Kinder zu bekommen), bitten Sie ihn nicht darum. Klopfen Sie nicht an seiner Tür und sagen ihm, Sie müssten ihr Feld pflügen und Sie bräuchten Samen, um Korn auszusäen, und am besten wäre es, er gäbe Ihnen seinen Traktor. Völlige Zeitverschwendung. Er hat ja keinen! Suchen Sie sich jemanden, der einen Traktor hat.

Es ist herrlich einfach und hat mich schon oft davor bewahrt, an den falschen Türen zu klopfen (oder mit den falschen Männern zu schlafen).

Wichtiger noch aber ist die Frage: Sind Sie sich absolut sicher, dass Sie gerade überhaupt einen Traktor wollen? Wirklich? Oder hat man Ihnen das nur eingeredet?

Nehmen Sie sich vor den leidenschaftlich brennenden Beziehungen in Acht

Wie Sie wissen, bin ich dafür anfällig, in leidenschaftlich lodernde Beziehungen zu geraten. Heute ziehe ich der kurzen Lunte jedoch ein langsames Abbrennen vor, selbst wenn mein Instinkt sagt, ich solle alle Streichhölzer daraufwerfen und ab dem dritten Date ein großes Freudenfeuer entfachen.

Meistens beschleunigte Alkohol meine feurigen Beziehungen. Schließlich ist Alkohol leicht entflammbar.

Betrunkene rauschen in das hinein, wovor sich Nüchterne fürchten. Nüchternheit lässt einen vorsichtig sein, gehemmt, Leichtsinn à la nach mir die Sintflut legt man dann eher nicht an den Tag. Und das ist gut so, auch wenn ich mir das ab und zu ins Gedächtnis rufen muss, wenn ich ungeduldig bin und am liebsten möchte, dass die Leidenschaft auf der Stelle explodiert.

Den Sex so lange wie möglich hinauszögern

Ich würde wirklich gerne unverbindlichen Sex haben können. Wie für eine Verabredung zum Squash würde ich mich dann jeden Samstag für ein schweißtreibendes Schäferstündchen mit einem Bekannten treffen. Aber so funktioniere ich nun mal nicht.

Heute weiß ich das über mich.

Ich weiß auch über den (wirklich ungerechten) weiblichen Oxytocin-Schub Bescheid, der unsere Urteilskraft trübt und uns denken lässt, ein Motorradgang-Macho oder Drogendealer[20] würde als Ehemann taugen, nur weil er uns einmal vor langer Zeit einen Orgasmus beschert hat.

Lust verhindert, dass wir andere so sehen, wie sie wirklich sind, berichtete der US-amerikanische Psychologe Robert Epstein gegen-

---

20 Mein unfehlbarer Männergeschmack hat mich nicht nur ein-, sondern gleich dreimal dazu gebracht, dass ich mit einem Dealer (nur kleine Fische) ausgegangen bin. Ich habe für solche Typen einfach den richtigen Riecher ...

über der Frauenzeitschrift *Elle*. »Nur genügt Lust allein nicht für das, was die meisten Menschen wollen, nämlich eine langfristige, stabile, glückliche Beziehung«, sagte Epstein, Autor von *Making Love: How People Learn to Love and How You Can Too*. »Lustgefühle können sogar gefährlich sein. Nicht gefährlich im Sinn von der andere könnte ein Axtmörder sein. Gefährlich, weil, wie einige solide Studien gezeigt haben, wir dann für wichtige Charaktereigenschaften dieser einen Person blind sind.«

Heute warte ich mit dem Sex so lange, bis ich sicher bin, dass ich meinen Gegenüber wirklich gern mag und es ihm genauso geht und ich ihn klar sehen kann.

Zum ersten Mal nüchterner Sex

Es ist wissenschaftlich erwiesen, dass Alkohol dazu führt, dass man seine Hüllen schneller fallen lässt (manchmal sogar an öffentlichen Orten – oder bin das nur ich? Oh).[21] Allerdings bevor man psychisch dazu eigentlich bereit ist. Wenn man morgens aufwacht und lieber nicht möchte, dass der andere einen nackt sieht, wohingegen man sich in der letzten Nacht die Kleider vom Leib gerissen hat, ist es das morgendliche Ich, auf das man vertrauen sollte. Wenn man nicht dazu bereit ist, sich nackt zu zeigen, solange man nüchtern ist, ist man überhaupt nicht dazu bereit. Und fertig.

Alkohol führt auch mit tausendfach höherer Wahrscheinlichkeit dazu, dass man mit Menschen rummacht, die man eigentlich überhaupt nicht attraktiv findet (und mit attraktiv meine ich innen und außen; ich habe in volltrunkenem Zustand schon mit heißen Kerlen rumgemacht, die sich als abstoßende Fieslinge herausge-

---

21 Nein, nicht nur mir geht es so. Aber es wäre besser, wenn dem so wäre …

stellt haben). Außerdem mag Alkohol zwar die Wahrscheinlichkeit erhöhen, dass man Sex hat; dafür wurde nachgewiesen, dass er auch die Sinne betäubt, den sexuellen Akt weniger lustvoll macht und einen Orgasmus in weitere Ferne rücken lässt. Das nenne ich eine Niederlage auf ganzer Linie.

Selbst wenn Sie Vieltrinkerin sind, rate ich Ihnen von ganzem Herzen, beim ersten Mal auf nüchternen Sex zu setzen, auch wenn es angsteinflößend ist. Denn es bedeutet, a) dass Sie sich daran erinnern, führt b) dazu, dass Sie nur mit jemandem schlafen, mit dem Sie das wirklich tun wollen, Sie c) das wunderbare Gefühl tatsächlich auf jedem Quadratzentimeter Ihres Körpers spüren und d) Sie währenddessen nicht aus dem Bett fallen oder sich zu sexuellen Handlungen hinreißen lassen, die Sie sonst nicht tun würden oder mittendrin anfangen, zu schnarchen (was, schon wieder nur ich?).

Ich habe keinen Sex, den ich nicht möchte

Inzwischen habe ich mir verziehen, dass ich während meiner Zeit als Trinkerin mit so vielen Männern ins Bett gegangen bin. Ich halte es wie Cheryl Strayed, die gesagt hat, dass wir alle in den Neunzigern Schlampen waren. Nur dass sich diese Phase bei mir noch bis in die Nullerjahre gezogen hat. Hoppla.

Irgendwo habe ich einmal gelesen, dass Frauen, wenn sie betrunken sind, sich selbst verletzen, indem sie mit Männern schlafen, mit denen sie überhaupt nicht ins Bett wollen, wohingegen betrunkene Männer sich (und andere) verletzen, indem sie Schlägereien anzetteln. Auch wenn es nicht ganz so einfach ist (auch betrunkene Männer haben Sex, den sie nicht wollen), erschien es mir doch äußerst zutreffend.

Jetzt, da ich seit fünf Jahren nüchtern bin, bin ich wirklich wählerisch, wenn es um Sex geht. Heute weiß ich, dass Intimität und Sex zwei verschiedene Dinge sind, aber früher war mir das nicht klar. Zwei meiner Freundinnen waren im Lauf ihrer Ehen beim Sexualtherapeuten, und beiden wurde verordnet, stundenlang ihren Partner zu berühren. Dabei ging es nicht darum, sich auf sexuelle Weise anzufassen, sondern darum, durch Streicheln und sanftes Betasten Nähe aufzubauen. Es war ihnen nicht erlaubt, danach miteinander zu schlafen. Sex ist nicht gleichbedeutend mit Nähe. In meinen Zwanzigern wusste ich davon noch nichts.

Wahrscheinlich bin ich auch nicht die Einzige, wenn ich sage, dass ich schon Sex hatte, um nicht unhöflich zu sein. Weil ich das Gefühl hatte, ihm »falsche Hoffnungen gemacht zu haben«. Weil ich dachte, ich müsse die Sache durchziehen, um nicht so dazustehen, als hätte ich ihn nur heißmachen wollen. Dass sein sexuelles Vergnügen jetzt in meiner Verantwortung läge.

Aus diesem Grund ging Kristen Roupenians »Cat Person«, eine Kurzgeschichte, die im *New Yorker* erschien, wohl derart durch die Decke. Sie zeigt äußerst anschaulich, warum Menschen sich aufgrund eines sozialen Verpflichtungsgefühls auf sexuelle Handlungen einlassen. Die Zeile, die sich am stärksten in mein Gedächtnis eingebrannt hat, lautet: »Aber der Gedanke daran, was es an Aufwand bedeuten würde, jetzt zu stoppen, was sie in Bewegung gesetzt hatte, war überwältigend.«

Es ist ganz einfach. Wenn Sie keinen Sex haben wollen, haben Sie keinen. Es spielt keine Rolle, ob Sie nackt sind oder ob er bereits rattenscharf ist oder ob Sie anfangs gesagt haben, sie hätten gern Sex, oder ob er dann sagt, Sie hätten ihn nur heißmachen wollen oder welchen Druck auch immer Sie verspüren mögen. Stehen Sie auf, ziehen Sie sich an und gehen Sie, wenn es das ist, was Sie tun wollen. Oder wenn Sie bei sich zu Hause sind:

Stehen Sie auf, ziehen Sie sich an und bitten Sie Ihr Gegenüber, zu gehen.

Da ich heute keinen Sex mehr habe, um Männern zu gefallen, ist Sex für mich nicht mehr wie ein nackter Schönheitswettbewerb, bei dem ich Punkte bekomme, indem ich meine Twirling- oder Unterwäsche-Model-Fähigkeiten unter Beweis stelle. Heute habe ich Sex, um auf meine Kosten zu kommen. Es macht mir Spaß, auch ihm währenddessen Lust zu bereiten, und das Ganze ist schweißtreibend, chaotisch und ein wahres Vergnügen.

Durchs Feuer gehen

Was jetzt folgt, widerspricht meinem festen Glauben an die Positive Psychologie, aber ich habe herausgefunden, dass in dem Fall das genaue Gegenteil weit mehr hilft. Wenn ich feststelle, dass meine Ansprüche nicht erfüllt werden, wenn ich davon ausgehe, dass ich ihn verlasse/er darüber nachdenkt, mich zu verlassen, nehme ich einen tiefen Atemzug und stelle mir das schlimmste Szenario vor, als würde ich eine virtuelle Simulation der Realität betreten.

Oft macht die Furcht davor, was da im Garten klappert, am meisten Angst. Wenn Sie einmal tief durchatmen und den Garten mit Licht fluten, sehen Sie, dass da nichts ist. (Kürzlich hätte ich aufgrund eines vermeintlichen Angreifers im Garten fast die Polizei gerufen. Er stellte sich dann als besonders lauter Igel heraus. Als er aus dem Gebüsch kam, hätte ich fast einen Herzkasper bekommen, und dann habe ich mich halb kaputtgelacht.)

Wir überbewerten die negativen Folgen einer Trennung. Im Rahmen einer von Psychologieprofessor Daniel Gilbert angeleiteten Studie in Harvard wurden 500 Studierende gebeten, eine Angabe dazu zu machen, wie sie sich zwei Monate nach einer Trennung wohl fühlen würden. Sie sagten weit mehr Unglück voraus als das, welches sie tatsächlich fühlten, als sie sich wirklich trennten. Dazu kommt, dass sich das Glücksniveau derer, die weiterhin in einer Beziehung lebten, nicht von dem unterschied, die sich trennten.

Unsere Angst ist oft viel schlimmer als die Realität. Erst vor Kurzem steckte ich in meiner Angst fest, als ich mit jemandem zusammen war, der ganz eindeutig keinen Traktor hatte, ich mir aber selbst vormachte, er würde sich vielleicht noch einen kaufen. Meine Furcht vor dem Ende der Affäre hatte mich fest im Griff. Anstatt sie zur Seite zu schieben, lief ich mitten in sie hinein, so wie jemand, der bei einem bescheuerten Team-Building-Workshop vergnügt über glühend heiße Kohlen läuft.

Ich stellte mir vor, wie es enden würde. Ich öffnete die Tür, schaltete das Licht ein und blickte der Quelle meiner Angst lang und intensiv ins Gesicht. Ich bemerkte, dass durch das Feuer zu gehen, nicht so war, wie ich erwartet hatte. Als ich erst einmal hineingelaufen war, registrierte ich ein Gefühl der Erleichterung, ein Wiederaufleben meines Selbstwertgefühls. Aha. Wer hätte das gedacht. Als ich herausgefunden hatte, dass ich das Ende überleben würde, konnte ich mit dem, was noch auf mich zukommen würde, sehr viel entspannter umgehen.

Das bereitete mich auf das vor, was sich dann kurz darauf ereignete: eine gegenseitige, lächerlich freundschaftliche Übereinkunft darüber, mit dem Daten aufzuhören. Und weil ich über die Kohlen bereits gelaufen war, brauchte ich sage und schreibe ganze zwei Tage, bis ich unsere zweimonatige Affäre überwunden hatte, etwas, das mich noch vor wenigen Jahren etwa einen Monat Zeit gekostet hätte. Ich war ebenso platt wie meine Freundinnen, aber es ging mir damit gut.

Vielleicht finden auch Sie heraus, dass es sehr viel weniger schlimm ist, als Sie angenommen haben, wenn man es bereits einmal rein hypothetisch durchgespielt hat. Was Sie für einen Angreifer hielten, könnte sich als Igel entpuppen.

Sich unter jemanden legen, um über jemanden hinwegzukommen

Es gibt da diesen Spruch: »Um über einen Mann hinwegzukommen, muss man sich unter einen anderen legen.« In meinen Zwanzigern folgte ich dieser Schule, und meine Reaktion auf eine Trennung war absolut immer, mich neu zu verabreden.

Inzwischen ist mir bewusst, dass das völlig bescheuert ist. Auch wenn ich noch immer nicht immun dagegen bin, in diese schlechte Gewohnheit zurückzufallen. Kürzlich verabredete ich mich nur fünf Tage nach einer Trennung mehrmals mit einem anderen Mann.

Wir hatten zwar eine gute Zeit, aber half es mir dabei, die Trennung zu verarbeiten? Nicht im Geringsten. Es war in etwa so, als hätte ich mir einen Hammer auf den Fuß fallen lassen, um vom Schmerz eines Schlags auf meinen Kopf abzulenken.

Es ist äußerst verführerisch, zur Zerstreuung ein Date auszumachen, sich einen Trostfreund anzulachen. Allerdings festigen wir so nur die fälschliche Annahme, Quell unseres Glücks sei unser Liebesleben. Das Märchen, wir bräuchten eine romantische Batterie, die uns weitermachen lässt wie ein Elektroauto, das von Komplimenten angetrieben wird. Dabei können Sie Ihre eigene Energiequelle sein und müssen Ihren Kraftstoff nicht bei anderen Menschen abzapfen.

Ich versuche nie, andere davon zu überzeugen, Zeit mit mir zu verbringen

Im Folgenden möchte ich Ihnen zeigen, was geschieht, wenn man mit jemandem ausgeht, der nicht so sehr an einem interessiert ist. Sie denken, Sie hätten etwas falsch gemacht und dass sein Interesse schon noch geweckt würde, wenn Sie lustiger, heißer, mehr Sie selbst wären. Bla, bla, bla.

Die Zeit vergeht, sein Desinteresse tritt deutlicher zutage, Ihr Selbstwertgefühl wird stark angekratzt, bis es nichts weiter ist als eine Pfütze auf dem Boden – eine Pfütze Ihrer Tränen. Sie geben sich noch mehr Mühe, rennen ihm hinterher, und schließlich sind Sie es, die alle Verabredungen arrangiert.

NÖ. Lassen Sie's stecken. Sie sollten nie jemanden überreden oder beknien, sich mit Ihnen zu verabreden.

Wenn mir heute der Verdacht kommt, jemand interessiert sich nicht so sehr für mich, höre ich auf, Dates zu vereinbaren. Wenn er doch interessiert ist, wird er sich bald für ein neues Treffen melden. Wenn nicht, habe ich nichts verpasst.

Ihm glauben, wenn er sein wahres Ich zeigt

Eines meiner Mottos stammt von Maya Angelou: »Wenn jemand dir zeigt, wer er ist, glaube ihm.« Diesen Rat gab sie Oprah Winfrey persönlich (ich wäre damals zu gern Fliege an der Wand gewesen), als jene sich über einen Mann ärgerte, der sie immer wieder enttäuscht hatte.

Oprah offenbarte damals, dass sie »am Fenster saß und darauf wartete, dass er auftauchte, und noch nicht einmal ans Telefon ging [das war noch, bevor wir alle Handys hatten], weil ich Angst hatte, dass er, wenn ich nur einen Moment in der Leitung wäre, anrufen würde und es belegt wäre. An den Wochenenden brachte ich den Müll nicht raus, weil ich befürchtete, ich wäre genau dann draußen, wenn er anrief, ich ließ mir kein Bad ein, weil er ja anrufen könnte, wenn ich gerade das Wasser einlaufen ließ ... und so wartete ich und wartete und wartete.«

Ich denke, wir alle kennen das, stimmt's? Ich erinnere mich daran, wie ich mein iPhone mit aufs Klo nahm und während des Pinkelns auf den Bildschirm starrte, um bloß keinen Anruf von ihm zu verpassen. Es ist wohltuend, zu wissen, dass selbst Oprah ihr Telefon nicht aus den Augen ließ.

Mayas Rat an Oprah war einfach. Er zeigte ihr, wer er war, aber Oprah wollte es einfach nicht glauben. »Warum muss es dir erst neunundzwanzigmal unter die Nase gerieben werden, bis du erkennen kannst, wer er wirklich ist?«, sagte Maya. »Warum verstehst du es nicht bereits beim ersten Mal?« Sie fügte an: »Wenn jemand zu dir sagt ›Ich bin egoistisch‹ oder ›Ich bin gemein‹ oder ›Ich bin herzlos‹ ... glaube ihm. Er kennt sich selbst viel besser, als du es tust.«

Das bringt mich zu den unzähligen Gelegenheiten zurück, in denen ich lieber ignoriert habe, wenn mir jemand gesagt oder gezeigt hat, wie er wirklich ist. Heute höre ich genau hin, was mir mein Gegenüber erzählt und was er tut. Wenn ein Mann behauptet, er sei nicht auf der Suche nach etwas Ernstem, glaube ich ihm.

Es gibt da diesen Spruch: »Wenn du Hufschläge hörst, denk an Pferde, nicht an Zebras.« Jupp. Wenn es wie ein Pferd klingt, ist es wahrscheinlich auch ein Pferd.

Die Bien-dans-sa-peau-Regel

Und wieder einmal die Franzosen, diese schlauen Schlingel. Übersetzt bedeutet das »sich in seiner Haut wohlfühlen«. Wenn ich mich nicht gut oder unsicher fühle oder nicht die Nerven dazu habe, date ich nicht. Jetzt, da auf dem Inneren meiner Augenlider ein blütenförmiges »nur die Ruhe« tätowiert ist, kann ich mir lange, entspannte Dating-Sabbaticals gönnen, bis ich mich wieder bien dans ma peau fühle.

Ich rate dazu, nur dann zu daten, wenn man sich gerade wie eine schlaue, lustige, angenehme, sexy Zeitgenossin fühlt, weil das einen riesigen Unterschied macht. Was wunderbar überleitet zum nächsten Punkt: Ansprüche.

Ansprüche aufrechterhalten, koste es, was es wolle

Wenn man verknallt ist, passiert es leicht, dass man seine Ansprüche sausen lässt und ihnen dabei zusieht, wie sie im tiefblauen Ozean verschwinden. So wichtig sind sie doch gar nicht, oder? Ohne sie wäre es viel einfacher. *Wirft sie über Bord*

Nein! Sie brauchen sie! Lassen Sie sie nicht fallen!

Heute kenne ich meine Ansprüche, weiß, was meine K.-o.-Kriterien sind, und daran deutle ich nicht herum. Vielleicht hilft es Ihnen, sie aufzuschreiben, damit Sie sie aufgeben oder vergessen. Meine sind: beständiger Kontakt, Exklusivität und Treue, Harmonie und gegenseitiger Respekt, außerdem der Wunsch, sich auf etwas Langfristiges einzulassen.

Um diesen Ansprüchen gerecht zu werden, musste ich in den vergangenen fünf Jahren fünf Männern einen Korb geben. Es war schwierig, sie über Bord gehen zu lassen und zugleich an meinen Ansprüchen festzuhalten, aber es war die richtige Entscheidung. Die Entscheidung für meine Ansprüche habe ich noch nie bereut.

Menschen idealisieren, die wir nicht kennen

War Ihr Nachrichtenwechsel mit einem anderen Menschen auch schon einmal derart tiefgründig, dass es dann fast unangenehm war, die Person zu treffen? Mir jedenfalls ging es schon so.

Und hier kommt der Grund dafür. Der US-amerikanische Verhaltensforscher Joseph Walther hat die Theorie der »hyperpersonellen Interaktion« entwickelt. Er hat herausgefunden, dass digitale Kommunikation dazu tendiert, schnell übermäßig persönlich zu werden, schneller noch, als wenn wir uns real gegenübersitzen, weshalb man manchmal intime Details mit jemandem teilt, mit dem man noch nicht einmal einen Caffè Latte getrunken hat.

In seiner Untersuchung kam Walther zu dem Schluss, dass wir, insofern unser Wissen über die Person große Lücken aufweist, diese auf zwei Arten füllen. Erstens gehen wir davon aus, dass er oder sie uns ähnlicher ist, als wir es beweisen können. Zweitens würden wir »idealisierte Bilder« dieses Partners entwerfen.

Im Grunde stopfen wir unsere Wissenslücken mit Charaktereigenschaften, die wir uns wünschen. Wir stellen uns dann vor, er oder sie wäre äußerst liebevoll, obwohl wir überhaupt keine reale Erfahrung mit dem Menschen gemacht haben. So wird die Person zu einer Art Hirngespinst: zur einen Hälfte die reale Person, zur anderen eine Zusammensetzung dessen, was wir uns erträumen.

Jennifer Taitz sagt, dass diese Überhöhung – sogar Erfindung – von Vorzügen und die Minimierung von Schwachstellen kognitive Verzerrungen sind, auch Halo-Effekt genannt. Interessanterweise sind wir eher dafür anfällig, wenn unser Gegenüber verdammt heiß ist und wir uns volllaufen lassen.

»Zunächst neigen wir Menschen dazu, Lücken mit Positivem auszufüllen, wenn jemand körperlich anziehend ist (diese Wahrnehmung verstärkt sich noch, wenn wir stimmungsverändernde Substanzen zu uns nehmen oder uns einreden, wir müssten jetzt endlich jemanden kennenlernen)«, so Taitz. »Es kann helfen herauszufinden, ob man gerade dabei ist, eine Fantasie zu erschaffen, die nichts mit der Realität gemein hat, wenn man versucht, seine Perspektive zu ändern, und sich auf das konzentriert, was man wirklich über den anderen weiß.«

Also, was wissen wir? Meine Fantasiekonstruktion von Männern bringe ich zum Stillstand, indem ich zwei Listen erstelle: Eine Liste mit Dingen, die ich bereits über ihn weiß und die häufig erstaunlich kurz ausfällt: Vielleicht fühle ich mich körperlich zu ihm hingezogen; er ist großartig in seinem Job; er möchte Zeit mit mir verbringen. Und dann folgt eine Liste mit Dingen, die ich nicht über ihn weiß, aber angenommen habe; die ist immer sehr lang. Oft basieren meine Folgerungen auf dem, was ich in den sozialen Medien aufschnappen konnte. Es ist vorgekommen, dass ich annahm, jemand sei aufmerksam, denke an Geburtstage und sei liebevoll, weil ich ein Foto gesehen habe, auf dem er ein Überraschungsgeburtstagsessen für seinen Vater veranstaltet hat.

Und dann mutmaße ich, dass es, selbst wenn er unaufmerksam war, meinen Geburtstag ignoriert hat oder unfreundlich zu einem Kellner war, die Ausnahme der Regel war und dass er, wenn er mich nur lieber hätte, sich anders verhalten würde.

Früher habe ich mich mit Männern auf Facebook angefreundet, bloß um sie »zu durchleuchten«, bevor ich auch nur einer Verabredung zustimmte. Heute bin ich dafür bekannt, monatelang mit jemandem auszugehen, ohne mich auf Facebook mit ihm zu befreunden. Der Halo-Effekt macht mich blind.

Letztlich besteht das Einzige, was die sozialen Medien über einen Menschen aussagen, darin, wie die Person von anderen wahrgenommen werden möchte.

Herzschmerzqualen? Dafür gibt es eine App!

Möchten Sie Ihren Liebeskummer noch einmal durchleben? Dafür gibt es eine App! Möchten Sie das Bild seiner Ex-Freundin in Ihr Gehirn brennen? Loggen Sie sich hier ein! Diese Qualen können mit nur ein paar Klicks die Ihren sein.

Vor 1994 konnten wir uns selbst nur quälen, indem wir wieder und wieder den Anrufbeantworter abhörten, in der Hoffnung, er/sie möge angerufen haben. Wir konnten unsere Geschwister mit tiefen Seufzern von diesem verfluchten Telefon verjagen, um uns davorzusetzen und den Apparat anzustarren.

Dann fanden sich graue Nokia-Geräte in unseren glühenden kleinen Händen, und wir entdeckten, wie schön/höllisch es sein kann, auf Textnachrichten zu warten. Mitten in der Nacht wachten wir auf, schalteten es ein und schauten nach, ob uns ein vielversprechender Briefumschlag auf dem Bildschirm erwartete.

Doch mit heute verglichen, war das gar nichts. Heute haben wir eine Fülle an Herzens-Folter-Apps. Möchten Sie sehen, wie sich Ihr Ex in eine neue Badehose zwängt? Klicken Sie hier! Möchten Sie ein Video anschauen, das Ihren Partner zeigt, der mit seiner ehemaligen Geliebten Urlaub macht? Hier ist es! Möchten Sie vielleicht auch noch lesen, was die beiden in der Kommentarleiste geschrieben haben? Hier die Unterhaltung!

Damit kann man selbst den vernünftigsten Menschen in den Wahnsinn treiben.

Die Versuchung, zu schnüffeln

Die digitalen Speicher, die wir heutzutage in Form unserer Smartphones bei uns tragen, machen es schwer, dem Schnüffeln zu widerstehen. Eine Studie fand heraus, dass inzwischen 34 Prozent der britischen Frauen und 62 Prozent der britischen Männer online herumspionieren.

Daher passte Banksys »Love Poem« auch wie die Faust aufs Auge: »Beyond watching eyes / With sweet and tender kisses …« fängt es so weit so klischeehaft an. Bis zum bösen Erwachen: »I found you bathed in morning light / Quietly studying / All the messages on my phone.« JUPP.

Dabei steht es jedem zu, Geheimnisse zu haben. Wussten Sie das? Ich nicht. ~~Ich habe es durch Gandhi gelernt.~~ Ich habe es durch eine Thriller-Serie mit dem Titel *Safe* gelernt, die ich mir hauptsächlich deswegen angesehen habe, weil ich in Michael C. Hall (aka Dexter) verknallt bin.

Was andere über uns denken, geht uns nichts an. Nur weil es um uns geht, haben wir noch lange keinen Anspruch darauf. Außerdem fördert rumschnüffeln immer nur das Schlechte zutage. Daher stammt auch das ach so wahre Sprichwort: »Heimliche Lauscher hören nie etwas Gutes über sich.«

Denken Sie einmal darüber nach. Hinter dem Rücken anderer sagen wir Dinge, die wir ihnen niemals ins Gesicht sagen würden. So machen wir uns Luft, schimpfen, laden Ballast ab und sind unsere schlechten Gefühle am Ende los.

Allerdings entspricht das, was wir da von uns geben, unser Schimpfen und Lästern, nicht dem ganzen Bild, das wir von betreffender Person haben oder was wir über sie denken. Oder etwa doch? Nope. Wer schnüffelt, wird sich am Ende also nur durch Mist wühlen.

Schnüffeln bewahrt einen auch nicht vor einem Seitensprung (ja, früheres Ich, ich rede mit dir). Heute wende ich eine neue Methode an: Ich vertraue von ganzem Herzen, bedingungslos, sogar naiv, bis mir jemand einen guten Grund gibt, damit aufzuhören. Unschuldig bis zum Beweis des Gegenteils.

Warum es so wichtig ist, seine Ex-Freunde zu blocken

Lassen Sie uns noch über diese Angewohnheit reden, unsere Ex-Freunde im Auge zu behalten. Wie eine kanadische Studie herausgefunden hat, beobachten neun von zehn Menschen ihre Ex-Partner auf Facebook.

Dabei ist das ein sicherer Weg, sich nicht von der Vergangenheit lösen zu können.

»Wissenschaftler an der University of Miami haben untersucht, wie sich Menschen nach einer Trennung der neuen Lebenssituation angepasst haben«, so Jennifer Taitz. »Sie fanden heraus, dass diejenigen, die ihren Ex-Freunden häufig auf Facebook nachspionierten, mehr über die Trennung grübelten und es ihnen schwerer fiel abzuschließen, als diejenigen, die das nicht getan hatten.« Sie fügt dem hinzu, dass sie noch nie einen Patienten hatte, der es bereut hätte, seine/n Ex in den sozialen Medien zu blockieren.

Ein paar Worte über das Ghosting

Noch etwas, das uns das digitale Zeitalter beschert hat, ist das Ghosting, ein Phänomen, das uns höllische Schmerzen bereitet. Hier eine Erklärung, warum das so ist. »Ghosting erinnert mich an das berühmte ›Still-Face-Experiment‹ aus den Siebzigerjahren, das der US-amerikanische Psychologe Edward Tronick mit seinen Kollegen durchgeführt hat«, sagt Jennifer Taitz. »Die Wissenschaftler wiesen eine Mutter an, sich ihrem Baby zunächst liebevoll zuzuwenden, sich dann jedoch zurückzuziehen. Wie man sich vorstellen kann, weint das Baby untröstlich, wenn ihm die Liebe entzogen wird. Menschen haben das angeborene Verlangen, sich mit anderen zu verbinden, und es ist schier unerträglich, wenn sich uns jemand nähert, nur um sich dann unerklärlicherweise wieder zurückzuziehen.« So einfach ist das.

TEIL XII

Das Happy End für Singles

Liebe fortgeschrittene Erwachsene. Ich sehe euch.

Liebe Singles,

weil unsere Gesellschaft darauf ausgelegt ist, Paare zu feiern und Singles zu bedauern, wird Ihnen nie jemand mit einer Glückwunschkarte zu »Zwei Jahre Single« gratulieren oder Ihre besten Freundinnen zusammentrommeln, um gemeinsam Urlaub in einer einsamen Hütte im Wald zu machen, oder Ihnen ein Le-Creuset-Pfannenset kaufen, wenn Sie mit einer neuen Mitbewohnerin zusammenziehen, oder Sie mit Spa-Gutscheinen und Miniaturklamotten überhäufen, wenn Sie sich einen Welpen zulegen.

All diese Feierlichkeiten sind denjenigen vorbehalten, die heiraten und Kinder bekommen. Sorry, Ihr Süßen. Ich weiß, es ist nicht gerecht. Ihre Beförderung oder Ihre erste Hypothek oder Ihr Mut, sich aus einer schlechten Ehe zu lösen, all das erhält kaum Aufmerksamkeit, wird übersehen, während für andere Partys geschmissen werden, weil sie sich schwängern haben lassen. Schwanger zu werden, ist ungemein erfreulich, ja, aber das, was Singles tun, ist es auch.

Als ich mit meiner besten Freundin zusammenzog, erhielt ich nicht mehr als eine Karte, die mir zu meinem neuen Zuhause gratulierte. Als ich mit meinem Freund Ralph eine gemeinsame Wohnung nahm, wurde ich zur Einweihung dieser hingegen mit Geschenken überhäuft. Ralph und ich konnten uns an dem speziellen Status, der Paaren zukommt, erfreuen. Alice und ich konnten das nicht.

Als ich meinen ersten Buchvertrag unterschrieb, war das für mich der absolute Höhepunkt meines Lebens, und auch wenn ich mit Gra-

tulationskommentaren, Nachrichten und Anrufen überschüttet wurde (danke, ihr Lieben), bekam ich gerade einmal zwei Geschenke und zwei Karten, auf denen stand: »Herzlichen Glückwunsch! Ich bin stolz auf dich.« Und mit denen hatte ich noch nicht einmal gerechnet.

Insofern eine Freundin von mir jedoch zur gleichen Zeit heiratete und Hunderte Geschenke erhielt, entging mir eine gewisse Ungerechtigkeit nicht. Ich stolperte darüber und fragte mich: »Warum wird mein Buchvertrag nicht genauso gefeiert wie ihre Hochzeit?«

Ich sage nicht, dass ich Geschenke bekommen sollte, ehrlich, ich habe nicht vor, Ihnen gleich eine Liste für einen Haushaltswarenladen in die Hand zu drücken, aber etwas an dem Ganzen fühlt sich faul an. Denken Sie mal darüber nach. Einer alleinstehenden Person, die sich ihr Erstes eigenhändig verdientes Heim kauft, wird nicht der gleiche Jubel, die gleiche Aufmerksamkeit zuteil wie einer, die sich verlobt.

Sollte ich bitter klingen, kann ich Ihnen aufrichtig versichern, dass ich das nicht bin. Ich bin eher erstaunt. Ich liebe Hochzeiten, und bei einer Babyparty mache ich freudig beim »Stinkewindel-Spiel« mit, und es macht mir Spaß, Geschenke für beide Anlässe zu besorgen. Es ist einfach nur so, dass wir vergessen haben, wie sonderbar all das ist. Wie schräg. Wie einseitig. Wie hoch eine Vermählung oder eine Geburt gehängt werden, höher als alles andere, was man im Leben erreichen kann. Wie wir so auf nicht sonderlich subtile Weise lernen, dass einen Partner aufzutreiben und uns fortzupflanzen der Höhepunkt unseres Lebens sein sollte.

Ich möchte wirklich gern, dass der britische Drehbuchautor Charlie Brooker eine Folge für Black Mirror schreibt, in der eine Gesellschaft dargestellt wird, die das Singleleben mit so viel Tamtam feiert, wie Beziehungen gefeiert werden. Das wäre doch mal was! Dieses gesellschaftliche Beziehungsbohei macht nicht nur Singles traurig, sondern stülpt auch den Paaren einen unsichtbaren Käfig über, der ihnen Angst vor

der großen weiten Welt da draußen macht: der Welt des Singledaseins.
Aber was soll's. Die Gesellschaft ist nun einmal so, wie sie ist. Weiter im Programm! Und damit komme ich jetzt zur Sache: Mit meinem weitschweifigen Brief möchte ich Ihnen eigentlich sagen, dass Sie das ganz großartig machen. Single zu sein ist wie Erwachsensein für Fortgeschrittene. Es ist bizarr, wie Singles als »Berufsjugendliche« infantilisiert werden, oder wenn Verheiratete sich so verhalten, als wären sie irgendwie reifer als man selbst, wo es doch offensichtlich ist, dass man als Single den ganzen Kram allein macht.

Einfach alles. Mit allem Drum und Dran. Wenn irgendjemand einen Preis für »Fortgeschrittenes Erwachsensein« bekommen sollte, sind das die Singles. Und alleinerziehende Mütter? Die sollten mit einer dieser Trophäen für ihr Lebenswerk ausgezeichnet werden, mit einer Filmrolle, die ihre besten Momente zeigt, und dann natürlich mit stehenden Ovationen.

»Singles entwickeln viele Fähigkeiten«, sagt Bella DePaulo. »Verheiratete teilen sich alle Aufgaben auf: Du übernimmst das Auto und das Geld, ich kümmere mich um das Essen und die Verwandtschaft. Nun, Singles schaffen all das auf sich allein gestellt.«

Sie verdienen es, angefeuert zu werden und Karten zu bekommen und Applaus. Beschenken Sie sich selbst damit und Ihre Singlefreundinnen. Und nehmen Sie auch meine Glückwünsche an.

Ich sehe Sie. Ich sehe, dass Sie eine echte Kämpferin sind.

Catherine

Sie sind Ihr eigenes, verfluchtes Restaurant

In Barcelona gibt es ein tolles Restaurant mit dem Namen My Fucking Restaurant, der mich jedes Mal grinsen lässt, wenn ich daran vorbeiradle. Ich kann mir nur zu gut vorstellen, wie so manches Gespräch ablief: »Warum nennst du es nicht [Vorschläge bitte hier einfügen]?« Und die entnervte, trotzige Antwort darauf: »Ich nenne es, wie es mir gefällt, es ist mein verfluchtes – my fucking – Restaurant!« Bravo.

Sie sind Ihr eigenes, verfluchtes Restaurant. Wenn Sie sich nicht Single nennen möchten, lassen Sie es sein. Wenn Sie lieber sagen, Sie seien »aus freien Stücken ledig«, oder den anderen zeigen, wo die »alte Jungfer die Locken hat«, oder meinen, dass Sie ein »einsamer Wolf« sind oder eine »unabhängige Femme fatale«, dann tun Sie sich keinen Zwang an.

Auch »Geschiedene« ist ein seltsames Wort. Warum wird man, wenn man nicht mehr verheiratet ist, weiterhin durch die ehemalige Ehe bestimmt, selbst wenn diese Jahre zurückliegt? Wenn Sie sich lieber als Single und nicht als Geschiedene bezeichnen wollen, lassen Sie sich nicht davon abhalten. Es steht Ihnen frei, sich Ihre eigene Bezeichnung auszuwählen. Vielleicht wollen Sie sich als »Überlebende einer Ehe« titulieren oder als »Freiheitskämpferin«. Nur her damit! Alle Welt stürzte sich auf die »Anmaßung« von Gwyneth Paltrow und Chris Martin, die schrieben, sie hätten sich »entpartnert«, aber ich habe ihre Entscheidung gefeiert. Sie haben das Recht, zu bestimmen, wie ihre Scheidung definiert wird. Es ist ihre Scheidung.

Ich finde es großartig, wie sich Kate Bolick den Ausdruck »alte Jungfer« angeeignet hat und wie sie ihn jetzt mit Stolz benutzt. Ein beleidigendes Wort zurückzuerobern, hat etwas von einer rebellisch in die Luft gereckten Faust. Die LGBTQ-Community hat das Wort »queer« zurückgewonnen. Heute ist es nicht mehr Ausdruck von Feindseligkeit und Homophobie, sondern Ausdruck einer Identität.

Wenn wir selbst grinsend sagen »Ich bin eine alte Jungfer!«, raubt dies dem Wort seine negative Bedeutung; man kann es dann nicht mehr herabwürdigend hinter unserem Rücken flüstern. Es ist, als würde man eine ehemalige Folterbank umfunktionieren, sie abschleifen, polieren, in leuchtendem Gelb streichen und als Schreibtisch benutzen. Was für eine herrliche »Ihr könnt mich mal«-Qualität so eine Handlung doch hat.

Ich selbst werde mich nicht »alte Jungfer« nennen, da mich der Ausdruck immer an den Streit mit meinem Vater erinnert und ich dann weinen möchte. Aber Sie können selbstredend tun, wonach Ihnen der Sinn steht!

Und vergessen Sie nicht, dass Sie viele, viele Dinge sind. Ich bin Single, ja, aber ich bin auch eine Freundin, eine Tochter, eine Schwester, eine Tante, eine Autorin, eine Läuferin, eine Leserin, eine Fahrradfahrerin … Genügt das? Single zu sein, ist nur eines von vielen Dingen, die auf mich zutreffen. Ich bin ein Dodekaeder mit dreißig gleich langen Seiten (früher dachte ich einmal, ein Dodekaeder wäre ein Dinosaurier). Das Wort »Single« definiert mich nicht mehr als das Wort »trocken«. Und Sie werden dadurch auch nicht definiert.

Sie können es so betrachten: Ein Single zu sein bedeutet, eine Ausreißerin zu sein, eine Nachzüglerin, eine Verliererin bei einem imaginären Wettrennen. Oder Sie betrachten sich als heißes Eisen, eine Rebellin, eine Abtrünnige, als einen Hitzkopf, eine Draufgängerin. Heute nehme ich Letzteres für mich in Anspruch. Oder wie Zadie Smith schreibt: »Ich allein verfasse das Lexikon, das mich definiert.«

Stehen Sie zu Ihrem Singlestatus

Als ich für dieses Buch recherchierte und haufenweise las, wie es ist, Single zu sein, habe ich mich selbst dabei erwischt, wie ich das Cover von *How to Be Single and Happy* nach hinten gefaltet habe, damit die anderen Menschen am Strand es nicht sehen konnten. Warum machst du das?, fragte ich mich selbst? Weil in mir noch immer ein reflexartiges Gefühl der Scham waltet, was meinen Singlestatus betrifft. Vielleicht tun Sie gerade dasselbe mit diesem Buch. Es brachte mich dazu, darüber nachzudenken, wie oft ich schon behauptet hatte, einen Freund zu haben, häufig, um unerwünschte Aufmerksamkeit von mir wegzulenken. Als wäre die einzige Option, einen Mann abzuwehren, ihm zu sagen: »Ich bin schon vergeben.« Oder um diese nervige Warum-Frage zu umschiffen.

Wenn ich aufrichtig bin und sage »Ich bin Single«, so tue ich das, wie mir inzwischen aufgefallen ist, häufig mit einem Seufzen, in ernüchtertem Tonfall, mit einem entschuldigenden Gesichtsausdruck, einem Achselzucken. Inzwischen habe ich damit begonnen, es mit der gleichen Berechtigung und demselben Stolz zu äußern wie jemand, der sagt: »Ich bin verheiratet.« Die Reaktionen der anderen sind seitdem wie ausgewechselt – und auch mein Gefühl dabei. Außerdem verwirrt es die frei laufenden Schürzenjäger auf der Straße (Sie wissen schon, wen ich meine), die versuchen, mich anzubaggern, und denen heute ein »Nein danke, ich bin Single« entgegenschlägt. Sie suchen dann verblüfft das Weite.

Ich bin kein Schmuckstück, das sich jemand ins Regal stellen oder das man käuflich erwerben kann. Ich bin ein Mensch. Ich bin keine Tanzkarte mit Häkchen oder leeren Kästchen; ich bin ein menschliches Wesen. Mit Stolz zu sagen »Ich bin Single«, hat eine spürbare Veränderung in meinem Inneren ausgelöst, und ich liebe es, wie bestärkend sie sich anfühlt.

Schreiben Sie einem Kind, das Sie lieben, einen Brief

Gegenüber den Kindern in unserem Leben tragen wir eine Verantwortung. Die Verantwortung, Ihnen beizubringen, dass unser Leben so viel mehr ist als unser Liebesleben. Denn ihnen wird man ja ständig zu verstehen geben, dass ihr Liebesleben von größter Wichtigkeit ist, dass die romantische Liebe über allen anderen Formen der Liebe steht.

Ich möchte, dass Sie die folgende Übung ausprobieren. Schreiben Sie einem Kind, das Sie lieben, einen Brief, in dem Sie ihm einen Beziehungsrat erteilen. Zu lesen, wenn es das Alter von achtzehn erreicht. Es kann ein Kind aus ihrer engeren Verwandtschaft sein oder aus der entfernteren oder aus einer befreundeten Familie; es muss nicht blutsverwandt mit Ihnen sein, solange Sie es von Herzen lieben.

Hier folgt nun mein Brief an meine Nichte Charlotte (zur Zeit der Drucklegung fünf Jahre alt) und an meinen Neffen Liam (neun):

Liebe/r achtzehnjährige/r Charlotte/Liam,

auch wenn ich hoffe, dass es nicht so ist, könnte es sein, dass du in einer Welt aufwächst, in der dir auf subtile und weniger subtile Weise erzählt wird, dass du nicht vollkommen bist und etwas nicht mit dir stimmt, wenn du keinen romantischen Partner hast.
Ich möchte, dass ihr wisst, dass das nicht wahr ist.
Absolut. Nicht. Wahr.

Hier nun das, was mir bisher klar geworden ist: Laut der herkömmlichen Auffassung verliert man sein Herz an jemanden – und dieser Jemand hat die Macht, es zu brechen. Und wenn man sich inmitten der Untiefen eines gebrochenen Herzens befindet, fühlt sich das auch ganz und gar wahr an.

Es ist jedoch eine Illusion. Wir verlieren unser Herz nicht, es gehört die ganze Zeit uns selbst.

Während meiner achtunddreißig kurzen Jahre auf diesem Planeten habe ich auch gelernt, dass das Herz nicht wie eine Brosche ist, die man jemandem anstecken kann, es ist nicht wie eine Piñata, die jemand mit einem Baseballschläger kaputt schlagen kann.

Dein Herz ist in Wirklichkeit wie ein kolossales, weitläufiges Landhaus. Das Haus gehört dir. Im Lauf deines Lebens wirst du Mieter aufnehmen. Manche leben dort, solange du lebst, andere kommen und gehen. Es ist eines dieser kühlen, knarrenden, stattlichen Häuser mit geheimen Tunneln und versteckten Zimmern hinter vorgetäuschten Bücherregalen.

Ganz oben ist ein wunderlicher Raum, der noch verzauberter zu sein scheint als der Rest. Wahrscheinlich liegt er in einem Turm, in einem Erker mit Fenstern mit Glasmalerei und abgerundeten Möbeln, die den runden Wänden angepasst sind. Du gibst es der Person, in die du verliebt bist. Es ist dein Lieblingszimmer, daher soll er oder sie es bekommen.

Der Schock kommt, wenn der Mieter plötzlich aus dem Turmzimmer auszieht. Du hast vergessen, dass er nur ein Mieter war. Du hast vergessen, dass er gehen kann. Vielleicht verschwindet er unter dem tintenblauen Schutzmantel der Nacht. Vielleicht hinterlässt er großes Chaos, das du in Ordnung bringen musst. Oder Dinge, von denen du dich noch Jahre später nicht trennen kannst. Vielleicht setzt du ihn aber auch selbst vor die Tür. Oft ein Prozess, der fast genauso schwer ist, da er schmerzhafte Gespräche und häufig Auseinandersetzungen beinhaltet.

Wenn das Turmzimmer leer ist, ist man versucht, dort sitzen zu bleiben, selbst wenn der Mieter lange schon weg ist, und den Mond anzuheulen, wie einsam man doch ist, wie ungeliebt. Dann weint man in die Laken, die noch nach ihm duften. Aber die Sache ist die: Während du da oben unter dem Dach sitzt und verloren und sehnsüchtig aus dem Fenster blickst, entscheidest du dich dafür, dich allein zu fühlen.

Unter den Dielenbrettern des Turmzimmers wuselt die Liebe umher, zündet Kerzen an, lacht über schlechte Witze, backt Makronen; es wimmelt dort nur so vor Liebe, wie in einem versteckten Kaninchenbau. Wenn das Turmzimmer plötzlich verlassen wurde, ist es nachvollziehbar, dass man mehr Zeit dort oben verbringen möchte, um den Verlust des Mieters zu betrauern.

Aber dann komm, zum Kuckuck noch mal, wieder runter. Verbringe deine Zeit damit, dich am Kaminfeuer im Wohnzimmer zu wärmen oder mit ein paar Freunden Tischtennis im Hobbyraum zu spielen oder beim Tratschen über einem pfeifenden Teekessel im Gemeinschaftsraum.

Letztlich ist ein leeres Turmzimmer überhaupt nicht schlimm. Weil dein Haus über sechsunddreißig weitere Räume verfügt, die alle voller Liebe, Freundschaft und Respekt sind. Die anderen Mieterinnen und Mieter können genauso viel Freude bringen, auch wenn du nicht mit ihnen rumknutschst. In deinem Herzen gibt es so viel mehr Platz als nur diesen einen Raum. Also, stell dieses eine Zimmer nicht über alle anderen.

Selbst wenn der Mieter im Turmzimmer zum Dauergast wird, selbst wenn ihr euch einen Beagle mit dem Namen Bexter zulegt und ein feines Küchenhandtuchset, selbst wenn ihr heiratet und/oder ein Baby bekommt, denke daran, dass dieses Herzenshaus dir allein gehört. Es ist auf deinen Namen ausgestellt. Auch wenn Untreue und Vernachlässigung das Zimmer herunterkühlen und sich Spinnenwe-

ben darin ausbreiten oder wenn eine Scheidung oder der Tod Einzug halten, wird am Ende doch alles gut. Du hast noch sechsunddreißig andere Zimmer, um neue Kraft zu schöpfen.

Dein Herz ist weit und verschlungen. Sieh dich um, gib Zimmern, die veraltet und langweilig aussehen, einen neuen Anstrich, erfreue dich an jedem Mieter, heiße neue willkommen, und vergesse nie, dass du niemals allein oder einsam sein wirst, es sei denn, du verbarrikadierst dich absichtlich in diesem einen Zimmer.

Dein Herz gehört dir. Und rein zufällig werde ich immer draußen im Gewächshaus sein und mich um die Pflanzen kümmern, die braun werden (= langsam absterben). Wenn du einen grässlichen Schock im Turmzimmer erlebt hast, bin ich immer für dich da, mit Tee und Umarmungen und Indie aus den Neunzigerjahren. Du bist bei mir jederzeit willkommen.

*Alles liebe
Tante Catherine*

Haben Sie den Brief bereits verfasst? Falls nicht, sollten Sie es sofort tun. Ich warte so lange auf Sie …

Haben Sie es jetzt erledigt? Okay, gut. Versuchen wir jetzt das Folgende: Ersetzen Sie im Kopf die Namen der Kinder am Anfang des Briefs durch Ihren Namen. Es ist eine unserer seltsamen menschlichen Eigenschaften, dass wir gut darin sind, anderen Rat zu erteilen, dass wir anderen genau das auf den Weg geben, was wir selbst unbedingt beherzigen sollten.

Lesen Sie den Brief noch einmal so, als wäre er an Sie gerichtet, und lassen Sie sich wirklich darauf ein, was dort steht. Es ist genau die Botschaft, die Sie hören müssen.

Meine Mission der Singlefreuden kommt zum Ende

Als ich meiner Verlegerin die Idee für dieses Buch vorstellte, enthielt mein Pitch die folgende Zeile: »Gesunde Beziehungen haben zweifellos die Fähigkeit, einen glücklicher zu machen, aber das bedeutet nicht, man wäre ohne Beziehung gezwungenermaßen unglücklich.«

Ich musste den Satz jedoch sowohl aus meinem Manuskript als auch aus meinem Gehirn streichen. Als ich mich intensiv mit der aktuellen Forschung beschäftigte, begann ich alles, was ich bisher über das Glücksniveau von Singles und Verheiratete gelernt hatte, aus meinem Kopf zu löschen und durch neues Wissen zu ersetzen. Und dann förderten meine Therapiesitzungen zutage, dass ich persönlich in einer Beziehung, selbst in einer guten, nicht glücklicher bin, als wenn ich Single bin. Das hat mich schwer beeindruckt.

Als ich mit dem Schreiben anfing, wusste ich, dass ich ohne Partner glücklich sein kann, und ich wusste auch, dass ich bis – sagen wir – fünfundvierzig oder fünfzig allein glücklich bleiben würde. Aber der Gedanke daran, für immer Single zu bleiben? UM HIMMELS WILLEN, NEIN! Inzwischen fürchte ich dieses Schicksal nicht mehr. Ich könnte auch zufrieden und glücklich sein, wenn ich für alle Ewigkeit Single bliebe. Ich habe diese Vorstellung ganz genau betrachtet, mich darin umgesehen, hineingesetzt und gespürt, wie friedlich es dort wäre.

Psychologen sprechen von unserem »möglichen Selbst« oder unserem »künftigen Ich«, das wir in unserer Vorstellung eines Tages werden. Bisher ist mein »Für-alle-Zeiten-Single-Ich« boshaft durch meine imaginäre Zukunft geschlichen und hat wie Alex Forrest (Glenn Close) in *Eine verhängnisvolle Affäre* versucht, mein »Kernfamilien-Ich« zu sabotieren. Es hat versucht, einen Hasen zu kochen, und es hat sich ins Badezimmer gestohlen, um düstere Botschaften auf dem beschlagenen Spiegel zu hinterlassen.

Zwischenzeitlich habe ich es zu mir eingeladen, mich mit ihm angefreundet, ihm eine Tasse Tee serviert und festgestellt, dass es wirklich nett ist. Jetzt mag ich dieses mögliche Ich aus der Zukunft. Was bedeutet, dass es sich nicht mehr draußen herumdrückt und mich in Angst und Schrecken versetzt.

Meine liebessüchtige innere Stimme hat versucht, mich davon abzuhalten, dieses Buch zu schreiben. Sie hat mir Dinge zugeflüstert wie: »Was, wenn ein potenzieller Partner das liest und dich dann sitzen lässt, weil er denkt, dass du einen an der Waffel hast?« Danach verstummte die Stimme, nur um wenig später wieder in unheilvoller Manier fortzufahren: »Und hast du je darüber nachgedacht, dass seine Mutter es lesen könnte und dich dann nicht in die Familie aufnimmt?«

Der Stimme habe ich gesagt, sie soll still sein. Auf rationaler Ebene ist mir klar, dass jeder Mann/jede Frau (wer weiß, vielleicht schwimme ich noch ans andere Ufer), der/die es wert ist, sich von meinem »Ich war liebessüchtig und jetzt versuche ich, davon loszukommen«-Bekenntnis nicht abschrecken lässt.

Hier nun meine abschließenden Gedanken, für Sie und für mich.

Ich werde bis zu meinem Tod eine Romantikerin bleiben

Alain de Bottons Hinweis darauf, dass Singles zwar häufig als Antiromantiker wahrgenommen werden, in Wirklichkeit jedoch oft die Romantischsten von allen sind, klingt für mich überzeugend. Er warnt davor, dass »leidenschaftliche Romantiker sich besonders davor in Acht nehmen sollten, nicht in mittelmäßigen Beziehungen zu enden«.

Man kann romantisch verklärt sein wie ich und dennoch froh und glücklich mit seinem Singleleben sein. Aberwitzig romantische Szenen kann man als Zeichen des Reichtums an Romantik in der Welt betrachten und nicht als gemeinen Hinweis auf den Mangel daran, den man verspürt.

Heute habe ich ein Paar in seinen Siebzigern beobachtet, das zum Ende des Strands spazierte, in perfektem Gleichklang umkehrte, sich einen Kuss gab und dann zurückging wie zwei Läufer, die sich bei einem Rennen einen Staffelstab übergeben haben. #couplegoals

Vielmehr als ein schmerzhaftes Verlangen spürte ich ein Gefühl der Sentimentalität. Weil ich heute an die Fülle glaube, nicht an den Mangel.

Jeder hat »Etwas stimmt nicht mit mir«-Krisen

Ernsthaft jetzt, wirklich JEDER. Weder Sie noch ich sind die Einzigen, denen es so schon einmal erging. Eckhart Tolle schreibt: »Das Gefühl, dass etwas nicht mit einem stimmt, ist kein persönliches Problem. Es ist ein universeller Zustand menschlichen Seins.«

Er fährt fort und sagt, es gebe Millionen – nein, Milliarden – von Menschen, die genau die gleichen Gedankenmuster haben. Es ist nichts anderes als ein Faden, der in jeden Menschen gewebt ist, den wir im Lauf unseres Lebens hin und wieder herausziehen und betrachten. Mit Ihnen ist alles in Ordnung, da ist nichts, was nicht mit Ihnen stimmt oder mit mir, aber zu denken, etwas stimme nicht mit einem, gehört einfach unausweichlich zu unserem Leben dazu.

Die Philosophie der offenen Hand

Andere Menschen können wir niemals besitzen. Wenn jemand gehen möchte, sollten Sie sich von ihm verabschieden. In der Welt des Drogenentzugs gibt es einen Spruch, der besagt, dass Dinge, die ein Süchtiger loslassen muss »von oben bis unten mit Kratzspuren übersät sind«. Das traf auch auf meine Ex-Freunde zu. Wenn sie wegwollten, schloss ich meine Faust und kämpfte mit aller Kraft dagegen an.

Heute schließe ich noch nicht einmal mehr meine Hand. Ich halte sie weit geöffnet, die Handfläche nach oben, damit die Partner jederzeit wegflattern können. Sie waren von Anfang an nie mein Besitz und werden mir niemals gehören, weil Menschen kein Eigentum sind. Und wenn sie dann wirklich davonfliegen, starre ich vielleicht eine Weile lang verloren zum Himmel, aber ich jage ihnen nicht mehr mit einem Schmetterlingsnetz hinterher und brülle ihnen Gründe nach, warum sie nicht gehen sollten. Oder hüpfe an Bord eines Helikopters, um auf der Suche nach ihnen durch die Wolken zu knattern.

Ein Schiff, das davongesegelt ist

Man kann die Vergangenheit nicht ändern, und der Versuch, dies zu tun, ist nichts als Verschwendung von Zeit und Energie. »Weder ich noch Sie werden je erfahren, was in dem Leben passiert wäre, gegen das wir uns entschieden haben«, schreibt Cheryl Strayed. »Es war ein Geisterschiff, auf dem wir nicht mitgefahren sind. Es bleibt uns nichts, als ihm vom Strand aus zuzuwinken.«

Wir haben die Fähigkeit, uns selbst zu retten

In der buddhistischen Philosophie heißt es: »Nichts kann uns retten, außer wir selbst, niemand kann es und niemand darf es.« Daran glaube ich fest, mit jeder Faser meines Seins. Andere können helfen, sicher, aber Sie selbst sind für Ihre Rettung verantwortlich.

Wenn Sie darauf warten, dass jemand angeritten kommt und Sie auf den Rücken seines Pferdes packt und mit Ihnen in Richtung Sicherheit davongaloppiert, warten Sie für immer. Besorgen Sie sich selbst ein Pferd. Geben Sie ihm einen Namen (ich bin für Wirbelwind) und steigen Sie auf.

Attraktive Menschen sind nicht der Feind

Vielleicht sagen Sie sich »Ja, natürlich ist es auch für sie nicht nur einfach«, aber mir war das bis in meine Dreißiger nicht bewusst. Heute weiß ich, dass Neid eine Entscheidung ist. Der heiße Feger schleppt keine Aura mit sich herum, die in mir Neid entzündet. Ich selbst entscheide mich für diese Reaktion. Neid ist eine Handlung, ein heißes Stück Kohle, das zu greifen wir uns entscheiden.

Was die Auswahl meiner Freundinnen angeht, habe ich mich scheinbar gegen meine Ängste entschieden, denn meine Freundinnen sind allesamt schöne Frauen. Zugleich habe ich jede gut aussehende fremde Frau als Bedrohung für welche meiner Beziehungen auch immer betrachtet. Heute höre ich nicht auf meine Angst und kann die anziehenden Fremden bewundern und wohlwollend anlächeln. Weil es nicht ihre Schuld ist, dass sie schön sind. Und ihre Schönheit mir nichts wegnimmt.

Jetzt, wo ich mich in meiner Haut wohlfühle, würde ich nicht im Traum daran denken, früher aufzustehen, um Make-up aufzulegen. Was, und auf Schlaf verzichten? Die meiste Zeit verbringe ich ohne Make-up und mit störrischer Mähne. Ich bin mir zugleich bewusst darüber, wo ich in der Hackordnung stehe, und ich bin damit zufrieden. Ich bin nicht die attraktivste Frau des Viertels, ganz zu schweigen davon, dass ich die attraktivste Frau in der Welt meiner Partner wäre. Und das ist völlig in Ordnung. Weil das Innere wichtiger ist als das Äußere. In meiner Teenagerzeit und meinen Zwanzigern hatte ich da wohl etwas verwechselt.

Die Ehe ist kein Kleidungsstück für alle Größen

Ich glaube nicht, dass die Ehe zu allen Menschen passt. Manche blühen darin auf, andere welken. Sie ist bestimmt nichts für alle, weswegen sich heute wohl so viele dagegen entscheiden. Es ist so, wie Jim Carrey einmal auf Twitter schrieb: »Wer immer die Ehe erfunden hat, muss höllisch gruselig gewesen sein. À la ›Ich liebe dich so sehr, dass ich die Regierung einschalte, damit du mich nicht verlassen kannst.‹«

Tim Burton und Helena Bonham Carter haben in zwei nebeneinandergelegenen Häusern gewohnt und behielten auch während ihrer Ehe getrennte Schlafzimmer. »Wir sehen uns genauso oft wie jedes andere Paar auch, aber es bereichert unsere Beziehung, zu wissen, dass wir unseren privaten Raum haben, in den wir uns zurückziehen können«, sagte sie damals. »Die Privatsphäre ist nicht erzwungen. Sie ist gewollt.«

Goldie Hawn und Kurt Russell haben auch nach dreißig Jahren als Paar nicht geheiratet. Stattdessen entscheiden sie sich jeden Morgen nach dem Aufwachen erneut füreinander. »Die Ehe ist ein interessantes psychologisches Phänomen«, sagte Goldie Hawn einmal. »Wenn man das Gefühl hat, man müsse an jemanden gebunden sein, dann ist es sicherlich wichtig, zu heiraten … Wenn man genügend Geld hat und man seine Unabhängigkeit mag, dann erscheint es aus psychischer Perspektive logisch, nicht zu heiraten. So hat man die Freiheit, sich für das eine oder das andere zu entscheiden.«

Heute weiß ich, dass auch ich meine Freiheit in einer Beziehung brauche. Ich bin wie ein Savannentier und benötige weitläufige, offene Räume, in denen ich herumrennen kann. Mir gefällt die Idee, die Woche aufzuteilen: vier Tage ohne und drei miteinander; oder getrennte Schlafzimmer. Wer weiß, ob die Ehe am Ende etwas für mich sein wird. Wie ist es bei Ihnen?

Graben Sie tief. Überwinden Sie unsere gesellschaftliche Konditionierung darauf, dass alle Menschen heiraten müssen.

Die Ehe als Option

Es sieht ganz danach aus, als zeichne sich für künftige Generationen am Horizont Hoffnung ab, wenn es um das Versagensgefühl geht, weil man nicht verheiratet ist. Unter jungen Menschen wird die Ehe bereits als Möglichkeit wahrgenommen, nicht mehr als unbedingtes Muss.

Eine Umfrage unter Pfadfinderinnen zwischen sieben und einundzwanzig Jahren ergab, dass nur noch eine von fünf Mädchen oder jungen Frauen dachte, die Ehe sei ein »Zeichen für Erfolg«, das man in Angriff nehmen sollte. Wie schön. Außerdem behauptete nur ein Drittel, dass verheiratete Menschen »bessere Eltern sind«. Ich möchte, dass diese Pfadfinderinnen in Zukunft das Sagen in unserer Welt haben. Ist das machbar? Bitte?

Man geht sogar davon aus, dass selbst Paare mit Kindern künftig seltener heiraten werden. Ein Thinktank schätzt, dass bis 2031 nur noch sechs von zehn Familien von einem verheirateten Paar angeführt werden.

Unsere Welt wandelt sich. Wir nehmen Dynamit und sprengen neue Tunnelwege der Entscheidungsfreiheit in diesen Berg. Die Frage lautet jetzt nicht mehr so sehr, wen, sondern ob man heiraten soll.

Ein Zeichen des Fortschritts ist auch, dass dieses Buch veröffentlicht wurde. In einem Artikel im *Observer* habe ich gelesen, dass ein Manuskript mit dem Titel *Es ist in Ordnung, Single zu sein* 1999 noch von allen Verlagen abgelehnt wurde. Ein Lektor schrieb den Autoren brüskiert: »Menschen wollen grundsätzlich in einer Beziehung leben, egal wie einengend oder schlimm sie ist.« Die Autoren gaben ihr Werk letztlich im Eigenverlag heraus.

Zum Glück haben sich die Zeiten geändert. Ich musste mein Buch nicht im Eigenverlag herausgeben, und Sie mussten es auch nicht im Darknet lesen. Glückliche Tage.

Eine Singlegeisteshaltung einnehmen

Wenn Sie dem Singleleben abtrünnig werden und heiraten, gratuliere ich Ihnen. Ich freue mich wirklich sehr für Sie. Kate Bolick lebt inzwischen in einer langjährigen Beziehung, hat aber ihre »Alte Jungfer«-Geisteshaltung beibehalten. Und auch ich werde meine Singlegeisteshaltung beibehalten, ganz gleich, wie verheiratet ich eines Tages sein werde.

Was bedeutet es wirklich, Single zu sein? Es bedeutet Freiheit, Raum, finanzielle Unabhängigkeit, emotionale Autonomie, alle Aufgaben selbst zu erledigen und sich Liebe und Zuwendung bei seinen Freunden und der Familie zu holen. Ist man längere Zeit Single, entwickelt man eine ganze Reihe an Fähigkeiten, die einem das Gefühl geben, unbesiegbar zu sein. Diese aufzugeben, nur weil man jetzt einen Ring am Finger trägt, wäre der reinste Wahnsinn.

Nutzen Sie Ihre Singlefreiheit

Wann immer ich mich lieber zurückziehen möchte, als rauszugehen, rufe ich mir die Geschichte von Mohini als warnendes Beispiel ins Gedächtnis.

Tara Brach, US-amerikanische Psychologin und Meditationslehrerin, erzählt von dem Tigerweibchen Mohini, das in einem zwölf Quadratmeter großen Käfig im National Zoo in Washington D.C. lebte. Dank eines Ausbaus bekam Mohini ein neues Gehege, eines, das fast 500 Quadratmeter groß war und in dem es Hügel gab, Bäume und einen Teich. »Aufgeregt und voller Vorfreude ließ man Mohini in ihrem neuen weitläufigen Gehege frei«, schreibt Tara auf ihrer Webseite. »Aber es war zu spät. Der Tiger verkroch sich auf der Stelle in einer Ecke in seinem Auslauf, wo er den Rest seines Lebens verbrachte. Mohini schritt in dieser Ecke auf und ab, bis in dem zwölf Quadratmeter großen Bereich kein Gras mehr wuchs.«

Nutzen Sie den Raum, den Sie haben. Springen Sie über die Hügel. Vergnügen Sie sich im Teich. Kratzen Sie sich auf einem der Bäume liegend am Hintern. Lauf, Tiger, lauf.

Ein Hoch auf die Waldeinsamkeit

Im Deutschen gibt es verschiedene Begriffe, die so im Englischen nicht existieren und daher übernommen wurden: Schadenfreude, Fremdscham und die Waldeinsamkeit. Letztere beschrieb in der Romantik den Zustand, wenn man sich glücklich allein in der Idylle des Waldes aufhielt.

Auch wenn ich das Wort nicht aussprechen kann, kann ich es doch fühlen.

Beflügelt in Barcelona

August 2018

Ich liege an einem der Strände von Barcelona und schreibe an diesem letzten Kapitel, als mir mit einem Schlag etwas klar wird. Es ist, als wäre ich aus dem Umschlag meines Buchs geschlüpft. Als hätte ich meinen Bikini gegen meinen orangefarbenen Sportbadeanzug eingetauscht. Und wenn man dann noch die Palmen und das Hotel mit seiner Haifischflossenform einfügt, sind die Szenen identisch.

Und doch hatte ich keine Ahnung davon, dass ich nach Barcelona durchbrennen und das Buch hier vor Ort beenden würde, als wir das Konzept »Strand, Tauchen« brainstormten. Wäre ich keine gottlose Heidin, wäre ich nicht in etwa so spirituell wie eine Spielzeugfigur aus einem Happy Meal®, würde ich vermuten, dass es sich um einen Wink Gottes handelt. Aber ich bin nicht gläubig und nenne es daher stattdessen einen allmächtigen kosmischen Zufall. (Es sei denn, ich entwickle auf geheimnisvolle Weise die Fähigkeit, einen Rückwärtssalto zu machen.)

Der Horizont ist so gerade, als wäre er mit einem Lineal gezogen worden, es ist geradezu surreal. Nicht weiter verwunderlich, dass man früher dachte, die Erde sei eine Scheibe. Ein Kreuzfahrtschiff scheint in der Ferne stillzustehen, es ist so groß wie ein kleines Marineboot aus Plastik. Wenn es hinunterfällt und zu Boden rasselt, wird der Bann gebrochen, dann werden wir alle feststellen, dass wir uns nur auf einem gigantischen Spielbrett befinden.

Der Turm der Luftseilbahn steht über dem Strand. Menschen werden in Metalldosen nach oben befördert und verschwinden in seinem Schlund, von wo sie dann in einen weiteren Aufzug gelangen. Eine Möwe von der Größe eines Jack Russell Terriers schwebt ungelenk über meinem Kopf, hartnäckig flattert sie am Strand, während der Wind versucht, sie zu kapern und ins Landesinnere zu wehen.

Mir fällt auf, dass es sich so manchmal anfühlt, Single zu sein. Nichts als sture Entschlossenheit. Nicht nachgeben, lieber darum kämpfen, auf dem Pfad bleiben zu können, der für einen der richtige ist, anstatt sich dem Pfad des geringsten Widerstands zu ergeben. Ich bin die Möwe.

Ich bin diesen Sommer für drei Monate nach Barcelona gezogen, weil ich meine Mietwohnung in London aufgegeben habe und ich inzwischen eher frage »Warum nicht?«, anstatt »Warum?«. Sich hier eine Einzimmerwohnung zu mieten, kostet genauso viel wie eine in einem der fragwürdigeren Viertel Londons.

Ich bin hergekommen, um mein Buch zu beenden, um Gaudí zu bestaunen, um in der Sonne zu brutzeln (natürlich beginnt in dem Moment, in dem ich England verlasse, dort das beste Sommerwetter) und um mein furchtbares Spanisch zu sprechen, dem die Einheimischen kopfschüttelnd und mit irritierten Blicken folgen. Eifrig lerne ich den spanischen Satz für »Könnten Sie das bitte auf Englisch sagen?« und wundere mich darüber, warum die Spanier leicht genervt aussehen und antworten: »Grrr, wir versuchen es.« Scheinbar habe ich sämtliche Läden und Banken mit der Aufforderung aufgesucht: »Hallo! Bitte sprechen Sie doch alle Englisch!«

Meine schnuckelige Mietwohnung befindet sich im vierten Stockwerk. Die Wäsche rauszuhängen, fühlt sich wie Extremsport an, da sich unter mir ein zehn Meter tiefer Abgrund auftut. Es gibt acht Zentimeter große Kakerlaken im Flur des Gebäudes, die ich »Brian« nenne, um mein Gehirn davon zu überzeugen, dass mich das nicht sonderlich verstört. »Es ist nur Brian! Hey Bri!«

Es ist fast schon unheimlich, dass meine Wohnung ausschließlich mit Drucken von alleinstehenden Frauen dekoriert ist, von Art-nouveau-Schönheiten von Alfons Mucha über Flamencotänzerinnen, die herausfordernd ihre Fersen aneinanderknallen, bis zu einer Dame mit Drachen (Khaleesi!). Dies ist eine paarfreie Zone.

Es ist mir wichtig, Sie wissen zu lassen, dass ich nicht von meinem Singlezustand geheilt bin. Auf dem Flug hierher fühlte ich mich frei, berauscht, als das Flugzeug sich den Gesetzen der Schwerkraft widersetzte und gen Himmel abhob. Wenn ich in einer Beziehung wäre, könnte ich so etwas nicht machen, schoss es mir durch den Kopf. Vor lauter Freude hätte ich fast die Arme in die Luft geworfen.

Kurz darauf, bei meiner Ankunft mit zwei gigantischen Koffern an einem fremden Haus um Mitternacht, folgt die Ernüchterung. Ich fragte mich »Was zur Hölle mache ich hier eigentlich?« und fühlte mich von meinem Singledasein an der Nase herumgeführt. Ich schaffe es nicht, beide Koffer zugleich in den vierten Stock zu tragen, möchte aber auch nicht, dass einer unbeaufsichtigt unten stehen bleibt. Ich bin müde und habe ein bisschen Angst. Dann hilft mir eine freundliche Frau mit meinem Koffer und alles ist gut.

Ab und zu kneift mich also noch immer die Singletraurigkeit. Es wäre unaufrichtig, etwas anderes zu behaupten. Ich bin kein Gefäß beständiger Singlefreuden, kein Quell niemals enden wollendender Freude darüber, dass ich allein bin.

Zu lügen und etwas anderes zu behaupten, wäre so, als würde ich sagen, ich hätte während meiner fünf trockenen Jahre keine Momente gehabt, in denen ich nicht am liebsten »Scheiß drauf, ich trinke jetzt ein Glas Wein« gesagt hätte. Natürlich hatte ich die. Jeder hat solche Momente, ganz egal, wie lange man nüchtern war; egal, wie sehr man weiß, dass man eigentlich kein Glas Wein möchte.

Der Unterschied ist, dass man nicht darauf hört. Man hört eher auf den besonnenen Teil als auf den, der ein Kleinkind geblieben ist. Den Teil, der es besser weiß. Mein rationaler Anteil ist sich im Klaren darüber, dass ich keinen Freund als Koffersherpa brauche. Dass ich nur ein bisschen angeknackst war und das Gefühl des Alleinseins verspürt habe, das Teil unseres Lebens ist. Das jeder hin und wieder wahrnimmt, egal wie verheiratet man sein mag.

Mein Punkt ist, dass Singlefreude und Singletraurigkeit nebeneinander existieren können, und das tun sie in meinem Inneren auch. Aber heutzutage neigt das Verhältnis sehr viel stärker in Richtung Freude. Ich bestehe zu neun Teilen aus Freude, zu einem Teil aus Traurigkeit. Heute bestimmt nicht mehr die Angst mein Leben; ich überlasse der Abenteuerlust die Führung. Ich werde nicht bewegungslos in London sitzen und so hübsch wie möglich aussehen, wie ein Gänseblümchen, das darauf wartet, gepflückt zu werden. Ich werde in Bewegung sein, und wenn ein bewegliches Ziel schwerer zu treffen ist, dann ist es eben so.

Dating-Sabbaticals

Außer ein paar kurzen Techtelmechteln, die nie auch nur annähernd zu etwas Ernsterem getaugt hätten, bin ich jetzt seit zweieinhalb Jahren Single. Und es waren die besten Jahre meines Lebens.

Vor vier Monaten habe ich beschlossen, abermals ein Dating-Sabbatical zu nehmen – und das, obwohl ich nach Barcelona gezogen bin und total auf spanische Männer stehe. Aber ich spürte erneut die Panik in mir aufsteigen, die Fixierung; da war es wieder, das krampfhafte Scrollen in den Apps.

Passiert mir das heute, lasse ich einfach mein Handy fallen und ziehe mich raus. Fallen lassen und zur Seite rollen. Ich lasse los. Ich mache eine Pause und kehre erst dann wieder in die Dating-Sphäre zurück, wenn ich mich stark und gelassen genug dafür fühle.

Vor zehn Jahren, mit achtundzwanzig, wäre es undenkbar gewesen, vier Monate lang niemanden zu daten. Ich musste doch einen Ehemann finden! Noch immer kann ich sie vor meinem inneren Auge sehen, wie sie in einem billigen Minikleid aus der Tür tritt, eine Marlboro Light in der Hand, und sagt »Warum zum Teufel sollte ich nicht daten?« und mir dabei Rauch ins Gesicht pustet und die Tür hinter sich zuschlägt.

Aber heute, mit achtunddreißig, weiß ich, dass ich mich innerlich viel ruhiger fühle, wenn ich nicht date. Dann breitet sich eine große Ruhe in meiner Seele aus und streichelt mein Angstvögelchen so lange, bis es mit flach gedrückten Federn einschlummert. Dating macht Spaß, ist aber auch anstrengend. Daher lass ich mich heute nur noch dann darauf ein, wenn mir danach ist. Nur wenn ich weiß, dass ich dabei Maß halten kann.

Ich gelobe nicht, für immer Single zu sein, behalte mir aber das Recht vor, mich dafür zu entscheiden, allein zu bleiben und mit aufgeplusterter Brust herumzustolzieren, sollte ich nichts finden, was besser ist als dieser Zustand.

Single- vs. Eheleben

Nachdem ich mich abgekühlt habe und am Pool liege, fühle ich mich weniger wie eine Möwe, mehr wie ein Mensch. Ich sehe mich nach einem Singlevorbild um. Mir fällt eine Frau ohne Ehering auf, vielleicht so um die siebenundvierzig, mit einem festen Yogakörper. Ihr Haar ist silbergrau mit honigfarbenen Strähnen durchsetzt und auf ihren mandelbraunen Oberschenkeln prangen Tätowierungen in Sanskrit. Ich wäre mehr als glücklich, wenn ich später einmal so wie sie wäre. Sie ist wie Vinyasa-Flow-Cheetara. Während sie liest, lächelt sie versonnen in sich hinein.

Neben ihr eine verheiratete Mutter, die ihre beiden Kleinkinder liebevoll im Griff hat, sie sieht sowohl müde als auch glücklich aus. Mir wird erneut bewusst, dass es kein Richtig und kein Falsch gibt. Kein Besser. Beide Lebensstile sind gleichwertig und haben ihre Vor- und Nachteile. Man muss weder gegen die Ehe eingestellt noch von ihr besessen sein. Das Geheimnis ist wohl dort, wo man verweilt, Freude zu finden und der Zukunft gelassen entgegenzutreten. Denn: Was sein soll, wird sein.

Das Singleleben ist jedoch definitiv einfacher. Kürzlich habe ich gelesen, dass die lateinische Wurzel von Single »simplex« ist oder »simpel«, also einfach. Und das bringt es doch auf den Punkt, oder? Es muss schon jemand Spektakuläres auftauchen, damit ich bereit bin, mein Leben weniger einfach zu gestalten.

Ich weiß jedoch, dass vor mir eine Herausforderung liegt. Ich habe die Geschichte, die ich mir selbst eingeredet habe, dass mich jede Trennung schwächer gemacht hat, in ihre Einzelteile zerlegt. Inzwischen kann ich behaupten, dass ich aufgrund der Trennungen stärker geworden bin. Wahr ist aber auch, dass ich misstrauischer bin im Vergleich zum schwachsinnigen Ich meiner Zwanziger. In meinen Zwanzigern habe ich mich mit so viel Vorbedacht in Beziehungen geworfen wie ein Labrador, der sich in einen Swimmingpool stürzt. Geromino! *Platsch*

Mein Herz steht nicht mehr so weit offen wie früher; es ist nur noch angelehnt und neigt dazu, beim kleinsten Windstoß zuzufallen. Eine meiner Freundinnen trug auf einer Afrikareise ein flauschiges Plüschherz bei sich, um sich daran zu erinnern, ihr Herz in Angstsituationen nicht zu verschließen, sondern weich sein zu lassen. Daran denke ich oft.

Wie ich mit mir selbst zusammenzog

Ich verlasse den Pool und radle an einer meiner Lieblingsaussichten über Barcelona vorbei, einer Ansammlung von Palmen, Schiffsmasten und gotische Türmen am alten Hafen. Ich fühle mich, als würde ich fliegen, während ich einhändig durch die Straßen gleite, nicht mutig genug, um beide Hände vom Lenker zu nehmen.

Eine Studie, die zu der Frage durchgeführt wurde, was Frauen wollen, fand heraus, dass sie – mehr noch als heiraten und Kinder bekommen – sich »von ihrem Leben beflügelt fühlen« wollen. Männer bestimmt auch, nehme ich an. Und was ich auch noch sicher weiß, ist, dass mein Leben mich täglich beflügelt. Beflügelt zu sein, scheint mir ein feines Lebensziel, auf das man zusteuern kann, unabhängig davon, ob man es in Barcelona oder Bolton findet.

Es verlangt mich aber auch nach einem festen Wohnsitz für die Zeiten zwischen meinen Reisen. Wenn ich also ins Vereinte Königreich zurückkehre, werde ich in meine erste Wohnung ziehen – allein und am Meer in Brighton. Nicht nur für ein paar Monate oder ein Jahr in ein Apartment, das jemand anderes eingerichtet hat, sondern in eine leere Schale, die ich bewohnen und füllen und mir zu eigen machen werde. (Darauf freue ich mich mehr, als ich mich je darauf gefreut habe, mit einem meiner Freunde zusammenzuziehen. Auch das beflügelt mich.)

Ich werde meine Wohnung mit Pflanzen zupflastern und zwölf Sorten Tee und eine Hängematte auf dem Balkon anbringen und einen Platz haben, der nur für Yoga reserviert ist. Und dann werde ich langsam, aber sicher beginnen, Geld zur Seite zu legen, um auf die Anzahlung für eine Eigentumswohnung zu sparen, damit ich aufhören kann, mein Geld auf unbestimmte Zeit für die Miete zum Fenster hinauszuwerfen (Tschühüß, Geld *winkt*).

Das Turmzimmer verlassen

Physisch werde ich also in Brighton sein, allerdings – metaphorisch gesprochen – werden Sie mich nicht im Turmzimmer finden, wo ich verloren und mit tränenumflorten Augen den Mond anstarre, »Stay« von Lisa Loeb anhöre und darauf warte, dass Hufschläge die Ankunft des Prinzen ankündigen. Nö. Vergessen Sie's. Ich werde in einem der anderen sechsunddreißig Räume sein und eine gute Zeit haben. Der Warteort ist langweilig; ich bin in das Wohnzimmer weitergezogen, dorthin, wo das Leben stattfindet.

~~Ich radle auf den Montjuïc.~~ Schnaufend und keuchend schiebe ich mein Fahrrad den Montjuïc hinauf. In meiner Tasche habe ich zwei Vorhängeschlösser. Schon oft bin ich an diesen ganzen Schlössern vorbeigelaufen und dachte, wenn ich doch auch nur … eines Tages … Ich wünschte mir … Nun, die Zeiten sind vorbei. »Eines Tages« ist nicht mehr mein Ding. Gehen wir's an – und zwar jetzt.

So geselle also auch ich mich zu den Menschen mit einem Liebesschloss, da ich genauso viel Liebe in meinem Leben habe wie sie. Auf meinem Schloss steht einfach nur »CG«, für mich ist es das Zeichen eines Versprechens, das ich mir selbst gebe.

Ich finde den Ort, nach dem ich suche, neben einer mit Graffiti besprühten Mauer, die trotzig auf die Stadt hinunterblickt. Auf ihr steht »Fuck being polite – Scheiß darauf, höflich zu sein«. Die Sonne geht hinter den märchenhaften Turmspitzen auf dem Tibidabo unter. In der Stadt gehen nach und nach die Lichter an, sie ähneln einem Sternbild. Mit einem Klicken schließe ich das Schloss und werfe den Schlüssel weit ins darunterliegende Gebüsch.

Ich habe nicht nur etwas abgeschlossen, sondern auch etwas beschlossen: Ich habe mir das Versprechen abgenommen, dass ich mich beim Streben nach einem romantischen Ideal nie wieder selbst verlieren werde. Dass ich dem Wunsch, in einer Beziehung zu sein, nie wieder mehr Gewicht gebe als meinem Glück allein. Das Versprechen bedeutet, dass ich mir selbst Rückendeckung gebe, dass ich kein weiteres Paar Initialen brauche und dass ich von jetzt an auf mich achtgebe, anstatt mich zu sabotieren.

Heute ist auch der erste Todestag meines Vaters. Neben meinem Schloss, mit dem ich mir selbst die Treue schwöre, bringe ich ein Schloss an, auf dem »Dad« steht. Es hat eine andere Bedeutung. Es ist ein Abschiedsschloss. Ein Vergebungsschloss. Es soll zum Ausdruck bringen, dass ich ihm verzeihe, dass er meinen Kopf mit veralteten Ansichten vollgestopft hat, dieses »Such dir einen Ehemann, bevor es zu spät ist«, diese Herabsetzung von Frauen und Erhöhung von Männern.

Eines seiner Mottos war: »Gib anderen das Recht, falsch zu liegen.« Ich habe mich dazu entschieden, es auch für ihn gelten zu lassen. Wie er es für mich gelten ließ, als ich in den Jahren vor 2013 so oft ein betrunkener Albtraum war. Er war ein Kind seiner Zeit. Und jetzt, wo ich das erkannt habe, kann ich all das hinter mir lassen, kann die schädlichen Glaubenssätze hinter mir lassen, an denen ich viel zu lange festgehalten habe.

Ich stehe auf einem Berg in Barcelona, nicht auf einem staubigen Ehefrauenregal im Supermarkt. Ich vermisse meinen Vater schrecklich, aber in gewisser Weise hat mich sein Tod befreit. Ich kann ihn nicht mehr enttäuschen, weil er nicht mehr da ist, was sowohl herzzerbrechend traurig als auch erlösend ist.

Aber dann frage ich mich, wie stark wir am Negativen festhalten, das Positive aber davongleiten lassen, wenn es um unsere Eltern geht. Vielleicht war es für mich so mit meinem Vater. Auf seiner Beerdigung machte mir einer seiner Freunde ein wichtiges Geschenk, das wichtigste, das ich je erhalten habe. Es war, als hätte er direkt in meine Seele geblickt und die eine Sache gesehen, die ich brauchte, um abzuschließen. »Dein Vater war sehr stolz auf dich. Er wusste einfach nur nicht, wie er es dir hätte sagen oder zeigen können.«

Ich blicke über Barcelona und höre im Gedenken an meinen Vater »Romeo And Juliet« von den Dire Straits. Ich erinnere mich an seine besten Seiten, an den Vater, der meisterhaft und mit nur einer Hand am Lenker (und viel zu schnell) an der kurvigen Küste von Antrim entlangfuhr und Dinge herausschmetterte wie: »Du wirst feststellen, dass es einzig daran lag, dass die Zeit nicht dafür reif war.«

Mir fällt wieder ein, wie fantasievoll er war, etwas, das ich in mir wiedererkenne. Als ich dreizehn war, fragte ich, ob es wirklich einen Gott gäbe. Mein Vater sagte, er selbst glaube nicht daran. Dann hob er ein Sandkorn auf und meinte: »Vielleicht ist die Erde ein Körnchen Sand am Strand des Planeten eines Riesen. Wer weiß.«

Ich denke an den Tierfreund, der er war. Er setzte sich neben seine Katze Tinker, die sich selbstzufrieden auf dem Sofa zusammengerollt hatte, und behauptete, dass sie »die allerbeste, allerschönste Katze auf der ganzen Welt« sei. Sie küsste ihm dann auf die Nase, und ich wünschte mir, dass ich diese verflixte Katze wäre. Allerdings wurden Jungs im Irland der Fünfzigerjahre nicht dazu erzogen, ihre Gefühle gegenüber ihren Kindern auszusprechen oder sie ihnen anderweitig zu zeigen. So wie ich dazu erzogen worden war, romantischen Beziehungen eine zu große Rolle einzuräumen, war auch er zu Dingen erzogen worden.

Auf einmal fließen Tränen über meine Wangen, das Lied von den Dire Straits hat wohl den Schalter für »spontane Trauer« umgelegt. Als Nächstes höre ich »Gypsy« von Fleetwood Mac, das inzwischen meine Singlehymne geworden ist. »Her face says freedom with a little fear.« Der größte Vorteil an meinem Singledasein ist, dass es mir erlaubt, meiner Wanderlust nachzugeben und loszuziehen, wann immer mich die Welt ruft.

Die Nacht bricht über Barcelona herein, und die Sterne leuchten wie Stecknadelköpfe auf einem samtigdunkelblauen Kissen. Wie ein verwunschener Wald ragt die Sagrada Família auf, ein leuchtender Schmetterling flattert auf geheimnisvoller Insektenmission vorbei, während das Knattern und der Knall einer Fehlzündung weiter unten am Berg ein Motorrad ankündigen.

Ich spüre, wie sich meine Trauer mit Erleichterung vermischt; wie Tinte, die in Wasser tanzt. Die Trauer gilt meinem Vater, aber die Erleichterung gilt mir. Ich weiß jetzt, dass ich mich, sollte ich jemals wieder in einer toxischen Beziehung landen, ohne zu zögern aus dem Staub machen werde. Da ich nicht mehr im Geringsten Angst davor habe, Single zu sein, und da ich jetzt weiß, dass ich auch allein glücklich sein kann, muss ich nicht bleiben; und auch er muss nicht bei mir bleiben. Ich kann gehen.

Mit diesen Gedanken schwinge ich mich auf mein Fahrrad und rolle freihändig den Berg hinunter. Es gibt keinen Spanier, den ich nach meinem Moment auf dem Berg treffen könnte. So würde die Geschichte im Film enden, stimmt's? Aber ganz ehrlich, Amigos, das ist mir so was von egal. Weil ich tief verstrickt bin in eine leidenschaftliche Affäre mit Barcelona.

Falls Sie noch nicht genug haben: Folgen Sie mir auf Instagram: @unexpectedjoyof.

Quellen

(Letzter Aufruf der Onlinequellen im Dezember 2020)

Vorwort

Alain de Botton über das Ansehen von Singles: »Reasons to Remain Single«. Online unter: https://www.youtube.com/watch?v=350qUmbcAZU.

Einleitung

Die Singlebevölkerung wächst zehnmal so schnell, der typische britische Millennial lebt durchschnittlich fünfzehn Jahre allein: zitiert nach John Bingham: »Bridget Jones Takeover: Number of Singletons Growing 10 Times As Fast As Population«. Online unter: www.thetelegraph.co.uk, 8. Mai 2014.

Daten über Singles: 42 Prozent der Ehen enden in einer Scheidung: Monatsheft vom Office for National Statistics, »Population Estimates by Marital Status and Living Arrangements, England and Wales: 2002 to 2006«. Online unter: www.ons.gov.uk, 13. Juli 2017.

Durchschnittliches Alter bei der Eheschließung: Monatsheft vom Office for National Statistics, »Marriages in England and Wales: 2015«. Online unter: www.ons.gov.uk, 28. Februar 2018.

Durchschnittliches Alter bei der Eheschließung: zitiert nach Steve Doughty: »Rise of the Older Bride: Average Age for Women to Walk Down the Aisle Is now over 35«. Online unter: www.dailymail.co.uk, 28. Februar 2018.

Definition von Liebessucht

Definition von The Priory: Dr. Vik Watts und Mel Davis: »What Is Sex and Love Addiction?«. Online unter: www.priorygroup.com.

Filme und Märchen

58 Prozent: Daten von 2018. Online unter: www.bechdeltest.com.

Doppelt so viele Männer wie Frauen, Frauen sexuell, Männer gewalttätig: Amy Bleakley, Patrick E. Jamieson und Daniel Romer: »Trends of Sexual and Violent Content by Gender in Top-Grossing U.S. Film, 1950–2006«. In: *Journal of Adolescent Health*, 51(1), 1. Juli 2012.

Körper/Gehirn

Drachen: Rob Dunn: »The Top Ten Deadliest Animals of Our Evolutionary Past«. Online unter: www.smithsonianmag.com, 20. Juni 2011.

Antizipation von Einsamkeit senkt IQ: Roy Baumeister, Jean M. Twenge und Christopher K. Nuss: »Effects of Social Exclusion on Cognitive Processes: Anticipated Aloneness Reducess Intelligent Thought«. In: *Journal of Personality and Social Psychology*, 83(4), November 2002.

Herzschmerz verursacht körperliche Schmerzen: Jacquelyn H. Flaskerud: »Heartbreak and Physical Pain Linked in Brain«. In: *Issues in Mental Health Nursing*, 32(12), November 2011.

Das frühe Stadium romantischer Liebe: Arthur Aron u. a.: »Reward, Motivation, and Emotion Systems Associated With Early-Stage Intense Romantic Love«. In: *Journal of Neurophysiology*, 94(1), Juli 2005.

Säugetiervorfahren-Zitat: Helen E. Fisher u. a.: »Intense, Passionate, Romantic Love: A Natural Addiction? How the Fields That Investigate Romance and Substance Abuse Can Inform Each Other«. In: *Frontiers in Psychology*, 7(40), 10. Mai 2016.

Zurückweisung bewirkt ähnliches Verlangen wie Kokainsucht: Helen E. Fisher u. a.: »Reward, Addiction, and Emotion Regulation Systems Associated with Rejection in Love«. In: *Journal of Neurophysiology*, 104(1), Juli 2010.

Zitat von Amir Levine: Amir Levine und Rachel S. F. Heller: *Warum wir uns immer wieder in den Falschen verlieben*. München 2015.

Desinteressierte Menschen

Frauen ziehen Männer vor, die sich »nicht sicher sind«: Erin R. Whitchurch, Timothy D. Wilson und Daniel T. Gilbert: »He Love Me, He Loves Me Not …: Uncertainty Can Increase Romantic Attraction«. In: *Psychological Science*, 22(2), Februar 2011.

Mein Jahr ohne Dates

900 Prozent Gewinnsteigerung bei Topshop: Nicola K. Smith: »Could Singles Day Be the New Black Friday for British Retailers?«. Online unter: www.theguardian.com, 8. November 2016.

60 Prozent der Single-Haushalte in Stockholm, Single-Apartment-Komplex: »Single Swedes Find Ways of Being Alone Together«. Online unter: www.Sverigesradio.se, 12. August 2013.

Anstieg der Single-Haushalte um 80 Prozent: Eric Klinenberg: »I Want to Be Alone: the Rise and Rise of Solo Living«. Online unter: www.theguardian.com, 30. März 2012.

Eine von fünf: Olivia Rudgard: »Proportion of Women Who Never Have Children Has Doubled in a Generation, ONS Figures Show«. Online unter: www.telegraph.co.uk, 25. November 2017.

Südkorea: Nicola Smith: »Dating Mandatory for South Korean Students of Love«. In: *The Sunday Telegraph*, 19. November 2017.

USA, 45 Prozent: Daten der vom United States Census Bureau durchgeführten Volkszählung: »Unmarried and Single Americans Week: Sept. 17–23 2017«. Online unter: www.census.gov, 14. August 2017.

Frauen war der Hauskauf in Irland nicht erlaubt: Suzanne McGee und Heidi Moore: »Women's Rights and Their Money: A Timeline from Cleopatra to Lilly Ledbetter«. Online unter: www.theguardian.com, 11. August 2014.

Konten, Darlehen und Kreditkarten für Frauen: Mark Molloy, Jamie Johnson und Izzy Lyons: »1918 vs 2018: 13 Things Women Couldn't Do 100 Years Ago«. Online unter: www.telegraph.co.uk, 6. Februar 2018.

Alle Daten zu Eheschließungen zwischen 1950 und 2015: Monatsheft vom Office for National Statistics: »Marriages in England and Wales: 2015«. Online unter: www.ons.gov.uk, 28. Februar 2018.

Platon und die Theorie der »anderen Hälfte«: »Platos's Other Half«. Online unter: www.laphamsquarterly.org.

Mehr als 2000 Babys von Müttern über fünfundvierzig geboren: »Babies Born to Women Aged 45 and Over Rises by a Third«. Online unter: www.bbc.com, 23. September 2016.

Korsagen und Zitronen: Rebecca Traister: *All the Single Ladies: Unmarried Women and the Rise of an Independent Nation*. New York 2016.

76 Prozent, 35 Prozent, neun Prozent, 14 Prozent: Aziz Ansari und Eric Klinenberg: *Modern Romance. Auf der Suche nach Liebe im 21. Jahrhundert*. München 2016.

Marmeladen-Studie sowie Details zu Japan zitiert nach ebd.

Fruchtbarkeitsstatistik zitiert nach Hannah Barnes: »The 300-Year-Old Fertility Statistics Still in Use Today«. Online unter: www.bbc.com, 18. September 2013.

Alte Daten aus Frankreich: Jean M. Twenge: »How Long Can You Wait to Have a Baby?«. Online unter: www.theatlantic.com, Juli/August 2013.

Die über Vierzigjährigen haben die unter Zwanzigjährigen überholt: David Batty: »Fertility Rate Higher Among Over-40s than Under-20s for the First Time since 1947«. Online unter: www.guardian.com, 13. Juli 2016.

Freude am Singledasein entwickeln

Geschätzte Lebenserwartung: Monatsheft des Office for National Statistics: »National Life Tables, UK: 2014 To 2016«. Online unter: www.ons.gov.uk, 27. September 2017.

Zitat von Caitlin Moran: »What Young Women Really Need to Know«. Online unter: www.thetimes.com, 18. November 2017.

»Skin hunger«: Studie mit 509 erwachsenen Teilnehmern durchgeführt von Kory Floyd. Zitiert nach Kory Floyd: »What Lack of Affection Can Do to You«. Online unter: www.psychologytoday.com, 31. August 2013.

Liebevolles Mitgefühl: Johann Hari: *Der Welt nicht mehr verbunden. Die wahren Ursachen von Depressionen – und unerwartete Lösungen.* Hamburg 2019.

Hunger und Depressionen: Peter Bongiorno: »Is There a Blood Sugar Monster Lurking Within You?« Online unter: www.psychologytoday.com, 14. November 2013.

Verdrängte Gedanken und Träume: Fiona Taylor und Richard A. Bryant: »The Tendency to Suppress, Inhibiting Thoughts, and Dream Rebound«. In: *Behaviour Research and Therapy*, 45(1), 2007.

Die sozialen Kosten der Verdrängung: Sanjay Srivastava u. a.: »The Social Costs of Emotional Suppression: A Prospective Study of the Transition to College«. In: *Journal of Personality and Social Psychology*, 96(4), April 2009.

Dankbarkeit, Schlaf, Herz, Cortisol und Depressionen: »Gratitude is Good Medicine«. Online unter: health.ucdavis.edu, 25. November 2015.

Dankbarkeit verstärkt Hoffnung und Glück: Charlotte van Oyen u. a.: »Gratitude Predicts Hope and Happiness: A Two-Study Assessment of Traits and States«. In: *Journal of Positive Psychology*, 14(3), 15. Januar 2019.

Zitate von Cheryl Strayed: *Brave Enough: A Mini Instruction Manual for the Soul.* London 2015.

Mangelware

Harry Benson zitiert nach Jessica Elgot: »Marriage Problems: More Than a Third of People Are Single or Have Never Married«. Online unter: www.theguardian.com, 8. Juli 2015.

51 Prozent, 98 Prozent und Anstieg auf 92 Prozent: Mintel Reports: »Single Lifestyles – US – March 2017«. Online unter: reports.mintel.com.

Anstieg von Single-Haushalten: Euromonitor International: »Households in 2030: Rise of the Singletons«. Online unter: blog.euromonitor.com, 20. März 2017.

Zwei Drittel: zitiert nach Kate Bolick: »It's Time to Reclaim the Word ›Spinster‹«. In: *Grazia*, 19. Juni 2018.

28 Prozent der Haushalte: Monatsheft vom Office for National Statistics: »Families and Households: 2017«. Online unter: www.ons.gov.uk, 8. November 2017.

Arme Jen

Zitate von Dodai Stewart über Jennifer Aniston: Dodai Stewart: »When Motherhood Never Happens«. Online unter: www.jezebel.com, 8. Mai 2012.

Zitate von Dodai Stewart über George Clooney: Dodai Stewart: »George Clooney vs Jennifer Aniston: A Tale of Two Singles«. Online unter: www.jezebel.com, 28. April 2014.

Therapie öffnet Türen

Zitat über hungrige Einkäuferinnen: Anna Maxted: »How Our Fathers Influence the Partners We Choose«. Online unter: www.telegraph.co.uk, 16. Juni 2014.

60 Prozent der über Fünfundachtzigjährigen sind verwitwet: Monatsheft vom Office for National Statistics: »Population Estimates by Marital Status and Living Arrangements.« Online unter: www.ons.gov.uk, 8. Juli 2015.

Rückgang um vier Prozent: David B. Dunson, Bernardo Colombo und Donna D. Baird: »Changes with Age in the Level and Duration of Fertility in the Menstrual Cycle«. In: *Human Reproduction*, 17(5), 1. Mai 2002.

Widerrufener Newsweek-Schnitzer: Liz Cox Barrett: »Newsweek Discovers Doomed Spinsters Marrying«. Online unter: archives.cjr.org, 30. Mai 2006.

Zitat von Esther Perel: »Let Go of Being the ›Perfect Partner‹«. Online unter: www.estherperel.com.

Wer sind diese Singles überhaupt?

Umfrage mit 1000 Teilnehmern: Thair Shaikh: »Single Living is the New Way to Find Happiness«. Online unter: www.thetimes.co.uk, 3. August 2005.

Verlust von zwei engen Freunden durch Partnerschaft: zitiert nach Ian Sample: »The Price of Love? Losing Two of Your Closest Friends«. Online unter: www.theguardian.com, 15. September 2010.

Deutsche, die allein leben, sind weniger einsam: Maike Luhmann und Louise Hawkley: »Age Differences in Loneliness form Late Adolescence to Oldest Old Age«. In: *Developmental Psychology*, 50(6), Februar 2016.

Zitat von Bella DePaulo: TEDx-Talk von DePaulo: »What No One Ever Told You About People Who Are Single«. Online unter: YouTube.com.

Singles und Sport: Kei M. Nomaguchi und Suzanne M. Bianchi, »Exercise Time: Gender Differences in the Effects of Marriage, Parenthood, and Employment«. In: *Journal of Marriage and Family*, 66(2), Mai 2004.

70 Prozent der Singles sind nicht auf der Suche: Mintel Reports: »Single Lifestyles – UK – September 2017«. Online unter: reports.mintel.com.

Matthijs Kamijn: »The Ambiguous Link Between Marriage and Health: A Dynamic Reanalysis of Loss and Gain Effects«. In: *Social Forces*, 95(1), Juni 2017, S. 1607–1636.

Tracy McMillan zitiert nach Rebecca Traister: *All the Single Ladies*. New York 2016.

Neith Boyce zitiert nach Kate Bolick: *Spinster: Making a Life of One's Own*. London 2015.

Single-Männer sind weniger glücklich: Mintel Reports: »Single Lifestyles – UK – September 2017«. Online unter: reports.mintel.com.

73 Prozent hätten lieber eine Beziehung: Justin R. Garcia u. a.: »Sexual Hookup Culture: A Review«. In: *Review of General Psychology*, 16(2), Juni 2012.

Das Märchen von der für alle Zeiten glücklichen Ehe

Glücksniveau sinkt auf Level wie vor der Heirat: TEDx-Talk von Bella DePaulo: »What No One Ever Told You About People Who Are Single«. Online unter: YouTube.com.

Studie mit 24 000 Teilnehmern: zitiert nach Jennifer Taitz: *How to Be Single and Happy*. New York 2018.

10 000 australische Frauen über siebzig: zitiert nach Gabrielle Frank: »Single Ladies: You Might Be Healthier and Happier Than Married Friends«. Online unter: www.today.com, 5. August 2016.

Diverse Angaben: 20 000 Erwachsene, 45 Prozent, zwei Drittel und ein Viertel: Ipsos Global Public Affairs 2012, zitiert nach: Jonathan Allen: »Partners Main Source of Happiness Around the Globe – Poll«. Online unter: www.reuters.com, 14. Februar 2012.

Späte Ehen

Nach fünfundzwanzig heiraten: Casey E. Copen u. a.: »First Marriages in the United States: Data from the 2006–2010 National Survey of Family Growth«. Online unter: ww.cdc.gov, 22. März 2012.

Charlotte Brontë zitiert nach Rebecca Traister: *All the Single Ladies*. New York 2016.

Doppelt so viele Hochzeiten von dreißig- bis vierzigjährigen Frauen: zitiert nach Mandy Francis: »Wife begins at 40!« Online unter: www.dailymail.co.uk, 12. Juni 2012.

Gründe, die dafür sprechen, nicht zu heiraten

Scheidungskosten: Jonathan Ames: »Divorce Costs £70 000 (and Nearly Half Goes to Lawyers)«. Online unter: www.thetimes.co.uk, 5. Dezember 2016.

Warum man es sich bis ins kleinste Detail ausmalen sollte

266 000 Pfund mehr: Thair Shaikh: »Single Living Is the New Way to Find Happiness«. Online unter: www.thetimes.co.uk, 3. August 2005.

Doppelt so wohlhabend: Jay L. Zagorsky: »Marriage and Divorce's Impact on Wealth«. In: *Journal of Sociology*, 41(1), 1. Dezember 2005.

1800 Pfund, 2000 Pfund, Ersparnisse reichen nur für zwei Wochen: zitiert nach John Bingham: »Bridget Jones Takeover: Number of Singletons Growing 10 Times as Fast as Population«. Online unter: www.telegraph.co.uk, 8. Mai 2014.

Quelle für 36 Prozent, 52 Prozent und 29 Prozent: Mintel Reports: »Single Lifestyles – UK – September 2017«. Online unter: reports.mintel.com.

Ein Drittel der Singles in Großbritannien sagt, ohne Partner könnten Sie keine Immobilie kaufen: Untersuchung von der Bausparkasse Skipton Building Society zitiert nach Rachel Hosie: »One Third of Single Brits Think They Need to Couple Up to Buy a Property, Survey Finds«. Online unter: www.independent.co.uk, 12. Juli 2018.

Studie mit dem Titel »Knot Yet« zitiert nach Rebecca Traister: *All the Single Ladies*. New York 2016.

Verantwortungsvolles Daten

Oprah Winfrey und Maya Angelou: Joan Podrazik: »Oprah's Life Lessons from Maya Angelou: When People Show You Who They Are, Believe Them«. Online abrufbar unter: www.huffpost.com, 14. März 2013.

Wer anderen etwas Gutes tut, Studie mit 500 Teilnehmern: S. Katherine Nelson u. a.: »Do Unto Others or Treat Yourself? The Effects of Prosocial and Self-Focused Behaviour on Psychological Flourishing«. In: *Emotion*, 16(6), September 2016.

Dr. Ian Robertson: zitiert nach Sarah Knapton: »Forget Relaxing – Use Your Stress to Become a High Achiever«. Online unter: www.telegraph.co.uk, 10. Juli 2016.

Zitat von Cheryl Strayed: *Brave Enough: A Mini Instruction Manual for the Soul*. London 2015.

Terence G. Wilson und David M. Lawson: »Effects of Alcohol on Sexual Arousal in Women«. In: *Journal of Abnormal Psychology*, 85(5), 1976.

Victor J. Malatesta u. a.: »Acute Alcohol Intoxication and Female Orgasmic Response«. In: *Journal of Sex Research*, 18(1), 1982.

Harvard-Studie zu Trennungen: zitiert nach Jennifer Taitz: *How to Be Single and Happy*. New York 2018.

Robert Epstein zitiert nach Carrie Sloan: »Learn to Love: How to Live Happily Ever After«. Online unter: www.elle.com, 26. März 2010.

Menschen idealisieren

Hyperpersonelle Interaktion: Joseph Walther zitiert nach Simon Lindgren: *Digital Media and Society*. Thousand Oaks 2017.

Herzschmerzqualen

Daten zur Handy-Schnüffelei: zitiert nach Sophie Curtis: »Men Twice as Likely to ›Mobile Snoop‹ Than Women«. Online unter: www.telegraph.co.uk, 10. September 2013.

»Love Poem« von Banksy: *Wall and Piece*. London 2006.

Neun von zehn Menschen beobachten ihre Ex-Partner auf Facebook: Veronika A. Lukacs: *It's Complicated: Romantic Breakups and Their Aftermath on Facebook*. Unveröffentlichte Master-Arbeit. Online unter: ir.lib.uwo.ca, 24. Juli 2012.

Meine Mission der Singlefreuden kommt zum Ende

Artikel im *Observer*: Liz Hoggard: »Let's Say It Loud: We're Single … and Proud«. Online unter: www.theguardian.com, 1. Februar 2004.

Zitat von Cheryl Strayed, unter ihrem Pseudonym »Sugar« verfasst: »Dear Sugar, the Rumpus Advice Column #71: The Ghost Ship that Didn't Carry Us«. Online unter: www.therumpus.net, 21. April 2011.

Die Ehe der Zukunft (Pfadfinderinnen und Thinktank): zitiert in Judith Woods: »What Do Women Want? To Be Married, of Course«. Online unter: www.telegraph.co.uk, 9. Oktober 2012.

Romantiker-Zitat von Alain de Botton: »Reasons to Remain Single«. Online unter: https://www.youtube.com/watch?v=350qUmbcAZU.

Beflügelt in Barcelona

Lateinische Wurzel des Wortes »Single«: zitiert nach Jennifer Taitz: *How to Be Single and Happy*. New York 2018.

Studie zur Frage, was Frauen wollen: Sylvia Ann Hewlett und Melinda Marshall: »Women Want Five Things«. Online unter: www.citywomen.co.uk, Dezember 2014.

Zitatnachweise

Alderton, Dolly: Alles, was ich weiß über die Liebe In der Übersetzung von Friederike Achilles © 2019, Verlag Kiepenheuer & Witsch GmbH & Co. KG, Köln

Austen, Jane: Emma © Philipp Reclam jun. Verlag GmbH, Ditzingen.

Austen, Jane: Stolz und Vorurteil © Philipp Reclam jun. Verlag GmbH, Ditzingen.

Hari, Johann: Der Welt nicht mehr verbunden. Die wahren Ursachen von Depressionen - und unerwartete Lösungen. Übersetzt von Sonja Schuhmacher, Barbara Steckhan und Gabriele Gockel. Deutsche Erstausgabe © HarperCollins Germany GmbH, Hamburg 2019 Originaltitel: »Lost Connections. Uncovering the Real Causes of Depression - and the Unexpected Solutions. Erschienen bei: Bloomsbury, London 2017

Roupenian, Kristen: Cat Person. Storys. Blumenbar Verlag, Berlin 2019 © Aufbau Verlag GmbH & Co. KG, Berlin 2019

Schumer, Amy: Inside Amy Schumer. Aus meinem Leben. Übersetzt von Wibke Kuhn © 2016 Piper Verlag GmbH, München

Strayed, Cheryl: Der große Trip zu dir selbst Übersetzung Maria Zettner © 2016, Kailash, München, in der Penguin Random House Verlagsgruppe GmbH

Tolle, Eckhart: Jetzt! Die Kraft der Gegenwart @ J. Kamphausen in Kamphausen Media GmbH, Bielefeld, 2014

Dank

Nie war ich in meiner Laufbahn als Autorin glücklicher als heute, etwas, das ich hauptsächlich zwei unbezwingbaren, umtriebigen, intelligenten und großherzigen Frauen zu verdanken habe: meiner Agentin Rachel Mills und meiner Verlegerin Stephanie Jackson.

Das Team bei Aster ist weiterhin geduldig, liebenswürdig und professionell, und das trotz meiner Unzulänglichkeiten aufgrund meiner Detailversessenheit (Euphemismus für einen Kontrollfreak), trotz der Tatsache, dass ich einem aufgeschreckten Pferd gleiche, wenn es darum geht, vor Publikum zu sprechen, und meiner Fehleinschätzung, ich könne die Zeit dehnen (steht für: falsche Versprechen in puncto Deadlines). Mein Dank gilt vor allem Karen Baker, Pauline Bache, Yasia Williams und Harriet Walker.

Ich verneige mich vor der stets hellsichtigen und klugen Hilda Burke und vor Dr. Alex Korb, die mir ihr Expertenwissen weiterhin großzügig zur Verfügung gestellt haben. Meine Dankbarkeit gilt auch Kate Bolick und Jenny Taitz: Mit ihnen Interviews zu führen, war eine große Freude. Und ein High five für all meine verheirateten Freundinnen und die Singlemänner, die Zeit und Energie aufgewandt und mir so witzige, schlaue und zum Nachdenken anregende Aussagen zur Verfügung gestellt haben.

Ein kolossaler Dank an meine Erstleserinnen und Erstleser für ihr unerlässliches Feedback und ihre dringend benötigte Unterstützung: meine Mutter, Kate Faithfull-Williams, Laurie McAllister, Karl Williams, Suzy Cox, Louise Gray und meine Ehefrau auf Reisen Holly Whitaker.

Und nicht zuletzt sende ich platonische (aber genauso starke) Liebe an all meine Freundinnen und Freunde und meine Familie, von denen viele bereits genannt wurden und von denen viele großherzig genickt und heiter gesagt haben »Nun, wir werden sehen!«, wenn ich ihnen wieder einmal erzählt habe, dass ein Mann, den ich kaum kannte, der eine sei. Die Nachsicht mit mir hatten, wenn ich mein neuestes romantisches Dilemma, den letzten Showdown oder ein weiteres Liebesdrama von den Ausmaßen einer griechischen Tragödie vor ihren Augen und Ohren einer forensischen Analyse unterzog. Und die mich dann in meinen vielen weingeschwängerten Krisen umarmt und getröstet haben, wenn ich ihnen wieder einmal vorheulte, dass ich wohl für immer allein bleiben würde.

Ich habe irrsinnig großes Glück, so viele Seelenfreunde und -verwandte gefunden zu haben. Ich freue mich schon darauf, den Rest meines Lebens mit euch allen zu verbringen.

Über die Autorin

Catherine Gray ist eine preisgekrönte Autorin und Redakteurin, die fast ein Jahrzehnt lang für Magazine wie »Cosmopolitan« und »Glamour« arbeitete. Seit 2011 ist sie freiberuflich tätig und schreibt Zeitungen und Magazine wie Marie Claire und The Guardian. Ihr beiden Bücher *Vom unerwarteten Vergnügen, nüchtern zu sein* und *Vom unerwarteten Vergnügen, ein völlig normales Leben zu führen* sind ebenfalls bei mvg erschienen.

304 Seiten
16,99 € (D) | 17,50 € (A)
ISBN 978-3-86882-958-7

Catherine Gray
Vom unerwarteten Vergnügen, nüchtern zu sein
Frei und glücklich – ein Leben ohne Alkohol

Deutschland ist ein Hochkonsumland: Laut BZgA trinken rund 9,5 Millionen Deutsche zwischen 18 und 64 Jahren so viel Alkohol, dass sie ihre Gesundheit damit gefährden. Catherine Gray trinkt zunächst hin und wieder, dann immer mehr, bis der Alkohol fester Bestandteil ihres Lebens ist. Doch sie schafft die Kehrtwende und war völlig überwältigt von den Möglichkeiten, die sich ihr dadurch eröffneten. Ihr Buch geht weit über lustige Suffgeschichten hinaus: Sie spricht mit Wissenschaftlern und Psychologen darüber, warum wir trinken, was wir uns damit antun, und wie der Ausstieg gelingen kann. Herzzerreißend und geistreich erzählt sie, wie sich der erste Tag »danach« anfühlt und warum ein nüchternes Leben viel berauschender sein kann, als Sie es sich jemals vorgestellt haben.

»Tapfer, witzig und brillant geschrieben« *Marie Claire*

432 Seiten
16,99 € (D) | 17,50 € (A)
ISBN 978-3-7474-0243-6

Catherine Gray

Vom unerwarteten Vergnügen, ein völlig normales Leben zu führen

Denken auch Sie öfter über das nach, was Sie nicht haben, als über das, was Sie schon erreicht haben? Dass Sie mit einem besseren Gehalt oder einer größeren Wohnung zufriedener wären? Catherine Gray kennt dieses Gefühl sehr gut und weiß, wer an dieser verzwickten Situation Schuld trägt: unser Gehirn. Denn unsere Gedanken kreisen evolutionär bedingt am liebsten um das Negative, um das »Hätte« oder »Wäre«, sodass wir uns ständig mit anderen vergleichen und immer noch weiter, noch höher, noch mehr möchten. Doch wer das Alltägliche und ganz Gewöhnliche zu schätzen lernt, erhält eine völlig neue Perspektive auf sein Dasein.

Catherine Gray erzählt auf geistreiche und unterhaltsame Weise, wie sie in jedem Bereich ihres Lebens das Gewöhnliche hat einziehen lassen und dabei endlich einen neuen, willkommenen Mitbewohner bekommen hat: Zufriedenheit.

»Lebensbejahend!« *The Telegraph*

»Wundervoll!« *The Independent*

Haben Sie Interesse an unseren Büchern?

....

Zum Beispiel als Geschenk für Ihre Kundenbindungsprojekte?

Dann fordern Sie unsere attraktiven Sonderkonditionen an.

Weitere Informationen erhalten Sie bei unserem Vertriebsteam unter **+49 89 651285-252**

oder schreiben Sie uns per E-Mail an:
vertrieb@m-vg.de

mvgverlag